杨逢彬 著

杨氏新译注 论语

上海大学出版社

图书在版编目(CIP)数据

杨氏新译注论语 / 杨逢彬著. -- 上海：上海大学出版社，2025.1. -- ISBN 978-7-5671-5188-8

Ⅰ.B222.2

中国国家版本馆 CIP 数据核字第 2025N3N321 号

策　　划　苟燕楠

责任编辑　庄际虹
封面设计　汪　超
美术编辑　柯国富
技术编辑　金　鑫　钱宇坤

杨氏新译注论语
杨逢彬　著

上海大学出版社出版发行
(上海市上大路99号　邮政编码200444)
(https://www.shupress.cn　发行热线 021-66135112)
出版人　余　洋

*

南京展望文化发展有限公司排版
江阴市机关印刷服务有限公司印刷　各地新华书店经销
开本 710mm×1000mm　1/16　印张 24.5　字数 341 千
2025 年 1 月第 1 版　2025 年 1 月第 1 次印刷
ISBN 978-7-5671-5188-8/B·150　定价　68.00 元

版权所有　侵权必究
如发现本书有印装质量问题请与印刷厂质量科联系
联系电话：0510-86688678

目录

导言 ··· 001

学而篇第一　共十六章 ························· 019
为政篇第二　共二十四章 ······················· 035
八佾篇第三　共二十六章 ······················· 057
里仁篇第四　共二十六章 ······················· 075
公冶长篇第五　共二十八章 ····················· 089
雍也篇第六　共三十章 ························· 111
述而篇第七　共三十八章 ······················· 131
泰伯篇第八　共二十一章 ······················· 149
子罕篇第九　共三十一章 ······················· 163
乡党篇第十　仅一章，今分为九节 ··············· 179
先进篇第十一　共二十六章 ····················· 193
颜渊篇第十二　共二十四章 ····················· 211
子路篇第十三　共三十章 ······················· 227
宪问篇第十四　共四十四章 ····················· 249
卫灵公篇第十五　共四十二章 ··················· 273

季氏篇第十六　共十四章 ··· 291
阳货篇第十七　共二十六章 ······································· 303
微子篇第十八　共十一章 ··· 321
子张篇第十九　共二十五章 ······································· 333
尧曰篇第二十　共三章 ··· 347

《论语》疑难词句考证索引 ·· 358
附录　也谈《论语》中的"人"与"民" ····························· 365

导言

读懂进而注释古书,语言的历史性、社会性、系统性原则很重要;与此相关的,还有"分布"和"审句例"等概念。

本导言前三分之二篇幅是《论语》和《孟子》的译注共同的,所以例证也主要采自《论语》《孟子》两书。

先说语言的历史性。语言是缓慢而持续地变化的,无论其中的词汇、语音还是语法,都不是一成不变的。举个例子来说,《庄子·秋水》"于是焉河伯始旋其面目,望洋向若而叹"的"望洋",一本很著名的《庄子》注本是这样注的:"'望洋'一词有多种解释,旧注作'仰视貌'……然'望洋'作常义解即可。'洋'即海洋,上文云'北海'可证。"

可是,"洋"之有"海洋"的意义,是迟至北宋才见诸载籍的;它出现在汉语里可能在北宋之前,但不可能早到《庄子·秋水》成文的时候。《王力古汉语字典》记载得清清楚楚:"洋,大海(晚起义)。"孙德宣先生有《释"望洋"》论证这一点。

要尽量避免望文生义,其中一个法门就是要注意语言的历史性。经常可以看到这样的例子,某学者对古书中某个字的解释不满意,会说:我觉得应该解释为什么什么。但他未必想过,该字的该意义在那个时代是否已经产生。

不但词的意义古今有别,语音、语法也一样。读者诸君能够认识"语言是逐渐变化的"这一概念,思过半矣。

* * * *

语言是用来交际的,说的话要让别人听懂。以《诗经·邶风·击鼓》中"执子之手,与子偕老"为例,它最初是用来表达战友情的。假设今天99%的人理解它是用来表达爱情的,1%的人理解它是用来表达战友情的,当然要以那99%的人的理解为准了——对它的理解在历史的长河中产生了变化。变化了的语言是没法人为地纠正的,这叫作"语言符号的强制性"。语言要以说这种语言的人通常的理解为准,否则就听不懂,没法实现交际的功能,这就是语言的社会性。如果说指鹿为马,或者指米奇为唐纳德,都是行不通的话,蛹化为蝶,水冻成冰以后,还要叫它们为蛹、为水,也都是行不通的——"子在川上曰,逝者如斯夫!"

有人主张古书中字的意义要以《说文解字》为准,但你能肯定古书中某字的意义就没有在《说文解字》所记载的基础上产生变化吗?既然以《说文解字》为准也不见得正确,那该如何是好?一句话,释读古书要依据语言的社会性原则。

* * * *

语言的社会性这一原则,怎么运用于释读古书中古今见仁见智的疑难词句呢?语言的社会性制约了说汉语的人只能把雪的颜色叫作"白",把煤球的颜色叫作"黑",而不能颠倒过来;到百度上搜一搜"白"和"黑",会出现数以万计的"雪白的婚纱""漆黑的夜"之类的对"白"和"黑"的描述。我国古代典籍浩如烟海,一个常用词,它的某个意义,总会在同时代典籍中留下痕迹,所谓"雪泥鸿爪"是也;它的变化轨迹,也会在不同时代的典籍中草蛇灰线伏延千里。

就拿王力先生所举的一个例子来说好了。他指出,《曹刿论战》中"肉食者谋之,又何间焉"的"间",有的书解释为"补充或纠正",但《左传》中"间"出现81次,另外80处都不当"补充、纠正"讲,其他先秦两汉古书中的"间"也从不当"补充、纠正"讲。"左丘明在这里不可能为'间'

字创造一个新义,因为这样的'创造'谁也不会看得懂。作为一个原则,注释家不会反对语言的社会性,但是,在实践的过程中,注释家却往往忽略了这个重要的原则。"①

这一"间"当然是参与、厕身其间的意思,也就是我们常说的"掺和"。这样的例子在同时代典籍中可是一抓一大把的。这就是"留下痕迹"。

* * * *

上面我们谈的是语言的历史性、社会性问题,至少不比历史性、社会性次要甚至更为重要的语言的系统性问题,我们会在后头说到。

说到这里,要谈谈"分布"了,否则好些问题讲不清楚。分布,一是指句法成分在句中所占据的句法位置,如主语、谓语、宾语、定语、状语,等等;二是指句法成分的结合能力,即该成分修饰什么成分,该成分被什么成分修饰,等等。通俗地说,就是词语在特定句子中的上下文条件。比如考察《论语·卫灵公》"小不忍,则乱大谋"。我们不是考察"忍"而是考察"不忍",就是因为"忍"和"不"结合在一起的时候,后者会"限定"前者以什么意义出现。我们并没有否定"忍"的"忍耐"义,只是想考察"小不忍,则乱大谋"一句中"忍"的意义。既然该句中"不忍"是一体的,考察时就要把这一"条件"考虑进去。

一个词,它的多义,是呈现在字典、词典里的;在特定的上下文中,它必定是单义的。也即,上下文锁定了该词,让它只能呈现一个意义。换言之,分布限定了词义,分布就是特定词义的标志牌。也即,若要求得在某一上下文中的某词到底是呈现其甲乙丙丁几个意义中的哪一个,只要弄清楚甲乙丙丁四种意义各自的分布特征(也即上下文特征),然后按图索骥,看所考察的词句的上下文和甲乙丙丁四种上下文中的哪一个相吻合就行了。杨树达先生把它叫作"审句例"。我曾发表过一篇《以考察分布为主轴的训诂》,文中说:"该词的某一类分布特征和某

---

① 《王力语言学论文集》,商务印书馆,2000年版,第521页。

一意义是一对一的,就像身份证号码对应每个人。这就等于说,以考察分布为主轴的训诂,能使得这一研究具备可重复性、可验证性——几位学者分开来研究同一疑难词语,将得到大致相同的结论。"

这就是所谓"经典阐释的确定性"①和"分布分析可以使意义形式化"②。

* * * *

古代训诂大师虽然没有分布的概念,但他们的经典范例,无一不与分布理论相吻合。例如高邮王氏父子对《诗经·邶风·终风》"终风且暴"的考证:

> 家大人曰,《终风篇》:"终风且暴。"《毛诗》曰:"终日风为终风。"《韩诗》曰:"终风,西风也。"此皆缘词生训,非经文本义。"终"犹"既"也,言既风且暴也……《燕燕》曰:"终温且惠,淑慎其身。"《北门》曰:"终窭且贫,莫知我艰。"《小雅·伐木》曰:"神之听之,终和且平。"(《商颂·那》曰:"既和且平")《甫田》曰:"禾易长亩,终善且有。"《正月》曰:"终其永怀,又窘阴雨。""终"字皆当训为"既"。
>
> ——王引之《经义述闻》卷五,又见《经传释词》

上文证明了,在"终~且~"这一上下文条件下,"终"呈现类似"既"的意义。这很好地说明了"分布"是如何锁定意义的。由于"终温且惠""终窭且贫""终和且平""终善且有"等句中的"终"都呈现类似"既"的意义,同一格式(即同样的上下文条件)的"终风且暴"的"终"没有理由不是这一意义。这就符合语言的社会性原则。

利用分布锁定意义的原理,利用语言的社会性原则,就能够在特定条件下,由此及彼,由一般推知个别,综合归纳分析古书中疑难词

---

① 孟琢《论中国训诂学与经典阐释的确定性》,载《社会科学战线》2022年第7期。
② 陈保亚《20世纪中国语言学方法论研究》,商务印书馆,2015年版,第43页。

句的意义。

这一例也符合语言的历史性原则。因为语言是变化的,所以由一般推知个别时,要用同时代的书证。该例中用来证明"终风且暴"意义的"终温且惠""终窭且贫""终和且平""终善且有"等书证,都是同一时代的。

* * * *

下面这例大家应该不陌生:

> 如使人之所欲莫甚于生,则凡可以得生者,何不用也?使人之所恶莫甚于死者,则凡可以辟患者,何不为也?由是则生而有不用也,由是则可以辟患而有不为也。(《孟子·告子上》)

《孟子译注》译为:

> 如果人们所喜欢的没有超过生命的,那么,一切可以求得生存的方法,哪有不使用的呢?如果人们所厌恶的没有超过死亡的,那么,一切可以避免祸害的事情,哪有不干的呢?〔然而,有些人〕由此而行,便可以得到生存,却不去做;由此而行,便可以避免祸害,却不去干。

本书关键的不同在"何不用也""何不为也"两句。包括《孟子译注》在内的其他注本理解为"什么不使用呢""什么不干呢",我们理解为"为什么不用呢""为什么不做呢",意义正好相反。

其理由一是,先秦典籍中的"何不 V",都是"为什么不 V",未见可理解为"什么不 V"的。也即,"何"用于任指表周遍义(类似"他啥都好""什么都新鲜"中的"啥""什么"),当时语言中未见,是晚起的语言现象。到了汉代,"何"可以表周遍义了,汉末的赵岐也就用后起的语言现象来解释"何不用也""何不为也"了。

二是,"由是"意为"因此",它是顺承上文的。如果译为"为什么不用呢""为什么不做呢",下文"由是则生而有不用也,由是则可以辟患而有不为也"正好顺承上文;而译为"什么不使用呢""什么不干呢","由是"却是逆承了,这与它的一贯用法不符。我们的译文是:

假如人们想要的没有比生命更宝贵的,一切可以求得生存的手段,为什么会有人却不去用它呢?假如人们所厌恶的没有比死亡更不堪忍受的,一切可以免除祸患的事情,为什么也会有人却不去做它呢?由此可知,〔有时候分明〕可以活下去,也是会放弃的;由此可知,〔有时候分明〕可以避免祸患,也仍会坚守的。

这是典型的运用语言的历史性原则进行疑难词句考释的例子,也就是杨伯峻先生所谓"从汉语史的角度"来考证疑难词句。《孟子·梁惠王上》"狗彘食人食而不知检"的考证也是如此。

＊　　　＊　　　＊　　　＊

下面这例用以说明语言的社会性原则。

《孟子·滕文公下》"井上有李,螬食实者过半矣"句中的"李",杨伯峻先生说:"井上之'李',为李树,还是李实,很难肯定。《文选·张景阳杂诗》注引《孟子章句》作'井上有李实',姑从之。"我们认为,这一"李"指李树。

一是,先秦典籍中出现的"桃""李""梅""苌楚"等植物,当下文出现"实"(果实)时,都是指桃树、李树、梅树、羊桃树等,如《诗经·周南·桃夭》:"桃之夭夭,有蕡其实。"(程俊英《诗经译注》:"茂盛桃树嫩枝丫,桃子结得肥又大。")

二是,先秦典籍中"有李""有桃""有梅"等"有＋植物名"格式中的"植物名",都指该植物本身,而非指其果实。如《诗经·秦风·终南》:"终南何有?有条有梅。"(程译:"终南山上有什么来?又有山楸又有梅。")

三是,若此"李"指李实,则此句当为"井上有李,螬食之过半矣";也即"有"的宾语,在下句再度出现时,一般要以代词"之"指代。例如《孟子·告子上》:"一心以为有鸿鹄将至,思援弓缴而射之。"

以上三点,都是基于语言的社会性原则,基于"分布"的原理,从当时语言中抽绎归纳出规律,再以之解决具体词语问题的。

由一般推知个别的做法,体现的就是语言的社会性原则。

*　　*　　*　　*

再用两个例子来说说"分布"。

《论语·述而》:"默而识之,学而不厌,诲人不倦,何有于我哉?"《论语·子罕》:"出则事公卿,入则事父兄,丧事不敢不勉,不为酒困,何有于我哉?"这两处"何有于我哉"历来有两个截然相反的解释,一是"对于我有什么困难呢",这是自信之辞;一是"〔以上优良品质〕我又具备了哪一点呢",这是自谦之辞。在《论语新注新译》里,我们论证其意义为:"〔如果具备了以上优良品质,〕我又算个什么呢""〔如果具备了以上优良品质,〕我又算得了什么呢"。

以下各例可以证明:"虽及胡耇,获则取之,何有于二毛?"(《左传·僖公二十二年》,沈玉成《左传译文》译"何有于二毛"为"管什么头发花白不花白",也即"头发花白算什么呢"。)

"吉若获戾,子将行之,何有于诸游?"(《左传·昭公元年》,沈玉成译"何有于诸游"为"何必把游氏诸人放在心上",也即"游氏诸人算什么呢"。)

"将夺其国,何有于妻,唯秦所命从也。"(《国语·晋语四》,邬国义、胡果文《国语译注》译"何有于妻"为"娶他的妻子又有什么呢",也即"娶妻又算什么呢"。)

"君若不鉴而长之,君实有国而不爱,臣何有于死,死在司败矣!惟君图之!"(《国语·楚语下》,邬国义、胡果文译"何有于死"为"我又何惜一死",也即"死又算什么呢"。)

以上几例都大致与《论语》时代相同,这就符合语言的历史性原则。由一般推知个别,符合语言的社会性原则。最为关键的是,不管是一般还是个别,都是放在"何有于……"的格式中来加以考察的,这就是"考察分布"。

* * * *

下面这个例子更能说明考察分布的妙处。

《孟子·离娄下》:"天之高也,星辰之远也,苟求其故,千岁之日至,可坐而致也。"后三句《孟子译注》译为:"只要能推求其所以然,以后一千年的冬至,都可以坐着推算出来。"这是以"缘故"义释"故"。朱熹《孟子集注》:"求其已然之迹,则其运有常;虽千岁之久,其日至之度,可坐而得。"这是以"故事、成例"义释"故"。

"既克,公问其故。对曰:'夫战,勇气也。'"(《左传·庄公十年》)"故因其惧也,而改其过;因其忧也,而辨其故。"(《荀子·臣道》)"其吏请卜其故。"(《吕氏春秋·季夏纪》)"我已亡矣,而不知其故。"(《吕氏春秋·季秋纪》)以上各例"其故"前的动词如"问""辨""卜""知"都是感知动词,"故"都是"缘故"义。

"若治其故,则王官之邑也,子安得之?"(《左传·成公十一年》,沈玉成《左传译文》:"如果要追查过去的情况,那么它是周天子属官的封邑,您怎么能得到它?")"汝瞳焉如新生之犊而无求其故。"(《庄子·外篇·知北游》)"欲治其法而难变其故者,民乱不可几而治也。"(《韩非子·心度》)"是以圣人苟可以强国,不法其故。"(《商君书·更法》)以上各例"其故"前的动词如"治""求""变""法"都是行为动词或状态动词,即非感知动词,"故"都是"故事、成例"义。

"苟求其故"的"求"与《庄子·外篇·知北游》"无求其故"的"求"一样,都是非感知动词,所以"故"为成例义。

因此,这几句话的意思是:"天极高,星辰极远,如果能弄清楚它们恒常的轨迹,以后一千年的冬至,都可以坐着推算出来。"

我们对《论语·为政》"攻乎异端斯害也已"的考证与此相仿。"攻"在先秦汉语中,有"攻击""进攻"义和"从事某事,进行某项工作"的意义。两者在分布上的区别是,前者的宾语是人和地,后者的宾语是人和地之外的事物。"异端"属于后者。

＊　　＊　　＊　　＊

我在《论语新注新译》（简体字本）的《前言》中写下了一些话,觉得照录就可以：

> 著者的具体做法,可以用三句话来概括：1. 书证归纳格式,格式凸显意义。2. 一个剥离,一根主轴。3. 两个突出。
>
> 上引王氏父子之释"终风且暴",是对"书证归纳格式,格式凸显意义"的最好说明。……
>
> 一个剥离,一根主轴,是对为何要采用以上方法的解释与说明。剥离,指将语言外部证据如情理、义理、历史事实等等从主要证据位置上剥离开来。这牵涉到语言是一个系统的原理,这里不拟展开。我们只要知道,词的意义,与情理、义理、历史事实等并无直接关系;也即,情理、义理、历史事实等并不能限定词义。因而,仅仅依据这些来判定词义进而判定句义,是不可靠的。
>
> 主轴,指以考察分布为主轴,其他如形训、声训、义训以及二重证据法等等方法、手段都围绕着考察分布这一主轴来进行。……
>
> 两个突出（双突出）,一指在语言系统外部证据和语言系统内部证据中突出后者,一指在语言系统内部证据中,突出通过考察分布,即审句例所得的证据。不难看出,两个突出,不过是对著者上述做法的较为精练的概括罢了。
>
> 还有一句话,是借用电影名,叫"一个都不能少"。也即,几乎所有的训诂方法和手段,著者都"不抛弃,不放弃",只是通过双突出,确定了孰轻孰重孰先孰后的顺序而已。这样,当不同证据发生矛盾产生龃龉时,就知道坚持什么,放弃什么。
>
> 这有什么意义呢？我们看若干训诂教科书,以上方法手段往往是平列的,都被强调的。当好几位学者分开来研究同一疑难词语时,甲主要采用这方法,乙主要采用那方法,丙又主要采用另一

方法,自然,结论也就各自不同了。这在以前,是允许的,都"可备一说",都"新义迭出",都算好成果。

……

如前所述,上下文(分布)将"锁定"某词的某意义,要了解特定上下文中某词到底是什么意义,可以通过考察该词不同意义的分布特征来做到。也就是说,该词的某一类分布特征和某一意义是一对一的,就像身份证号码对应每个人。这就等于说,以考察分布为主轴的训诂,能使得这一研究具备可重复性、可验证性——几位学者分开来研究同一疑难词语,将得到大致相同的结论。

* * * *

上面这一段,信息量有点多,读者可姑且放在一边。下面来谈谈语言的系统性问题。语言是一个系统,这是语言学的入门级问题。在语言是系统这一问题里,又有一个入门级问题,它显得那样微不足道,以至于许多人认为它不值得专门一谈,附带提提就行。王力先生在《训诂学上的一些问题》一文中说:

> 假定这种研究方法不改变,我们试把十位学者隔离起来,分头研究同一篇比较难懂的古典文章,可能得到十种不同的结果。可能这十种见解都是新颖可喜的,但是不能全是正确的。其中可能有一种解释是正确的,因为它是从语言出发去研究的。

为什么从语言出发去研究,结论就是"正确的"?因为语言是一个系统。

一般的语言学概论教科书,当然也谈语言是系统,但一般讲的都是语言是符号系统、语言是分层级的、组合关系和聚合关系等等。

系统学无论在世界还是在中国都曾是一门显学。它有一个基本原理:系统内部各要素之间联系是较为直接的,频繁的,紧密的,而内部与外部(环境)之间的联系是间接的,稀少的,疏松的。也即,系统内部各要素之间的关联性强,系统内部与系统外部之间的关联性弱。根据关联性越强,越有可证性的原理,求证系统内部的问题应当主要依赖该系统内部的证据。所以,"从语言出发去研究",就能求得正确结论,似乎是不言而喻的。

语言的各子系统内部,就是语言系统内部;这是语言系统的边界。

※　　※　　※　　※

因为是不言而喻的,所以不大提它;因为不大提它,所以常常忽视。

因此,需要重申,在语言系统外部证据和语言系统内部证据中,要以内部证据为主。语言系统外部的证据不能作为主要证据,更不能作为唯一证据。

因此,语言系统内部证据是自足的,是不可替代的;语言系统外部证据是非自足的,不是非有不可的。

在语言系统内部证据中,因为分布特征能够锁定词的意义,所以在考证疑难词句时,又要以"审句例"即考察分布为主。这就是所谓"双突出"。

语言系统外部证据,虽然在主要证据位置上被"剥离"了,但它还可以作为次要证据。

分清了主次,遇到矛盾产生龃龉时,就能很好地处理了。比如主要证据支持一个结论,次要证据支持另一个结论,就采纳主要证据支持的结论。

例如"小不忍,则乱大谋",有的证据支持忍耐说,但那多是语言系统之外的证据,遇到语言系统之内的证据支持忍心说,次要证据就要让路。这还是因为分布能限定词义,语言外部因素不能限定词义。

这样一来,"经典阐释的确定性"就有了保障,也就落实了"分布分析使意义形式化"。

※　　※　　※　　※

还有个问题需要说说。

如前所述,1. 句法成分(例如词)在句中所占据的句法位置,也即它所充任的句法成分,如主语、述语、宾语等;2. 修饰关系(或"结合能力"):该成分可修饰什么成分,可被什么成分所修饰。以上两点的总和,就是该成分的"分布";这个也叫作"分布总和"或"分布特征集合"。

陈保亚说:"每个词都有自己独特的分布特征集合……每个词都有它自己特定的分布总和……没有任何两个词的分布是绝对相同的,每个词都有它自己的分布,形成分布个性。"(《20世纪中国语言学方法论研究》,第33—44页)也即,每个词都有一群区别性分布特征,把该词和其他所有的词区分开来。我们将这个称为"大范围区分"。"大范围区分"既不具备可行性——见于传世文献和出土文献的古代汉语是无法呈现当时语言中每个词的每一分布特征的,因为某一时代的文献不可能囊括当时的整个该语言;也不具备可操作性,因为这样做十分烦琐,事倍功半;而且没有必要,在进行词语考证时,没有必要将该词与其他成千上万的词区分开来,仅仅需要与其他一两个词,或该词其他义位区分开来。

某词的某一区别特征,或它的两三个区别特征,足以将该词与其他一两个词,或该词的其他义位区分开来。我们将之称为"小范围区分"。

*　　*　　*　　*

例如,《左传·庄公八年》"袒而视之背",阮元《校勘记》认为当读作"袒而示之背"。有些学者赞同阮校,有些认为应如字读。著者的学生李瑞在《左传》和同时代语料中找到"示""视"各几十例,"示"能带双宾语,且近宾语为"之"的有十余例,远宾语是人体某部位的有五六例;而除此之外的"视"只能带单宾语。由此可知阮校可从。这里仅考察了关键的分布特征,便得出了可信的结论。

上文所举诸例,也可说明这一点。

小范围区分,具有可操作性。

一般规律,一个词与其他一两个词区分,或与该词其他义位区分,其间意义差别越大,越容易区分。以人打比方,一男一女,容易区分;两男一老一少,也容易区分;两男年龄相仿,一高一矮,也容易区分;年龄身高相仿,一胖一瘦,依然容易区分。但有些双胞胎小孩,穿一样的衣服,就不容易区分了,需要在细节上仔细辨认。

"视"和"示",在分布上是容易区分的。而"故"的"缘故"意义和"故事、成例"意义,以及"攻"的"攻击、进攻"意义和"从事某事、进行某项工作"意义,就不大好区分了。对于后者,尤其需要仔细地考察分布上的细枝末节。

※ ※ ※ ※

总结一下。

语言的历史性:语言是逐渐变化的。在释读古书疑难词句时,要以变化的观点看问题。

语言的社会性:语言要以说这种语言的人通常的理解为准。在释读古书疑难词句时,要用同时代文献中的书证来予以证明。强调"同时代",是兼顾语言的历史性。

语言的系统性:严格区分语言系统内、外证据,以语言系统内部证据为主要证据。

因为分布可以锁定词的某一意义,用来证明的同时代书证必须与被证格式相同。例如搜罗"终~且~"的句子来证明"终风且暴"的意义进而证明句中"终"的意义。

具体做法可归纳为:(1)书证归纳格式,格式凸显意义。(2)一个剥离,一根主轴。(3)两个突出。

这样,当语言内外证据或语言内部不同证据发生矛盾产生龃龉时,就知道主要采纳哪些证据。

"大范围区分"和"小范围区分"的划分,使分布理论运用于古书疑难词句释读具有可操作性。

※ ※ ※ ※

再简要介绍一下有关《论语》的知识。必须说明,下文多采自杨伯峻先生《论语译注》。

班固的《汉书·艺文志》说:"《论语》者,孔子应答弟子、时人及弟子相与言而接闻于夫子之语也。当时弟子各有所记,夫子既卒,门人相与辑而论纂,故谓之《论语》。"可知:"论语"的"论"是"论纂"(有顺序地编排)的意思;"论语"的"语"是语言的意思。"论语"就是把"接闻于夫子之语""论纂"起来的意思。《论语》是记载孔子及其若干学生言语行事的一部书。"论语"的名字是当时就有的,不是后来别人给的。

《论语》又是若干断片的篇章集合体。这些篇章的排列不一定有什么道理;就是前后两章间,也不一定有什么关联。而且这些断片的篇章绝不是一个人的手笔。《论语》的作者有孔子的学生。有些篇章,还出自孔子的不同的再传弟子之手。其中不少是曾参学生的记载。这样,《论语》的著作年代便有先有后了。这点,在词义的运用上也有所反映。譬如"夫子"一词,早先一般指第三者,相当于"他老人家",直到战国,才普遍用为指称对话者,相当于"你老人家"。《论语》的一般用法都相当于"他老人家",只是在《阳货》中有两处例外。由此可见《论语》的成书,是跨越了至少好几十年的。

《论语》一书的最后编定者,应是曾参的学生。因为,(1)《论语》不但对曾参无一处不称"子",而且记载他的言行较孔子其他弟子为多。(2)在孔子弟子中,不但曾参最年轻,而且有一章记载着曾参将死之前对孟敬子的一段话(8.4)。孟敬子是仲孙捷的谥号,则这一段记载之为曾子弟子在孟敬子死后所记,应无可怀疑。因此,《论语》的著笔当开始于春秋末期,而编辑成书则在战国初期。

* * * *

《论语》传到汉朝,有三种不同的本子:(1)《鲁论语》20篇;(2)《齐论语》22篇,其中20篇的章句很多和《鲁论语》相同,但是多出《问王》和《知道》两篇;(3)《古文论语》21篇,也没有《问王》和《知道》两篇,但是把《尧曰篇》的"子张问"另分为一篇,于是有了两个《子张篇》。篇次也和《齐论语》《鲁论语》不一样,文字不同的计 400 多字。《鲁论语》和《齐论语》最初各有师传,到西汉末年,安昌侯张禹先学习了《鲁论语》,后来又讲习《齐论语》,于是把两个本子融合为一,但是篇目以《鲁论语》为根据,号为《张侯论》。张禹是汉成帝的师傅,其时极为尊贵,所以他的本子便为当时一般儒生所尊奉。今天,我们所用的《论语》本子,基本就是《张侯论》。后汉灵帝时所刻的《熹平石经》就是用的《张侯论》。《古文论语》是在汉景帝时由鲁恭王刘餘在孔子旧宅壁中发现的,当时并没有传授。直到东汉末年,大学者郑玄以《张侯论》为依据,参照《齐论语》《古文论语》,作了《论语注》。

《论语》自汉代以来,便有不少人注解它。汉朝人所注释的《论语》,基本上全部亡佚,今日所残存的,以郑玄(127—200,《后汉书》有传)注为较多,因为敦煌和日本发现了一些唐写本残卷,也就十存四五;其他各家,在何晏(190—249)《论语集解》以后,就多半只存于《论语集解》中。现在《十三经注疏》中的《论语注疏》就是用何晏《集解》和宋人邢昺(932—1010,《宋史》有传)的《疏》。

除敦煌及日本唐写本残卷外,1971 年,定州汉墓《论语》出土;2015 年,南昌海昏侯墓《论语》出土。这些都是研究《论语》不可或缺的。

* * * *

关于"论语"的读音,《经典释文》卷三:"论语,上如字,又音'伦'。"上,指"论语"二字的"论"。如字,就是通常的读音 lùn。也就是说,论语,读作 lùn yǔ,也可以读为 lún yǔ。"论语"现在的读音,根据语言的社会性原则,通常读作 lún yǔ。但"论"通常读 lùn,读作 lùn yǔ,又有《经典释文》可资依据,应该也不算错。我的导师郭锡良先生,就读作 lùn yǔ。

有关《论语》的书,可谓汗牛充栋。读者如果认为看了本书之后还有进一步研究的必要,可以再看下列几种书:

(1)《论语注疏》——即何晏《集解》、邢昺《疏》,在《十三经注疏》中。

(2)《论语集注》——宋代朱熹(1130—1200)从《礼记》中抽出《大

学》和《中庸》,合《论语》《孟子》为《四书》,自己用很大功力作《集注》。朱熹对于《论语》,不但讲"义理",也注意训诂,故这书无妨参看。

(3)《论语正义》——刘宝楠(1791—1855)依焦循作《孟子正义》之法,作《论语正义》。后因病而停笔,由他的儿子刘恭冕(1821—1880)继续写定。所以这书实为刘宝楠父子共著。广征博引,加以己意。该书是清代学者注《论语》最有成就的著作。只因学问日益进展,昔日的好书,今天便可以指出不少缺点,但参考价值仍然不小。

(4)程树德(1877—1944)《论语集释》,征引书籍达680种,虽仍有疏略可商之处,因其广征博引,故可参考。

(5)杨树达(1885—1956)《论语疏证》。这书把三国以前所有征引《论语》或者和《论语》的有关资料都依《论语》原文疏列,时出己意,加案语,值得参考。

(6)杨伯峻(1909—1992)《论语译注》。张政烺先生说:"在今注中确有极高的学术价值的,可以达到雅俗共赏的境地,杨伯峻的《论语译注》《孟子译注》《春秋左传注》就是其中的佼佼者。《论语》《孟子》成书较早,杨注虽对于典章制度的注释小有不足,但其解决难点,疏通文意,都有独到之处。"

(7)蒋绍愚(1940—)《论语研读》。用语言学知识解读《论语》疑难字词句,结论大多正确。

(8)当然,我本人的《论语新注新译》也须列入。必须说明,《论语新注新译》简体字本并非纯然是繁体字本的精简本,它有新的考证(如2.16"攻乎异端")和重要的补充(如8.9"民可使由之")。

* * * *

本书是《论语新注新译》(北京大学出版社2016年繁体字本、2018年简体字本)的精简本。必须一说的是,继《孟子新注新译》第二版完成出版以后,《论语新注新译》第二版也已完成,正在润色过程中。该书增加了若干新的考证,其中一些为本书所采纳,如1.13"言可复也"、5.13"夫子之文章"、5.21"其愚不可及"、5.26"老者安之,朋友信之,少者怀之"、6.3"今也则亡"、6.5"毋以与尔邻里乡党乎"、8.7"士不可以不弘毅"、9.27"子路终身诵之"、11.26"浴乎沂"、17.7"吾岂匏瓜也哉？焉能系而不食"、18.6"而谁以易之"、20.1"四海困穷,天禄永终"。《论语新注新译》第二版中,有的考证做了重要的补充,也为本书所采纳,如2.6"父母唯其疾之忧"。

本书是给学中文学和学对外汉语教学的本科生、研究生量身打造的,因此,《论语新注新译》中比较烦琐的考证没有选入,只是在注释中稍微涉及。入选的考证,也删去了许多例句,只留下了为了说理而必须保留的。

同时,为了教学,加了些画龙点睛之语,对考证所涉及的知识稍微作了讲解。

每篇之后,还由专治中国哲学史的杨柳岸博士撰写了导读,俾读者能大致掌握该篇的要旨。

这样一来,本书对于所有读者来说,就更具有普适性了。

学而篇第一　共十六章

1.1　子曰①:"学而时习之②,不亦说乎③? 有朋自远方来,不亦乐乎? 人不知,而不愠④,不亦君子乎?"

【注释】

① 子:《论语》"子曰"的"子"都是指孔子。
② 学而时习之:时,定时。朱熹《论语集注》把它解为"时常",说"时习者,无时而不习",是用后代的词义解释古书,是不正确的。习,复习。
③ 说:"悦"的古字,喜悦。
④ 愠:音 yùn,怨恨。

【译文】

孔子说:"学过了,再定时复习它,不也高兴吗? 朋友从远方来,不是很快乐吗? 别人不了解我,我也不怨恨,不也是君子吗?"

【考证】

人不知:

先秦汉语的"不知"后没有宾语的,大致有 3 种情况:(1) 不智。如:"知者不博,博者不知。"(《老子·八十一章》)(2) 可据前文补出宾语。如:"父母之年,不可不知也。"(《论语·里仁》)"若将有大寇乱,盗贼将作,若机辟将发也,他人不知,己独知之。"(《墨子·非儒下》)(3) 不知道,不理解,不懂得,不晓得。如:"知者无不知也。"(《孟子·尽心上》) 但是,"人不知而不愠"却是例外,它的意思应该是《论语译注》所译"人家不了解我,我却不怨恨"。类似者如:"人知之亦嚣嚣;人不知亦嚣嚣。"(《孟子·尽心上》,杨伯峻《孟子译注》:"别人理解我,我也自得其乐;别人不理解我,我也自得其乐。")"穆行之意,人知之不为劝,人不知不为沮,行无高乎此矣。"(《吕氏春秋·仲冬纪·至忠》,张双棣等《吕氏春秋译注》译为:"不因为别人了解自己就受到鼓励,也不因为别人不了解自己就感到沮丧。") 为什么例外? 因为,"人不知,而不愠"的"人"表示"别人""他人",这一意义的"人"往往和"己"相对:"不患人之不己知,患不知人也。"(《学而》)而"人不知,而不愠"可分析为"人不知(己),而

(己)不愠",由"己不愠"推出"人不知己",那么也就该译为"别人不了解我,我也不怨恨"了。

这一考证运用了转换生成语法中的"空语类"理论。该理论一两句话讲不清楚。我们只需记住,学理论是为了解决实际问题。[1]

1.2 有子曰①:"其为人也孝弟②,而好犯上者,鲜矣③;不好犯上,而好作乱者,未之有也④。君子务本,本立而道生。孝弟也者,其为仁之本与⑤!"

【注释】

① 有子:孔子学生,姓有名若,比孔子小33岁。
② 弟:音tì,"悌"的古字,弟弟对兄长的正确态度。
③ 鲜:音xiǎn,少。
④ 未之有也:可以理解为"未有之也";先秦时代,否定句中宾语若是代词,一般放在动词之前。
⑤ 与:"欤"的古字。

【译文】

有子说:"某人的为人,既孝顺父母,又尊敬兄长,却喜欢冒犯上级,这种人很少;不喜欢冒犯上级,却喜欢造反,这种人是从来没有的。君子专注于基础工作,基础树立了,'道'也就产生了。孝顺父母,尊敬兄长,这就是'仁'的基础吧!"

1.3 子曰:"巧言令色①,鲜矣仁!"

【注释】

① 巧言令色:巧,高明,有技巧,这里指说话动听;令,美,善,这里用以形容满脸堆笑的谄媚样子;色,脸色。

【译文】

孔子说:"花言巧语,满脸堆笑,〔这种人,〕是没有多少仁德的。"

1.4 曾子曰①:"吾日三省吾身②:为人谋而不忠乎③?与朋友交而不信乎④?传不习乎?"

【注释】

① 曾子(前505—前435):孔子学生,名参(shēn),字子舆,南武城(在今山东省枣庄市附近)人,比孔子小46岁。
② 三省:省,音xǐng,多次地反省。"三""九"等字,做状语时,一般表示次数多,不是实数。如果这"三"字是实指接下来的三件事而言,依《论语》的句法就应当是"吾日省吾身者三",和《宪问篇》的"君子道者三"一样。这里所反省的恰恰是三件事,只是巧合罢了。但"三人行"的"三"却是实数,因为"三人"是定中结构而非状中结构。
③ 忠:尽心竭力。现代汉语里的"忠"是下对上,个人对集体、国家,《论语》成书时代语言里的"忠"没有这种限定。
④ 信:诚信。

【译文】

　　曾子说:"我每天多次反省:为别人办事是不是尽心竭力了呢?和朋友交往是不是诚实守信呢?老师传授我的学业是不是复习了呢?"

1.5 子曰:"道千乘之国①,敬事而信②,节用而爱人③,使民以时④。"

【注释】

① 道千乘之国:道,音dǎo,"導"的古字,今简化作"导",引导,治理;乘,音shèng,古代用四匹马拉的兵车。千乘之国,有一千辆兵车的国家,在孔子之时已经不是大国。
② 敬事:敬业,工作严肃认真。
③ 爱人:孔子时代,"人"常常指他人,"爱人"即爱别人,爱他人。杨伯峻先生注本章说:"古代'人'字有广狭两义。广义的'人'指一切人群,狭义的'人'只指士大夫以上各阶层的人。这里和'民'(使'民'

以时)对言,用的是狭义。"这一注释,受了赵纪彬《论语新探》的影响。《论语新探》认为,《论语》中的"人"都指奴隶主,"民"指奴隶,这是经不起文献的检验的。详见本书《附录》中的《也谈〈论语〉中的"人"与"民"》。又参见14.42注①。

④ 使民以时:古代以农业为主,"使民以时"就是《孟子·梁惠王上》的"不违农时"。

【译文】

　　孔子说:"治理有着千辆兵车的国家,办事要严肃认真,诚实无欺,节约用度,爱护他人,役使老百姓要在农闲时间。"

1.6 子曰:"弟子①,入则孝,出则悌②,谨而信③,泛爱众,而亲仁④。行有余力,则以学文⑤。"

【注释】

① 弟子:这里指年纪幼小的人。

② 入、出:指"入父宫","出己宫";宫,古代房屋的通称,后来词义缩小,才专指帝王的住所。

③ 谨:谨慎。杨伯峻先生注:"寡言叫作'谨'。详见杨树达先生《积微居小学金石论丛·卷一》。"这里的"谨"并不是寡言的意思;因为《论语》时代典籍中找不到可以释为"少言"的"谨",也即不符合语言的社会性原则。

④ 仁:仁人。古代汉语中常用某一具体的人或事物的特征、性质来指代那一具体的人或事物。语言学把这叫作"转指"。"转指"和"自指"相对而言。如果"仁"指仁爱、仁义,就是自指。

⑤ 则以学文:则,就;以学文,以之学文。之,指"余力"。介词"以"的宾语"之",它所指代的在紧接的上文出现过时,常不出现。

【译文】

　　孔子说:"晚辈后生,在父母面前,就孝顺他们;离开自己的房子,便敬爱兄长;谨慎而且信实,博爱大众,亲近有仁德的人。这样实践之后,有剩余力量，便凭着它去学习文献。"

1.7 子夏曰①："贤贤易色②；事父母，能竭其力；事君，能致其身③；与朋友交，言而有信。虽曰未学，吾必谓之学矣。"

【注释】

① 子夏（前507—？）：孔子的学生，姓卜名商，字子夏，比孔子小44岁。
② 贤贤易色：尊贤轻色。第一个"贤"是形容词的意动用法，"尊敬"的意思，第二个"贤"指贤人。易，轻视。详见本章【考证】。
③ 致：送出，献上。

【译文】

子夏说："尊敬贤者，轻视美色；侍奉爹娘，能尽全力；侍奉君上，能够献身；和朋友相交，说话一定诚实守信。这种人，即便没有系统学习过，我一定说他已经学过了。"

【考证】

贤贤易色：

何晏《集解》引孔安国说："言以好色之心好贤则善。"那么，"易"是交换的意思，按当时句法，这一意义的"易"应当与介宾结构共现，一般为"以……易……"，偶尔也会用"易之以……"或"与……易……"："郑伯请释泰山之祀而祀周公，以泰山之祊易许田。"（《左传·隐公八年》）"以乱易整，不武。"（《左传·僖公三十年》）"君将以亲易怨，实无礼以速寇。"（《左传·昭公五年》）"何可废也？以羊易之！……以小易大，彼恶知之？……我非爱其财而易之以羊也。"（《孟子·梁惠王上》）"曰：'否。以粟易之。''以粟易械器者，不为厉陶冶；陶冶亦以其械器易粟者，岂为厉农夫哉？'"（《孟子·滕文公上》）"柳下惠不以三公易其介。"（《孟子·尽心上》）"逢丑父与公易位。"（《左传·成公二年》）所以，本章的"易"，只能是"轻视"的意思。《左传·襄公四年》"戎狄荐居，贵货易土，土可贾焉。""贤贤易色"与"贵货易土"句式正好相同。"易"也可用意义较为抽象的名词作宾语："人之易其言也，无责耳矣。"（《孟子·离娄上》）所以,解"易色"为轻视美色,是没有问题的。

当时语言中的"易",有好几个意义。在解释"贤贤易色"时,应该选取那个"分布"与"易色"相同的。分布,简单地说,就是上下文条件。[2]

1.8 子曰:"君子不重则不威①;学则不固②。主忠信③。无友不如己者④。过则勿惮改。"

【注释】

① 君子:这个词是引号中整段话的主语。
② 学则不固:孔安国说:"固,蔽也。"根据"固"在《论语》时代典籍中的用法,我们以为他的这一说法较为可信。
③ 主:以……为主。详见本章【考证】。
④ 无友不如己者:无,通"毋";友,结为至交好友。"友"作名词,指至交好友;作动词带宾语,指与宾语所指者结为至交。一般交友用动词"交"。

【译文】

孔子说:"君子,如果不庄重,就没有威严;他如果学习了,就不致固陋无知。要以忠、信两种品德为主。不要跟不如自己的人结为至交好友。有了过错,就不要怕改正。"

【考证】

主忠信:

主,"以……为主""着重"的意思。何晏《集解》引郑玄说:"主,亲也。"若依此说,就与《孟子·万章上》"于卫主颜雠由""是时孔子当厄,主司城贞子"的"主"用法类似了。(确切地说,"主颜雠由"是"以颜雠由为主人",就是住在颜雠由家。)然则,这一句的"忠信"意为"忠信之人"。虽然理论上是可以转指的,但先秦典籍中"忠信"出现频率较高,却未见一例表示"忠信之人"的。"主忠信"当解为"以忠信为主":"圣人之施舍也议之,其喜怒取与亦议之。是以不主宽惠,亦不主猛毅,主德义而已。"(《国语·周语中》)"父子主恩,君臣主敬。"(《孟子·公孙丑下》)故皇侃《义疏》所云"君子既须威重,又忠信为心,百行之主也"近之。当

"主颜雠由"一类词组中的宾语逐渐可以是抽象意义的词语如"忠信"时,"主"就产生了"以……为主""着重"的意义了。

词语的意义,随着时间的推移,会逐渐变化。有的动词,能带抽象名词作宾语,有的动词不能带。这一章的"主"经过考察,是可以带抽象名词宾语的,所以皇侃的解释可以采纳。[3]

1.9 曾子曰:"慎终,追远,民德归厚矣①。"

【注释】

① 德:品行;又特指好的品行,即道德。

【译文】

曾子说:"谨慎地对待年长者的去世,追念远代祖先,老百姓的品行便归于忠厚老实了。"

1.10 子禽问于子贡曰①:"夫子至于是邦也②,必闻其政,求之与?抑与之与?"子贡曰:"夫子温、良、恭、俭、让以得之。夫子之求之也,其诸异乎人之求之与③?"

【注释】

① 子禽:陈亢(gāng),字子禽;子贡,孔子学生,姓端木,名赐,字子贡,卫人,比孔子小31岁(前520—?)。
② 夫子:古代的一种敬称,凡是做过大夫的人,均可受此称谓。孔子曾为鲁国司寇,所以其学生称他夫子,后来沿袭以称呼老师。在一定场合下,也用以特指孔子。
③ 其诸:大概,或者。

【译文】

子禽问子贡说:"他老人家一到哪个国家,一定听到该国的政事,是主动打听来的呢?还是别人主动告诉的呢?"子贡说:"是他老人家凭温和、善良、严肃、节俭、谦逊的美德取得的。他老人家的取得它,大概和别人的取得它（的方法），不相同吧？"

1.11 子曰："父在，观其志①；父没②，观其行③；三年无改于父之道④，可谓孝矣。"

【注释】

① 其：这里指儿子。
② 没：音 mò，"殁"的古字，死。
③ 行：旧音 xìng。
④ 道：偶尔无论好坏、善恶都可叫作"道"，但更多时候表示善的、好的东西。因为"道"有表示善的、好的事物的倾向，所以依从杨伯峻先生，将"父之道"译为"他父亲的合理部分"。

【译文】

孔子说："当他父亲健在时，〔因为他无权独立行动，〕要观察他的志向；父亲死了，要考察他的行为；如果多年不改变他父亲的合理部分，就可以说是'孝'了。"

1.12 有子曰："礼之用，和为贵①。先王之道，斯为美。小大由之，有所不行②；知和而和，不以礼节之，亦不可行也。"

【注释】

① 和：适合，恰当，恰到好处。

【译文】

有子说："礼的作用，以和谐为可贵；过去圣明君王的治理天下，以这一点最为美好。但是，小事大事都循此而行，有些事就不一定能行得通了；为了和谐而和谐，不用礼仪制度来节制，也是行不通的。"

【考证】

礼之用……亦不可行也：

几乎所有注本都这样标点："先王之道，斯为美；小大由之。有所不行,知和而和,不以礼节之,亦不可行也。'"我们现在这样标点的理由是,"不……;亦不……"结构,一般是两个相互呼应的复句:"过卫,卫文公不礼焉。……及郑,郑文公亦不礼焉。"(《左传·僖公二十三年》)"子木与之言,弗能对。使叔向侍言焉,子木亦不能对也。"(《左传·僖公二十三年》)"天或者以陈氏为斧斤,既斫丧公室,而他人有之,不可知也。其使终飨之,亦不可知也。"(《左传·哀公十五年》)"使君为藏奸者,不可不去也。臣违君命者,亦不可不杀也。"(《国语·鲁语上》)"一齐人傅之,众楚人咻之,虽日挞而求其齐也,不可得矣;引而置之庄岳之间数年,虽日挞而求其楚,亦不可得矣。"(《孟子·滕文公下》)最末《孟子》一例表条件、假设,本章也是。[4]

1.13 有子曰:"信近于义,言可复也①。恭近于礼,远耻辱也②。因不失其亲③,亦可宗也④。"

【注释】

① 复:兑现诺言。
② 远:音 yuàn,使……远离,避免。
③ 因:通"姻"。详见本章【考证】。
④ 宗:尊敬。

【译文】

有子说:"信守的诺言符合义,说的话就能实现。举止庄重合于礼,就能避免受侮辱。对姻亲保持亲近,〔这种态度〕也是值得推崇的。"

【考证】

(一)言可复:

何晏《集解》:"复,犹'覆'也。义不必信,信非义也。以言可反覆,故曰近义。"杨伯峻《论语译注》:"复,《左传·僖公九年》荀息说:'吾与先君言矣,不可以贰,能欲复言而爱身乎?'又《哀公十六年》叶公说:'吾闻胜也好复言……复言非信也。'这'复言'都是'实践诺言'之义。《论语》此义当同于此。朱熹《集注》云:'复,践言也。'"孙晓春先生在《先秦儒家道义论的内涵及其逻辑进路》和《"信近于义"诠解》中理解何晏"言可反覆"为说话不必兑现:"其实,'复言'是春秋时期的习语,其意为出言反复。""可惜的是,杨先生却把这两条材料看错了。"其实,是孙先生"把这两条材料看错了"。首先,"能欲……而……乎"句式中"而"的前后的词语所表达的意义是相反的,"而"之前的是善的、好的,"而"之后的是不好的、自私的。因此,"复言"是践行诺言,意谓要践行诺言就不能惜命爱身。其次,《国语·晋语二》讲述同一件事的文字为:"吾言既往矣,岂能欲行吾言而又爱吾身乎?虽死,焉避之?""复言"即"行吾言"——践行吾言。详见杨柳岸、杨逢彬文《"言可复也"究竟谓何》,载《武汉大学学报》(哲学社会科学版),2021年第3期。

研究上古词语,语料的齐备很重要![5]

(二) 因不失其亲:

何晏《集解》引孔安国说:"因,亲也。言所亲不失其亲,亦可宗敬。"然则,"因"通"姻"。朱熹《集注》却说:"因,犹'依'也。……所依者不失其可亲之人,则亦可以宗而主之矣。"杨伯峻《论语译注》因而翻译这两句为"依靠关系深的人,也就可靠了"。我不采纳朱说,一是它并未提出理由推翻先儒成说;二是遍查《论语》成书时代的典籍,"因"作为表"依凭"义的动词虽常见,却一般不带谓词性结构做宾语。三是朱熹释为"所依者",则"依"为转指,遍查先秦典籍,未见"依"有这一用法。四是按孔安国说理解,"因"是话题;而当时语言中用"其"回指话题的句子比比皆是:"骥不称其力,称其德也。"(《论语·宪问》,参见2.6【考证】)读通没有问题。

一句话,语言的社会性很重要!不符合这一点的解读,是不合格的解读。[6]

1.14 子曰:"君子食无求饱①,居无求安,敏于事而慎于言,就有道而正焉②,可谓好学也已。"

【注释】

① 君子:此处指有德者。

② 正：匡正。

【译文】

孔子说："君子，吃饭不要求能饱，居住不要求舒适，干事情勤劳敏捷，说话却谨慎，到有道的人那里去匡正自己，这样，就可以说是好学了。"

1.15 子贡曰："贫而无谄，富而无骄，何如？"子曰："可也；未若贫而乐，富而好礼也。"

子贡曰："《诗》云：'如切如磋，如琢如磨。'①其斯之谓与②？"子曰："赐也③，始可与言《诗》已矣，告诸往而知来者④。"

【注释】
① 这两句诗见《诗经·卫风·淇奥》。
② 其斯之谓与：斯之谓，谓斯；斯，这个；与，后来写作"欤"。
③ 赐：子贡的名，孔子对学生都称名。
④ 告诸往而知来者：诸，相当于"之"，指子贡；往，过去的事，这里指已知的事；来者，未来的事，这里指未知的事。

【译文】

子贡说："贫穷而不阿谀奉承，有钱而不骄傲自大，怎么样？"孔子说："可以了；不过，还不如虽贫穷却快乐，有钱却好礼呢。"

子贡说："《诗经》上说：'要像对待骨、角、象牙、玉石一样，先切料，然后粗粗锉出模型，再精雕细刻，最后磨光。'就是这样的意思吧？"孔子说："赐啊，现在可以和你说说《诗经》了。告诉你过往的，你就能推知未来的了。"

1.16 子曰："不患人之不己知①，患不知人也。"

【注释】

① 不己知：不知己，不了解自己；知，了解。

【译文】

孔子说:"不担心别人不了解我,担心的是自己不了解别人。"

导读:《学而》是《论语》首篇;而孔子思想的主轴,学者认为非"仁"即"礼"。杨伯峻先生认为,"仁"是《论语》的主轴,见中华书局本《论语译注·试论孔子》。"仁"既是孔子思想的主轴,即最重要的概念,是他所建立的儒家伦理的核心范畴,想要了解孔子的思想,首先要弄清楚什么是"仁"。作为《论语》首篇,《学而》恰恰对这一概念有重要论述,恐非巧合。

在孔子之前,"仁"已见诸文献,但只是对某人品德的抽象赞美(大抵近似于现代汉语中的"高尚"),其内涵并不具体。《论语》是现存的第一部大规模讨论"仁"的著作,它赋予了"仁"新鲜的意涵。但"仁"在《论语》中没有准确的定义,或者说孔子给了"仁"过于丰富而模糊的意涵,因而我们阅读时,不能企图通过把握一两条语录了解"仁",而是要通观全书,反复咀嚼,才能对"仁"有较为透彻的领悟。

"仁"作为一种品德,首先是内在的,是可以感悟和把握的;但同时它又不是那种只能"居庙堂之高"而高不可攀仅可孤芳自赏的品质,它具有可实践性,是要经由具体的道德实践(在现实生活中践行道德信条)才能展开。要做一个真正的"仁人"很难,但每个人随时随地都可一点一滴地行善——实践仁德。也就是说,人们通过对文献和礼仪的学习,以及在日常具体事务上的历练,可以逐渐达到或者接近"仁"的境界。这样一来,一个人是否具备仁德,可以通过他的言语、行为、功绩来判断。孔子作为教育家,特别注意在具体的情境和道德实践中启发学生。司马迁在《史记·太史公自序》中引用孔子的话:"我欲载之空言,不如见之于行事之深切著明也。"这是孔子思想性格的写照。

"巧言令色,鲜矣仁"(1.3),即是孔子从言行出发判断人是否具备仁德的著名例证。这条语录可能是孔子基于某一情境有感而发,但《论语》作为孔门后人记录孔子言行的汇编,言简意赅,原来的时空已杳不可寻。

"孝弟也者,其为仁之本欤"(1.2)是孔子从个人德行方面对"仁"的论说。这倒不一定指在时间上一定要先尽孝然后行仁;也不是抽象的比较,说"孝"相对于"仁"更为重要。"孝"为"仁"的本源是从实践中观察得来的——仁德必然要通过道德实践的开展才能成熟。在现实生活中,一个人如果对父母都不能尽孝,那他怎么可能具备仁德呢?在孔子看来,"孝"是"仁"的起点和前提。

孔子历来被尊为"万世师表"。在《学而》中,孔子也特别强调了学习的重要性。他有两个方面的考虑,一是主体(个人)在社会上实现价值的需要,二是提升个人德行的条件。

孔子生活在"礼崩乐坏"的春秋晚期,传统政治秩序逐渐崩溃、瓦解,社会陷于无序状态。在现实关怀上,孔子向往"礼乐征伐自天子出"(16.2)而井然有序的西周盛世;在文化传承上,孔子推崇"郁郁乎文哉"(3.14)的西周礼乐文明,并一生致力于此。他先是在鲁国从政,而后周游列国推行仁政,孜孜以求的是通过振兴传统文化来医治社会、政治的痼疾。认为期望复兴西周礼乐文明,就必须对这一文化传统有深切的体认,也要具备在相应的政治环境中实践它的资格与能力。所以孔子十分强调"学文",通过在政治事务中运用西周礼乐文明所赋予的知识,来达到改良社会政治的崇高目标。

学习的目的,除了济世安邦之外,也为了发展个人的德行。后者与安邦济世不是严格区分的两件事,而是需要"下学而上达"(14.35)。"仁"是一种实践性的道德,而知识贫乏,凡事靠经验、习惯以及想当然来做事的人是不可能实践仁德的。所以,孔子特别对某种想法——不通过刻苦学习就能道德完满——提出申诫,认为这不但不可能,反而会导致更多问题——如"六言六弊"(17.8)。用"好学"为仁、知、信、直、勇、刚等具体道德奠定基础,正反映了孔子思想的实践性。本篇子夏所云"虽曰未学,吾必谓之学矣"(1.7),未必符合孔子的原意。孔子虽然也承认有"生而知之者"(16.9),但大抵是存而不论束之高阁的,孔子也自认为不属此类(7.20)。孔子不认为,一个人可能通过朴素的道德实践进而提升到仁德的境界。宋代大学者朱熹在《论语集注》中引用学者吴棫的观点,认为子夏之言本意虽好,但未免太过,容易导致"废学",而与孔子主张不符。朴素的道德实践是"学文"的基础,却不能取代后者,故而"行有余力,则以学文"(1.6)。

在知识、教育水平高度发达,"知识就是力量"的今天,"好学"似乎天经地义(尽管事实往往并非如此),有人也许很难理解孔子把"好学"提到如此高度。在孔子的时代,爵位和官职基本靠世袭获得,是否具备相应的知识水平倒在其次,因此,要一心向学并不容易。孔子主张"有教无类"(15.39),门下不同社会阶层的学生都能接受教育;学习需要时间的积累,心无旁骛,贫贱的学生要能甘于清贫,富贵的学生需要抵挡爵禄的诱惑(8.12)。所以孔子特别推崇颜回的"箪食瓢饮不改其乐"(6.11),认为除了他之外再无好学的人了(6.3、11.7),甚至自己也难以相比(5.9),因而恸哭颜渊之死(11.9、11.10)。

孔子主张的好学不是死记硬背书本知识,而是在获得知识的同时不断思考,学与思相结合(2.15);同时在实践中不断升华所学,最终达到"志于道,据于德,依于仁,游于艺"(7.6)的通达境界,实现"一以贯之"的"道"(15.3)。需要注意的是,孔子主张学习的内容并不是一切知识,相反,他对于各类与德行、为政无关的知识是保持距离的。有人问,孔子为什么那么多才多艺呢,孔子说,那是因为自己出身贫贱,所以学会了很多技艺,而君子是不需要多才多艺的(9.6);又有人赞叹孔子博学,孔子诙谐地说"我去赶马车好了"(9.2)。听说孔子多才多艺,有学生希望跟孔子学习种植,孔子不屑地斥之为小人(13.4)。从历史发展的角度看,孔子轻视某些知识,有不利于社会全面进步的一面,且一定程度上也影响了后世儒者,近代更不乏学者将中国的落后归结到儒家思想轻视应用科学上。但放到当时百家争鸣的时代背景中看,作为其中一家的孔子,专主某一类知识似乎并不宜太过诟病。这使得我们警醒:任何一家思想都会有不足,任何一个伟人都会有偏执,将某一种思想提到至高无上的地位,拔高为包治百病的良药,不但会对社会造成伤害,也会限制这一思想本身的生命力,令其固步自封,落后于时代。

为政篇第二　共二十四章

2.1 子曰:"为政以德,譬如北辰①,居其所而众星共之②。"

【注释】

① 北辰:北极星。
② 共:同"拱",环绕,环抱。

【译文】

孔子说:"用道德来行使政令,便会像北极星一样,在自己的位置上,别的星星都环绕着它。"

2.2 子曰:"《诗》三百①,一言以蔽之,曰:'思无邪②。'"

【注释】

①《诗》三百:《诗经》实有三百零五篇。
② 思无邪:想要归于纯正。详见本章【考证】。

【译文】

孔子说:"《诗经》三百篇,用一句话来概括它,就是'想要归于纯正'。"

【考证】

思无邪:

见《诗经·鲁颂·駉》,郑《笺》解释为:"思遵伯禽之法,专心无复邪意也"。可见"思"是动词。杨伯峻先生说:"'思'字在《駉篇》本是无义的语首词,孔子引用它却当思想解,自是断章取义。"当"思"后紧接谓词性结构(就是类似动词、形容词的成分)时,汉代注家都将"思"理解为动词。如《小雅·桑扈》:"旨酒思柔",郑《笺》说:"其饮美酒,思得柔顺中和。"又如《小雅·车舝》:"思娈季女逝兮",毛《传》说:"思得娈然美好之少女有齐庄之德者,往迎之。"特别是本章"思无邪"所自出的《鲁颂·駉》,一二三四各段分别有"思无疆""思无期""思无斁""思无邪"四句,除"思无期"较浅显无解外,其余三句,郑《笺》解为:"僖公之思遵伯禽之法,反复思之,无有竟已","思遵伯禽之法,无厌倦也","思遵伯禽之法,专心无复邪意也"。因此,孔子在此并未"断章取义"。

汉代注家的解释是不能忽视的。[7]

2.3 子曰:"道之以政①,齐之以刑②,民免而无耻③;道之以德,齐之以礼,有耻且格④。"

【注释】

① 道之以政:道,同"导",引导;政,最早的解释是"谓法教也",即法律和教化,所以翻译为"政法"。
② 齐之以刑:齐,使……整齐,这里意译为"整顿";刑,刑罚。
③ 免:免罪,免刑。
④ 格:来。详见本章【考证】。

【译文】

孔子说:"用政法来引导他们,用刑罚来整顿他们,老百姓只会暂时免于罪过,却没有羞耻之心。若用道德来引导他们,用礼教来整顿他们,老百姓不但有羞耻之心,而且纷纷来归。"

【考证】

有耻且格:

何晏《集解》:"格,正也。"《经典释文》引郑玄说:"格,来也。"我们从郑注。其一,汉代《费凤碑》作"有耻且佫",为来格本字。其二,《礼记·缁衣》:"夫民,教之以德,齐之以礼,则民有格心;教之以政,齐之以刑,则民有遯心。""遯"即"遁"字,逃避的意思;这一段显然和《论语》本章可以互证,虽然用词表达上互有参差,主旨却相同。其三,故训之解为"正"之"格",或作定语,或带宾语,"格"后均有其他成分:"格人元龟。"(《尚书·西伯戡黎》)"庶有格命。"(《吕刑》)"惟大人能格君心之非。"(《孟子·离娄上》)故训之解为"来""至"之"格",则颇多不必带宾语或作定语者:"格,尔众庶!"(《尚书·汤誓》)"格,汝众!"(《盘庚》)"王宾杀禋咸格。"(《洛诰》)"小人用格。"(《逸周书·皇门》)[8]

2.4 子曰:"吾十有五而志于学①,三十而立②,四十而不惑③,五十而知天命,六十而耳顺④,七十而从心所欲,不逾矩。"

【注释】

① 有:古人在整数和小一位的数字之间多用"有"字。
② 立:何晏《集解》:"有所成立也。"意思是,能够(在社会上)站得住脚了。
③ 不惑:《子罕》《宪问》都有"知(智)者不惑"。
④ 耳顺:郑玄说:"耳闻其言,而知其微旨也。"即知其微言大义。

【译文】

孔子说:"我十五岁,有志于学问;三十岁,即小有所成,能够自立;四十岁,〔掌握了各种知识,〕不会迷惑;五十岁,知晓了天命;六十岁,别人一说话,便能听出大旨;到了七十岁,尽管随心所欲,也不会有任何念头越出规矩。"

2.5 孟懿子问孝①。子曰:"无违②。"

樊迟御③,子告之曰:"孟孙问孝于我,我对曰,无违。"樊迟曰:"何谓也?"子曰:"生,事之以礼;死,葬之以礼,祭之以礼④。"

【注释】

① 孟懿子:鲁国大夫,三家之一,姓仲孙,名何忌,"懿"是他死后追赠的谥号。
② 无违:对待父母无所违背,对父母没有违逆。违,违逆、违背。详见本章【考证】。
③ 樊迟:孔子学生,名须,字子迟,比孔子小46岁。
④ 事之以礼,葬之以礼,祭之以礼:这话是针对鲁国当时把持朝政的三家大夫用诸侯之礼,甚至用天子之礼的"僭越"行为而说的。可参3.1。

【译文】

孟懿子问孔子什么是孝道。孔子说:"不违逆父母。"

后来,樊迟为孔子驾车,孔子便告诉他说:"孟孙问我孝道,我答复他说,不违逆父母。"樊迟问道:"这是什么意思?"孔子说:"父母健在,按规定的礼节服侍他们;去世了,按规定的礼节埋葬他们,祭祀他们。"

【考证】

无违:

皇侃《义疏》:"言行孝者每事须从,无所违逆也。"邢昺《疏》:"言行孝之道,无得违礼也。"共时文献中"无违",都是不违逆:"贤者急病而让夷,居官者当事不避难,在位者恤民之患,是以国家无违。"(《国语·鲁语上》,韦昭注:"无相违很者也。"无相违很,也即无相违逆)"圣人者,事无辞也;物无违也(即与物无所违逆)。故能为天下器。"(《墨子·亲士》)"凡将立事,正彼天植,风雨无违(言风雨无所违避也)。"(《管子·版法》)所以采纳皇侃之说。

二解选一,选"无违"的,也即选符合语言社会性原则的。[9]

2.6 孟武伯问孝①。子曰:"父母唯其疾之忧。"

【注释】

① 孟武伯:即仲孙彘,孟懿子的儿子,"武"是谥号。
② 父母唯其疾之忧:"父母唯忧其疾"的强调式。详见本章【考证】。

【译文】

孟武伯向孔子请教孝道。孔子说:"父母有病,孝子总是担忧。"

【考证】

父母唯其疾之忧:

这里的"其"指的是父母,还是儿女,有不同说法。(1)"其"指父母。王充《论衡·问孔》:"武伯善忧父母,故曰,唯其疾之忧。"《淮南子·说林》"忧父之疾者子,治之者医"高诱《注》:"《论语》曰:'父母唯其疾之忧。'故曰忧之者子。"则当读为:"父母,〔孝子〕唯其疾之忧。""父母"是主题语。(2)"其"指孝子。何晏《集解》引马融说:"言孝子不妄为非,唯疾病然后使父母忧"则连读为"父母唯其疾之忧"。"其"常指代主题语:"因不失其亲。"(《论语·学而》)"骥,不称其力,称其德也。"(《宪问》)"强梁者不得其死。"(《老子·四十二章》)当"其……"作宾语时,除了"其余""其人"等有成词倾向者之外,代词"其"所指代的成分常常在前文出现过,也有极少数出现在后文。这样看来,王、高之说是对的,马融之说不符合条件。但也有些句子,"其"指代的成分没有出现:"事父母,能竭其力,事君,能致其身。"(《学而》)"父在,观其志;父没,观其行。"(同上)"视其所以,观其所由,察其所安。"(《为政》)"不在其位,不谋其政。"(《泰伯》《宪问》)"爱之欲其生,恶之欲其死。"(《颜渊》)但,在形式上,它们都是所谓对举句。在意义上,它所指称的对象要靠听说双方特定的、共享的知识来识别,有时是表假设的某人某事,需要较长的复句或语段来提供情景线索:"巧言,令色,足恭,左丘明耻之,丘亦耻之。匿怨而友其人,左丘明耻之,丘亦耻之。"(《公冶长》)无论形式还是内容,"父母唯其疾之忧"都不符合条件,只能读为"父母,〔孝子〕唯其疾之忧。"

特殊的理解往往需要具备特殊的条件,符合条件,才能作这一理解。"其"的特殊化(不指代前文或后文)也需符合条件。[10]

2.7 子游问孝①。子曰:"今之孝者,是谓能养,至于犬马②。皆能有养③,不敬,何以别乎?"

【注释】

① 子游:孔子学生,姓言名偃,字子游。
② 至于:扩大到……,延及……。详见本章【考证】。
③ 皆能有养:皆,都,全。有养,被养。详见本章【考证】。

【译文】

  子游请教孝道。孔子说:"如今的所谓孝,说的是要能够奉养父母,连父母的狗和马都要养着。父母和狗马都能养着,孝顺若不是发自肺腑,又如何区别奉养父母和饲养狗马呢?"

【考证】

今之孝者……不敬,何以别乎:

有两种标点:其一,"今之孝者,是谓能养。至于犬马,皆能有养;不敬,何以别乎?"其二,"今之孝者,是谓能养,至于犬马。皆能有养,不敬,何以别乎?"第一种标点"至于"是"具有轻微转折作用的连词"。第二种标点"至于"是动词,"扩大到""延及于"的意思。我们以为应取后一种标点。

(1)到先秦汉语末期,具有轻微转折作用的连词"至于"(包括"至于",下同),它所衔接的,必须是较长的一个语段,"今之孝者是谓能养至于犬马"的"至于",不具备这一条件。

(2)在《论语》成书年代的汉语中,随着"至于"的宾语由处所扩展到人物和谓词性结构,"至于"由"到达"义已经虚化出了"一直到""扩展到""甚至于""以至于"的意义。

(3)"今之孝者是谓能养至于犬马"的"至于",其分布条件与表达"一直到""扩展到""甚至于""以至于"意义的"至于"是相同的。

(4)《论语》成书于战国早期,与具有轻微转折作用的连词"至于"形成的战国中、晚期,时代上有距离;而与表达"一直到""扩展到""甚至于""以至于"意义的"至于",时代则完全吻合。

(5)何晏《集解》引包咸的另一说:"人之所养,乃至于犬马;不敬,则无以别。"用"乃至于"对译"至于",我们的标点及今译,也与之完全吻合。

(6)我的博士生张雨涛撰写的《从语境分布上看〈论语〉"至于犬马"中的"至于"》指出,连词"至于"前后文意义有转折,而"今之孝者是谓能养至于犬马皆能有养"意义上无转折,不能释为连词,只能释为动词。[11]

2.8 子夏问孝。子曰:"色难①。有事,弟子服其劳;有酒食,先生馔②,曾是以为孝乎③?"

【注释】

① 色难:指儿子侍奉父母时的表情。详见本章【考证】。

② 有事,弟子服其劳;有酒食,先生馔:弟子,指年幼者;先生,年长者;馔,音 zhuàn,吃喝。
③ 曾是以为孝乎:曾,音 céng,竟,难道。孔子认为要如何做,才算尽到孝道呢?可参考 1.2、1.6、1.11、2.5、2.6、2.7、2.20、2.21、4.18、4.19、4.21、10.9、11.5、13.18、13.20、17.21、19.18 各章;中华书局出版的《中华文化基础教材》(上册),有一个单元为"论孝",将《论语》中有关"孝"的章节加以精选,汇聚在一起,并加以阐发。也可以参考。

【译文】

子夏请教孝道。孔子说:"儿子在父母跟前经常有快乐的表情,是很难的。有事情,年轻人出力;有酒有菜,年长的人受用。仅仅这样就可以算是孝吗?"

【考证】

色难:

《论语译注》:"这句话有两说,一说是儿子侍奉父母时的容色。《礼记·祭义篇》说:'孝子之有深爱者必有和气,有和气者必有愉色,有愉色者必有婉容。'可以做这两个字的注脚。另一说是侍奉父母的容色,后汉的经学家包咸、马融都如此说。但是,若原意果如此的话,应该说为'侍色为难',不该简单地说为'色难',因之我不采取。"此说至确。因为,先秦及西汉典籍中,当"色"位于句首表示容色(面部表情)时,一般是指未出现的主语的容色。《论语·乡党》:"色勃如也,足躩如也。"——指孔子的容色。《阳货》:"色厉而内荏,譬诸小人,其犹穿窬之盗也与!"——指小人的容色。"色难"的主语为何呢?从"子夏问孝"看,显然是指孝子。那么,"(孝子)色难"当然是指孝子(侍奉父母时)总是保持和颜悦色相当困难了。[12]

2.9 子曰:"吾与回言,终日不违①,如愚。退而省其私,亦足以发,回也不愚。"

【注释】

① 回：颜回，孔子最得意的学生，鲁国人，字子渊，比孔子小 40 岁（前 511—前 481）。

【译文】

孔子说："我整天和颜回谈学问，他从不提反对意见和疑问，像个傻瓜。等他回家自己研究，却也能有所发挥。颜回呀不傻。"

【考证】

（一）吾与回言终日不违：

武亿《经读考异》提供两种句读："吾与回言，终日不违，如愚。""吾与回言终日，不违，如愚。"按，前一读可从。（1）我们调查了《左传》《国语》《论语》《孟子》4 部典籍的几百例动词"言"，近百例动词"违"。除本例存疑外，未见一例动词"言"与表示一个时段的短语相接者；而"违"则见到了以下 2 例："君子无终食之间违仁，造次必于是，颠沛必于是。"（《论语·里仁》）"回也，其心三月不违仁，其余则日月至焉而已矣。"（《雍也》）原因大约是"言"为瞬间动词，不可受表示时段的定语或补语修饰；而"违"为持续动词，可受表示时段的定语和补语修饰。（2）类似"终日不违"的例证不少："吾尝终日不食，终夜不寝。"（《论语·卫灵公》）"吾为之范我驰驱，终日不获一。"（《孟子·滕文公下》）"子方出，文侯傥然，终日不言。"（《庄子·外篇·田子方》）"造父见之而泣，终日不食。"（《韩非子·外储说右下》）

方法的背后蕴含的是语言的社会性原则。[13]

（二）退而省其私：

有 3 种理解：（1）孔子退然后省颜回之私。（2）颜回退而孔子省颜回之私。（3）颜回退，颜回省自己之私。我们采第三解。首先，颜回退是没有问题的，因为，"退"的语义特征有二：客对主而言"退"；卑对尊而言"退"。其次，V 而 V(O) 句，一般都共用主语。偶有两 V 主语不同，也有条件，如："楚师轻窕，固垒而待之，三日必退。退而击之，必获胜焉。"（《左传·成公十六年》）"退而击之"指楚师退而我击之，但这一句的"退"承上句"三日必退"的"退",而且第二个V的宾语是"之"。本章"退而省其私"不具备类似条件,只能跟"省"共主语——"退"的主语是颜回,"省"的主语也是颜回。

如果要取第二解,证明者必须提供"省"不和"退"共主语的证据。[14]

2.10 子曰:"视其所以①,观其所由②,察其所安③。人焉廋哉?人焉廋哉④?"

【注释】

① 所以:表示行事的方法和途径。详见本章【考证】。
② 所由:表示行事的缘由。详见本章【考证】。
③ 所安:所赖以生存,所赖以安身立命者。所以、所由、所安的详细解释。详见本章【考证】。
④ 人焉廋哉:焉,何处,哪里;廋,音 sōu,隐藏,藏匿。

【译文】

孔子说:"考察一个人做事的方法、途径,观察他为什么那样做的缘由,了解他赖以安身立命的是什么。那么,这个人如何能隐藏得住呢?这个人如何能隐藏得住呢?"

【考证】

所以、所由、所安:

"所以"往往表示行事的方法和途径,如《公冶长》:"吾党之小子狂简,斐然成章,不知所以裁之。"《左传·隐公三年》:"去顺效逆,所以速祸也。"《庄公二十三年》:"夫礼,所以整民也。""所由"则往往表示缘由,《左传·文公七年》:"义而行之,谓之德、礼。无礼不乐,所由叛也。"《昭公十三年》:"不明弃共,百事不终,所由倾覆也。"《左传·昭公四年》有段文字,"所以""所由"同时存在:"夫六王二公之事,皆所以示诸侯礼也,诸侯所由用命也。夏桀为仍之会,有缗叛之。商纣为黎之蒐,东夷叛之。周幽为大室之盟,戎狄叛之。皆所以示诸侯汰也,诸侯所由弃命也。""所安"是所赖以生存,所赖以安身立命者之意。《左传·庄公十年》:"衣食所安,弗敢专也,必以分人。"《国语·晋语一》:"孝、敬、忠、贞,君父之所安也。"《吴语》:"寡人其达王于甬句东,夫妇三百,唯王所安,以没王年。"

本章的这三个短语,其分布与上引诸例有所不同,我们以为是一种提取或归纳。这颇不乏其例:"臭恶犹美,皆有所以。"(《吕氏春秋·孝行览》)"是故知不务多,务审其所知;言不务多,务审其所谓;行不务多,务审其所由。"(《荀子·哀公》)"衣食所安,弗敢专也,必以分人。"(《左传·庄公十年》)[15]

2.11 子曰:"温故而知新,可以为师矣①。"

【注释】

① 杨树达先生有《温故知新说》,载于《积微居小学述林全编》(上海古籍出版社 2007 年),值得一读。文中谈"温故"与"知新"的辩证关系,说:"温故而不能知新者,其病也庸;不温故而欲知新者,其病也妄。"

【译文】

孔子说:"既温习旧知识,又不断了解新知识,这样就可以做教师了。"

2.12 子曰:"君子不器。"

【译文】

孔子说:"君子不像器皿一样〔,只有固定的用途〕。"

2.13 子贡问君子。子曰:"先行其言而后从之。"

【译文】

子贡问怎样才能成为君子。孔子说:"先实行了你要说的,再说出来。〔这就算是一个君子了。〕"

【考证】

先行其言而后从之:

古代学者沈括、郝敬、黄式三等均主张"先行"后断开。因为定州竹简本《论语》此句作"先行其言从之",应断为"先行,其言从之",于是许多学者认为此句之断为"先行其言,而后从之"符合"二重证据法",已经板上钉钉了。但是,《论语》时代,表示"然后"意义的"而后"这一词语,总是处于"(S)V(O)而后 V(O)"结构中,未见例外:"季文子三思而后行。"(《公冶长》)"仁者先难而后获。"(《雍也》)"子与人歌而善,必使反之,而后和之。"(《述而》)"死而后已,不亦远乎?"(《泰伯》)"色斯举矣,翔而后集。"(《乡党》)也就是说,"而后"必须紧接(S)V(O),"而后"和(S)V(O)之间不能再有别的成分。可见,"先行其言而后从之",可以不断而一气读下,也可在"其言"后断开,但决不能读作"先行,其言而后从之",因为"其言"是体词性的。

即使"符合"二重证据法也不见得就板上钉钉。[16]

2.14 子曰:"君子周而不比①,小人比而不周②。"

【注释】

① 周而不比:周,是以道义为基础来团结人;比,音 bì,由于暂时的利害关系而相互勾结。
② 君子、小人:这两个词有时指有德者和缺德者,有时指贵族和平民。本章指前者。

【译文】

孔子说:"君子团结而不勾结,小人勾结而不团结。"

2.15 子曰:"学而不思则罔①,思而不学则殆②。"

【注释】

① 罔:诬罔,受骗。
② 殆:同"怠",疲怠。详见本章【考证】。

【译文】

孔子说:"学习而不思考,就会受骗;空想而不学习,就会疲怠而无所得。"

【考证】

殆：

通"怠"，疲惫。何晏《集解》："不学而思，终卒不得，徒使人精神疲殆。"这种说解有文献上的支撑："出因其资，入用其宠，饥食其粟，三施而无报，是以来也。今又击之，我怠秦奋，倍犹未也。"（《左传·僖公十五年》）"楚自克庸以来，其君无日不讨国人而训之于民生之不易，祸至之无日，戒惧之不可以怠。"（《宣公十二年》）"吾谓吴王将涉吾地，今罢师而不戒以忘我，我不可以怠。"（《国语·吴语》）王念孙《读书杂志·史记第五》、王引之《经义述闻·通说上》却说这一章的"殆"作"疑惑"解，举《公羊传》何休注、《庄子·外篇·山木》及《史记·仓公列传》为据（《读书杂志》《经义述闻》上海古籍出版社 2014、2018 年，第 379、1875 页）。但以上文献均较《论语》为晚出。又《黄帝内经·素问》中有"疑殆"连文者（《著至教论》《徵四失论》），但《素问》也是汉以后成书的（我指导的武大中文系邓海霞硕士论文，从词汇语音语法三方面论证《素问》成书不会早于汉代）。《论语》成书时代典籍如《左传》《国语》《孟子》中，未见"殆""怠"可解为"疑惑"者，盖后起义也；故不从。

词的意义有发生的先后，不能用后起义去解读前代古籍。[17]

2.16 子曰："攻乎异端①，斯害也已②。"

【注释】

① 攻乎异端：攻，治。当"攻"的宾语是人或人的居住、防御地如"城"时，"攻"是攻击、进攻的意思，其余则不是。异端，各家杂说。详见本章【考证】。

② 也已：复合语气词。

【译文】

孔子说："研习各家杂说，那是有害的。"

【考证】

攻乎异端,斯害也已:

当"攻"的宾语是人或人的居住、防御地如"城"时,"攻"是攻击、进攻的意思。其余则当训为"治"。《诗经·小雅·鹤鸣》:"他山之石,可以攻玉。"《大雅·灵台》:"经始灵台,经之营之。庶民攻之,不日成之。"《周礼·考工记》:"凡攻木之工七,攻金之工六,攻皮之工五。"异端,显然不是人和地。故本章"攻"当训"治"。异端,当不是后世经过"重新分析"的"异端邪说",而是各家杂说:"辩者,别殊类使不相害,序异端使不相悖。"(《韩诗外传》卷六)"鲁君子左丘明惧弟子人人异端,各安其意,失其真,故因孔子史记具论其语,成《左氏春秋》。"(《史记·十二诸侯年表》)"后稷……然无异端,慎所由于前,谨遗教于后耳。"(《司马相如列传》)也已,复合句末语气词,当时文献中有数百例,无一例外。

辨析词义,在某词都带宾语的情况下,区分宾语的类型就很重要了。[18]

2.17 子曰:"由①! 诲汝知之乎! 知之为知之②,不知为不知,是知也③。"

【注释】

① 由:孔子学生仲由,字子路,卞(在今山东泗水县东)人,比孔子小 9 岁(前 542—前 480)。

② 知之:懂得,知道。动词"知"作为一个句子成分,如主语、宾语,一般不以单音节的形式出现。类似的动词有"得""取""说"(悦)等。

③ 是知也:是,代词,复指前两句(例如"生存还是毁灭,这是个问题"两句中的"这",是用来复指"生存还是毁灭"的)。知,如字读 zhī。

【译文】

孔子说:"由!教你如何获取知识的正确态度吧!知道就是知道,不知道就是不知道,这才是对待知识的正确态度。"

2.18 子张学干禄①。子曰:"多闻阙疑②,慎言其余,则寡尤;多见阙殆③,慎行其余,则寡悔。言寡尤,行寡悔④,禄在其中矣。"

【注释】

① 子张学干禄:子张,孔子的学生颛孙师,字子张,陈国人,小于孔子48岁(前503—?);干禄,干,求;禄,官吏的薪水。
② 阙:缺,也就是先放到一边的意思;所以译为"加以保留"。
③ 殆:危险,危害;这里译作"不自信"。
④ 行:音 xìng。

【译文】

子张向孔子学求官职得俸禄的方法。孔子说:"多听,有疑问的地方,加以保留;剩下感到自信的部分,也谨慎地说,就能减少错误。多看,不自信的地方,加以保留;剩下感到自信的部分,也谨慎地做,就能减少懊悔。言语少错误,行动少后悔,官职俸禄就在其中了。"

2.19 哀公问曰①:"何为则民服?"孔子对曰②:"举直错诸枉③,则民服;举枉错诸直,则民不服。"

【注释】

① 哀公:鲁君,姓姬名蒋,定公之子,在位二十七年(前494—前466)。"哀"是谥号。
② 对曰:《论语》中,臣下对答君上的询问一定用"对曰"。
③ 举直错诸枉:举荐正直的人,并将他们放在邪曲的人之上。错,放置,后来写成"措";诸,"之于"的合音词;枉,不正。

【译文】

鲁哀公问道:"要怎样做百姓才会服从呢?"孔子回答说:"提拔正直的人,把他们放在邪曲的人之上,百姓就服从了;如果提拔邪曲的人,把他们放在正直的人之上,百姓就不会服从。"

2.20 季康子问①:"使民敬、忠以劝②,如之何?"子曰:"临之以庄,则敬;孝慈,则忠;举善而教不能③,则劝。"

【注释】
① 季康子:即季孙肥,鲁哀公时正卿,当时鲁国权势最大的人。"康"是谥号。
② 忠以劝:以,连词;而,且。
③ 教、诲:《王力古汉语字典》:"两个词都有'教导'义,但有细微差别。'教'带强制性,'诲'重在启发、诱导。"

【译文】
季康子问道:"要使人民严肃认真,尽心竭力并互相勉励,要如何做呢?"孔子说:"你严肃认真地对待人民的事情,他们也会严肃认真地服从你的政令了;你孝顺父母,慈爱幼小,他们也就会对你尽心竭力了;你提拔好人,教育能力弱的人,他们也就会互相勉励了。"

2.21 或谓孔子曰:"子奚不为政?"子曰:"《书》云①:'孝乎惟孝,友于兄弟,施于有政②。'是亦为政,奚其为为政?"

【注释】
① 以下三句是《尚书》的逸文。
② 施于有政:施,推及,延及;有,词的前缀,加于名词之前;政,指卿相大臣。

【译文】
有人对孔子说:"先生为什么不从政?"孔子说:"《尚书》上说:'孝字当先,只有孝顺父母,友爱兄弟,并把这种风气影响到大官那儿去。'这也算从政了呀,你说什么才算从政呢?"

2.22 子曰:"人而无信①,不知其可也。大车无輗,小车无軏②,其何以行之哉?"

【注释】

① 而：是用来连接两个谓词性结构的连词，用在这里，实际上是使"人"谓语化，即"作为一个人"的意思。

② 𫐐、軏：都是车上的关键，没有它们，便无法套住牲口，车就无法行走；𫐐，音 ní；軏，音 yuè。

【译文】

孔子说："作为一个人，却不讲信用，不知道那怎么可以。这好比大车没有固定横木的𫐐，小车没有固定横木的軏，如何能驱动呢？"

2.23　子张问："十世可知也①？"子曰："殷因于夏礼，所损益，可知也；周因于殷礼，所损益，可知也。其或继周者，虽百世，可知也。"

【注释】

① 十世可知也：从下文孔子的回答来看，可以肯定子张是问的今后十代的礼仪制度。也，同下文的"也"一样表论断，而整个句子的疑问语气是由表疑问的上扬句调来表达的。这如同豫北话问："吃了？"答："吃了。"两句中的"了"同样表完成，并非前一"了"表疑问。前句中的疑问语气是由上扬句调来表达的。因此，这里的"也"不同表疑问语气的"耶"。

【译文】

子张问："今后十代〔的礼仪制度〕是可以预知的吗？"孔子说："殷朝沿袭夏朝的礼仪制度，废除的和增加的，可以知道；周朝沿袭殷朝的礼仪制度，废除的和增加的，也可以知道。那么，如果有继承周朝而当政的人，即使一百代，也是可以预知的。"

2.24　子曰："非其鬼而祭之①，谄也②。见义不为，无勇也。"

【注释】

① 鬼：古代人死都叫"鬼"，一般指已死的祖先，但也偶有泛指的；祭，

是向鬼神祈求福祉,和奠(人刚死,陈设饮食以安其灵魂,叫作奠)不同。

② 谄:音 chǎn,谄媚,讨好。

【译文】

孔子说:"不该我祭祀的鬼神,而去祭祀他,这是献媚。眼见应该挺身而出的事情,却袖手旁观,这是怯懦。"

导读:孔子的政治思想十分丰富,大抵是以德治为基础的仁政。仁政从本质上说是一种以礼治为基础的人治。在人治环境下,政治的清浊很大程度上取决于统治者以及统治集团的道德水平和管理能力。孔子观察从唐虞到西周的政治形态,推崇一种上行下效,无为而治的政治理念(2.1)。他反对滥用刑罚,更反对轻易杀人(12.20),主张用道德教化百姓,用礼仪规范民众(2.3)。他的政治思想是基于理想的政治模型建构的,与现实的政治生态有着不小的距离,因而孔子对于"为政"始终保持必要的克制。这一方面是对于现实政治的黑暗有所警惕,另一方面是对个人"为政"的道德水平与从政能力有着较为清醒的认识。

孔子处在一个"礼崩乐坏"的时代,他所处的鲁国政局混乱,权柄不在国君,而是旁落到大夫甚至大夫的家臣手中,正所谓"陪臣执国命"(16.2)。当时的执政者多为"斗筲之人"(13.20)。在这样的时局下,正人君子难以有所作为。或者被环境所裹挟,依附于权贵(11.17);或者"不得其死"(11.13)。处在时代的困局中,孔子常常怀有出世的情怀,期盼"乘桴浮于海"(5.7)的逍遥自在,向往春游沐浴,迎风歌咏的悠闲生活(11.26)。后世学者常常不解一向"知其不可而为之"(14.38)的孔子何以公开向弟子宣扬一种超然世外的处世方式。但这恰巧是孔子的智慧。《中庸》说"居易以俟命","居易"是要君子安于所处的环境,以端正而舒适的姿态完成自己所在位置上的任务,做到"在邦无怨,在家无怨"(12.2)。"俟命"源于孔子对西周礼乐文明怀有的极高的文化自信与制度自信,坚信天命不丧"斯文",后人必然会从对西周礼乐文明的学习中找到济世安邦的知识源泉(9.5)。作为西周礼乐文明续命人的孔子及其弟子不能和光同尘,让西周礼乐文明的讲学屈从于现实,被曲解与庸俗化。"不在其位不谋其政"(8.14),与黑暗的政治现实保持距离,将美好的文化传统保存下来等待社会变迁的召唤。这种深邃历史的眼光,超出在一时一地当中"仕"与"不仕"的简单对立。另外,即使处江湖之远,孔子依然能在政治上起到积极的作用。本篇第二十一章孔子引用《尚书》的观点,说一个人的道德力量如果足够强大,他的孝行、友爱能够广泛传播进而影响到执政者,那么这也算是参与政治了。通观《论语》,多有权贵来向孔子问政,孔子款款而谈,以正道喻之,通过道德的感召力和知识的权威性影响当政者,这当然也是参与政治。但在这里孔子对"为政"的理解是泛化的,可以是看成是圣人在时局不允的境况下为了达到理想而做的折中。

另一方面,以复兴西周礼乐文明、安邦济世为理想的儒者又不能不对政治保持关注,一旦时机适宜就需要勇敢尝试,所以孔门弟子多有参与政治事务者。参与政事需要具备一定的道德水平与办事能力,比如果敢、质朴、正直、谦逊,懂得察言观色、善于言谈等。这些要求并非难以企及,孔子就常评价门下的某些弟子足以胜任政事。但这些评判是基于理想的社会状况做出的,现实却是,以善于从政闻名的冉有、子路(11.3)均不得善果。因而在那个特殊的时代背景下参与政治,同时保持自身人格的高洁与生命的安全需要高超的智慧。孔子十分警惕门人弟子对从政的自我定位过高,他更欣赏漆雕开"吾斯之未能信"(5.6)的谨慎态度。孔子重视对出仕邦国的甄选,甚至居住的地方都要慎重对待,远离那些"无道"的国家,远离动荡与战乱(8.13)。在政治昏暗的邦国,孔子主张"危行言孙"(14.3),即果敢做事,谨慎说话,在政治迷局中以不牺牲自己为前提,为匡扶正道出一份力。

在《为政》中,孔子又强调了"孝"。"孝"在孔子的思想中处在十分重要的地位。在《学而》的导读中我们已经谈了"仁"与"孝"的关系问题,"孝"是"仁"的本源。在孔子看来"孝"更是一切美德、善行的根本,敦行孝道是君子的本务,也是闻达于社会的基本条件。本篇第二十章、第二十一章,孔子说,做到"孝慈"就能让百姓为他人尽心竭力,就能影响施政者,改善政治。《荀子·儒效》说"儒者在本朝则美政,在下位则美俗",讲的正是这个道理。孔子关于孝道的思想到汉代得到进一步发展,演变出"求忠臣必于孝子之门"(《后汉书·韦彪传》)的观念。汉朝官员的人才选拔依靠的是"举孝廉",这是儒家孝道思想在政治层面的运用。

孔子在礼崩乐坏时代推崇理想化的道德人格、德性伦理与德治,首先要做的就是打破庸俗的道德观念和行为规范。《左传·昭公元年》说"国之大节有五",其中之一就是"养其亲",可见在那个时代能够赡养父母就已经可以算作是道德合格了。但孔子的要求不止于此,只是赡养父母,远远够不上孝道,要改造庸俗的孝道,需要补上两个方面,一是敬爱,二是礼制。

敬爱是孝行的核心精神。对双亲的爱是最质朴、最真实的道德情感,是孝行的源头活水。抛开爱来谈孝,那就只是聊尽人事,做做表面功夫,算不得尽孝。孝子忧心父母的疾病(2.6),侍奉父母总能保持和颜悦色(2.8),都是对父母之爱的本真流露。对长辈的"敬",是践行这种道德情感的基本态度。因为对亲长的爱和对妻子、儿女的爱有所不同,"敬"能在实践上将尽孝与其他道德实践区分开来。往更深层讲,"敬"是对父母的尊重,包括对父母的言行、名誉、事业的尊重,表现在行为上是顺从。子女与父母在观念以及行为习惯上可能存在差异。尊重差异,不把自己的意见强加给父母,是孝道对子女提出的要求。哪怕父母的行为有违善道,也应温和劝谏。如果父母不采纳,也没有怨言,仍然恭顺地侍奉父母,再另外找合适的机会劝谏(4.18)。孝子不可宣扬父母的过失,而是要尽可能掩饰(13.18),再设法补救。父母的事业要继承与发扬,不可轻易毁弃,所以应该"三年无改于父之道"(1.11)且"不改父之臣与父之政"(19.18)。当然,顺从父母也不是无条件的服从。孔子讲孝慈并举,即所谓"父父、子子"(12.11),是义务对等的关系。孔子特别推崇舜的孝行,反对愚孝。

《说苑》记载"舜之事父也,索而使之,未尝不在侧;求而杀之,未尝可得。小箠则待,大箠则走,以逃暴怒也",意思是面对父母的恶行,不要助长,当父母要伤害自己的时候,能跑就跑,这样才能保存自身侍奉父母,不会陷父母于不义。

八佾篇第三　共二十六章

3.1 孔子谓季氏^①:"八佾舞于庭^②,是可忍也^③,孰不可忍也?"

【注释】

① 孔子谓季氏:《论语》中,"～～谓～～"的格式,是"～～评论～～"的意思;而"～～谓～～曰"的格式,是"～～对～～说"的意思,二者判然不紊。有的注本根据某些语言外因素将一些"～～谓～～曰"标点为"～～谓～～,曰",译为"～～评论～～,说……",是不对的。参见6.6注①及9.21注①。季氏,鲁国的权臣季平子,即季孙意如。
② 八佾(yì):古代舞蹈奏乐,八人一行,叫一佾。八佾六十四人,只有天子才能用。诸侯用六佾。季氏作为大夫,只能用四佾。
③ 忍:容忍。详见本章【考证】。

【译文】

孔子评价季氏:"他用八八六十四人在庭院中奏乐舞蹈,如果这都能够被容忍,还有什么事不能容忍!"

【考证】

是可忍也,孰不可忍也:

"忍"有两解,一为"忍耐",一为"忍心"。郑玄、皇侃、邢昺三人均持"容忍"说。朱熹《集注》则持两可之论,说:"孔子言其此事尚忍为之,则何事不可忍为。或曰:忍,容忍也。"我们认同郑、皇、邢及朱熹第二说。因为,忍耐义的"忍",其宾语的语义特点为说话者认为不好、有害的事物:"子死亡有命,余不忍其詢(gòu,耻辱)。"(《左传·昭公二十年》)"今天子不忍小忿以弃郑亲,其若之何?"(《僖公二十四年》)"以能忍耻,庶无害赵宗乎!"(《哀公二十七年》)忍心义的"忍",其宾语不具这一特征。"八佾舞于庭"是受事主语,可转换为宾语,它是说话者孔子最为深恶痛绝的事情,故这两句的"忍"为忍耐义。[19]

3.2 三家者以《雍》彻^①。子曰:"'相维辟公^②,天子穆穆',奚取于三家之堂?"

【注释】

① 三家者以《雍》彻：三家，鲁国当政的三卿；《雍》，也写作"雝"，《诗经·周颂》中的一篇；彻，通"撤"，撤除祭品。
② 相维辟公：相，音 xiàng，助祭者；辟公，天子的公卿大臣，也即诸侯。

【译文】

　　仲孙、叔孙、季孙三家，他们祭祀祖先的时候，〔也用天子的礼，〕边唱着《雍》边撤除祭品。孔子说："〔《雍》有这样两句：〕'助祭的是诸侯，天子严肃静穆地在那里主祭。'这两句诗，用在三家主祭的大堂上，取它的哪一点意义呢？"

3.3　子曰："人而不仁①，如礼何？人而不仁，如乐何？"

【注释】

① 人而不仁：这一"而"字不能当"如果"讲。参见 2.22 注①。

【译文】

　　孔子说："作为一个人，却不仁，拿礼仪制度怎么办呢？作为一个人，却不仁，拿音乐怎么办呢？"

3.4　林放问礼之本①。子曰："大哉问！礼，与其奢也，宁俭；丧，与其易也②，宁戚。"

【注释】

① 林放：鲁人，林姓的始祖。
② 易：和悦，和颜悦色。杨伯峻先生解"易"为"把事情办妥"，但"易"的这一意义一般要带宾语，故不取。包咸解为"和易"，该意义不必带宾语，且为汉人古注，姑从之。

【译文】

　　林放问礼的本质。孔子说："重大呀，这问题！就一般礼仪说，与其铺张浪费，宁可朴素节俭；就丧礼说，与其强忍悲痛而和颜悦色，宁可大放悲声。"

3.5 子曰:"夷狄之有君,不如诸夏之亡也①。"

【注释】

① 亡:无,音 wáng。"亡"后面承前句省略了"君"字。详见本章【考证】。

【译文】

孔子说:"文化落后国家虽然有个君主,还不如中国没有君主呢。"

【考证】

夷狄之有君,不如诸夏之亡也:

《论语译注》与以上《译文》同,又说:"杨遇夫先生《论语注疏》说,'夷狄'有君指楚庄王、吴王阖闾等。君是贤明之君。句意是夷狄还有贤明之君,不像中原诸国却没有。说亦可通。"当时语言中有这样一种格式:"N1 之 V1,不如 N2 之 V2"(N 指名、代词,V 指谓语),意思是"N1 的 V1,比不上 N2 的 V2":"子(N1)之为鹊(V1)也,不如匠(N2)之为车辖(V2)。"(《墨子·鲁问》)"星(N1)之昭昭(V1),不如月(N2)之瞳瞳(V2)。"(《晏子春秋·内篇谏下》)"夷狄之有君,不如诸夏之亡也"正属于这一格式。要注意区分这类句子与另一类:"十室之邑,必有忠信如丘者焉,不如丘之好学也。"(《公冶长》)"纣之不善,不如是之甚也。"(《子张》)"吾不如衰之文也。"(《左传·僖公二十三年》)"仁言不如仁声之入人深也,善政不如善教之得民也。"(《孟子·尽心上》)这类可归纳为"N1,不如 N2 之 V"——(1) 忠信如丘者(N1),不如丘(N2)之好学。(2) 纣之不善(N1),不如是(N2)之甚也。(3) 吾(N1)不如衰(N2)之文也。这一规律是杨柳岸发现的。详见《中国哲学史》2009 年 4 期。

有些句型似是而非,需要仔细辨别。[20]

3.6 季氏旅于泰山①。子谓冉有曰②:"女弗能救与?"对曰:"不能。"子曰:"呜呼!曾谓泰山不如林放乎③?"

【注释】

① 旅：祭山。按规定，只有天子和诸侯才有祭祀名山大川的资格。
② 冉有：孔子的学生冉求，字子有，比孔子小29岁（前522—?）。当时他在季氏手下任职。
③ 可参看3.4。

【译文】

　　季氏打算去祭祀泰山。孔子对冉有说："你不能阻止吗？"冉有答："不能。"孔子说："啊呀！竟可以说泰山还不如林放〔懂礼，居然接受这没规矩的祭祀了〕吗？"

【考证】

女弗能救与：

　　这句话是问冉有客观上是否有能力补救，而不是问他主观意愿上是否愿意补救。语法化演变的共性特征之一，是客观的表"能力"的词向主观的表"允许"的词转化，如汉语的"能""得"（参见吴福祥《语法化与汉语历史语法研究·语法化演变的共相与殊相》）。《论语》中的69例"能"都可以为证："今之孝者，是谓能养，至于犬马。皆能有养，不敬，何以别乎？"（《为政》）"夏礼，吾能言之，杞不足征也；殷礼，吾能言之，宋不足征也。文献不足故也。足，则吾能征之矣。"（《八佾》）"子路有闻，未之能行，唯恐有闻。"（《公冶长》）"子曰：'若圣与仁，则吾岂敢。抑为之不厌，诲人不倦，则可谓云尔已矣。'公西华曰：'正唯弟子不能学也。'"（《述而》）"太宰知我乎！吾少也贱，故多能鄙事。"（《子罕》）参见8.9【考证】。

　　研究古代汉语，最好要具备一点语言类型学的知识。[21]

3.7　子曰："君子无所争。必也射乎①！揖让而升，下而饮。其争也君子②。"

【注释】

① "必也"和它前面的句子形成让步关系，而非对它后接成分的强调。知此，13.3"必也正名乎"就不能如《论语译注》译为"那一定是纠正

名分上的用词不当罢"。

② 详见《仪礼》之《乡射礼》和《大射礼》。登堂而射,中靶少的罚酒。

【译文】

孔子说:"君子没有什么可争的事情。非要争的话,那就比箭吧! 那时相互作揖后登堂〔竞赛〕;然后下堂喝酒。这种竞争是很有君子风度的。"

【考证】

揖让而升下而饮:

断句有歧义,一为"揖让而升下,而饮",一为"揖让而升,下而饮"。何晏《集解》引王肃说、皇侃、《经典释文》采前一断句,郑玄采后一断句。我们从郑玄。遍搜《左传》(3 104)、《论语》(354)、《国语》(1 506)、《孟子》(772)中5 736个"而",未见"揖让而升下,而饮"这种用法;除非将后一"而"换成"且",作"揖让而升下,且饮"。类似者:"若使大子主曲沃,而重耳、夷吾主蒲与屈,则可以威民而惧戎,且旌君伐。"(《左传·庄公二十八年》,又见《国语·晋语一》)"宫之奇之为人也,懦而不能强谏,且少长于君。"(《左传·僖公二年》)"师老而劳,且有归志,必大克之。"(《襄公九年》)若断作"揖让而升,下而饮",则类似例子极多:"道千乘之国,敬事而信,节用而爱人。"(《学而》)"述而不作,信而好古,窃比于我老彭。"(《述而》)"说而不绎,从而不改,吾末如之何也已矣。"(《子罕》)"博学而笃志,切问而近思。"(《子张》)

古代礼制有助于断句,但把它放在什么位置上却大有讲究。古代礼制属于语言外部因素,不能把它作为主要证据,更不能把它作为唯一证据。[22]

3.8 子夏问曰:"'巧笑倩兮①,美目盼兮②,素以为绚兮③。'何谓也?"子曰:"绘事后素④。"

曰:"礼后乎⑤?"子曰:"起予者,商也⑥! 始可与言《诗》已矣。"

【注释】

① 倩：音 qiàn，容貌姣好。

② 盼：黑白分明。

③ 绚：音 xuàn，有文采；以上一、二句诗，见《诗经·卫风·硕人》，第三句可能是逸句。

④ 绘事后素：绘画时，后用白色。绘事，绘画；后，此处为谓语，后做，后用；素，白色。

⑤ 礼后：礼仪在后，也就是以礼仪作后盾，以礼仪在幕后掌管约束的意思。

⑥ 起：通达疑滞。

【译文】

子夏问道："'启齿一笑酒窝微张，明眸如清泉闪着亮光，白皙在红颜间勾出瑰丽的纹章。'这几句诗说的什么？"孔子说："在绘画中，〔先画各种彩色，〕后用白色勾勒出文采。"

子夏说："那么，天生丽质，还要用礼仪来约束吗？"孔子说："让我开窍的，就是你卜商啊！现在可以同你讨论《诗经》了。"

3.9 子曰："夏礼，吾能言之，杞不足徵也①；殷礼，吾能言之，宋不足徵也②。文献不足故也③。足，则吾能徵之矣。"

【注释】

① 杞不足徵：杞，国名，夏禹的后代，故城在今河南杞县。徵，音 zhēng，验证，证明；简化字写作"征"。

② 宋：国名，商汤的后代，故城在今河南商丘市市区。

③ 文献：文，典籍；献，贤者。

【译文】

孔子说："夏朝的礼，我能说出来，杞国不足以作证；殷朝的礼，我能说出来，宋国不足以作证。这是两国的历史文献和贤者不够的缘故。如果够，我就可以引以为证了。"

3.10 子曰:"禘自既灌而往者①,吾不欲观之矣。"

【注释】

① 禘自既灌而往:禘礼是古代一种极为隆重的大祭之礼,只有天子才能举行。周成王因为周公旦对周朝有莫大的功勋,特许他举行禘祭。以后周公旦的封国——鲁国的历代君主都沿此惯例,"僭"用禘礼,因此孔子不愿看。灌,本作"祼",祭祀中的一个项目——用活人(称为"尸",一般用童男童女)以代受祭者。第一次献酒给尸,使他(她)闻到"郁鬯"(一种配以香料煮成的酒)的香气,叫作"祼"。

【译文】

孔子说:"禘祭,从第一次献酒以后,我就不想看了。"

3.11 或问禘之说。子曰:"不知也①！知其说者之于天下也,其如示诸斯乎②！"指其掌。

【注释】

① 不知也:禘是天子之礼,鲁国举行,在孔子看来,是完全不应该的。但孔子不想明白指出,只得说"不欲观","不知也",甚至说"如果有懂得的人,他对于治理天下会好像把东西放在手掌上一般容易"。
② 示诸斯:示之于此,在这里展示它。诸,"之于"的合音。详见本章【考证】。

【译文】

有人向孔子请教关于禘祭的知识。孔子说:"不了解呀！知道的人对于治理天下,就好像把东西展示在这里一样容易吧！"一边说,他一边指着自己的手掌。

【考证】

示诸斯:

《论语译注》说"示"通"置",译"其如示诸斯乎"为"会好像把东西摆在这里一样容易罢",或为千虑之失。归纳当时文献可知,所"置"的处所,通常面积体积较大:"饰棺置诸堂阜"(《左传·文公十五年》)"姬置诸宫六日"(《僖公四年》)"置诸橐以与之"(《宣公二年》)"郑贾人有将置诸褚中以出"(《成公三年》);而所"示"的处所,通常面积体积较小,故而常有动词"指"同时出现:"费曰:'我奚御哉!'袒而示之背,信之。"(《庄公八年》)"既入焉,而示之璧,曰:'活我,吾与女璧。'"(《哀公十七年》)"戎人见暴布者而问之曰:'何以为之莽莽也?'指麻而示之。"(《吕氏春秋·先识览》)"掌"的面积较小,且有动词"指"出现,故应如字读"示"。

是读为"示"本字还是"置",就考察两者中哪个更契合本文(本章就是"示诸斯")。[23]

3.12 祭如在①,祭神如神在。子曰:"吾不与祭,如不祭。"

【注释】
① 祭:本义为祭祀祖先。

【译文】
孔子祭祖的时候,便好像祖先真在那里;祭神的时候,便好像神真在那里。孔子说:"我如果不能亲自参加祭祀,还不如不祭〔,不请别人代理〕。"

【考证】
吾不与祭如不祭:

"与",清代武亿《群经考异》《群经义证》主张"与"义为赞同,且在"与"下断开作"吾不与,祭如不祭"。《论语》成书时代并无"祭如不祭"这种句式,这样的句子不符合当时语言遣词造句的规律。

如今许多人常认为某句古文应该如何读,却不知道语言是变化的,古今汉语词义、句式与今天不同。举这一例意在提醒。[24]

3.13 王孙贾问曰①:"与其媚于奥,宁媚于灶②,何谓也?"子曰:"不然;获罪于天,无所祷也③。"

【注释】

① 王孙贾：卫灵公的大臣。
② 与其媚于奥，宁媚于灶：这两句疑是当时俗语，意思类似今天的"县官不如现管"。奥，房屋西南角，一室之内奥为最尊。
③ 王孙贾和孔子的问答都是用比喻，用意何在，只能揣想。有人认为这是王孙贾请教孔子的话。奥为一室之主，比喻卫灵公；灶指灵公的宠姬南子、宠臣弥子瑕，二人地位虽不高，却有权有势。祷，祈祷，这里比喻巴结、结纳。

【译文】

王孙贾问道："与其献媚于奥，宁可献媚于灶，这是什么意思？"孔子说："不对，得罪了上天，祈祷也没用。"

3.14　子曰："周监于二代①，郁郁乎文哉！吾从周。"

【注释】

① 周监于二代：监，"鉴"的古字，借鉴；二代，夏、商二朝。

【译文】

孔子说："周朝的典章制度借鉴了夏、商两代的，〔又有所发展、完善，〕多么丰富多彩呀！我主张周朝的。"

3.15　子入太庙①，每事问。或曰："孰谓鄹人之子知礼乎②？入太庙，每事问。"子闻之，曰："是礼也。"

【注释】

① 太庙：古代开国之君叫太祖，祭祀太祖的庙叫太庙。周公旦是鲁国最初受封之君，因之这太庙便是周公的庙。
② 鄹人：鄹，音zōu，又写作郰，地名。有人说就是今山东曲阜市东南的西邹集。"鄹人"指孔子父亲叔梁纥（hé），他曾经做过鄹大夫，而春秋时常将某地的大夫称作某人。

【译文】

孔子到了周公庙,每件事情都发问。有人说:"谁说鄹大夫的儿子懂得礼呢?他到了太庙,每件事都要问别人。"孔子听到了这话,便说:"这正是礼呀。"

3.16 子曰:"射不主皮①,为力不同科②,古之道也。"

【注释】

① 射不主皮:古代箭靶子叫"侯",用布或用皮做成。此处的射是演习礼乐的射,以中不中为主,而不是以穿透皮侯为主的军中武射。
② 为力不同科:为,音 wèi,因为;同科,同等。

【译文】

孔子说:"比箭,不一定要射穿箭靶子,因为各人的力气大小不相同,这是古时的规矩。"

3.17 子贡欲去告朔之饩羊①。子曰:"赐也!尔爱其羊②,我爱其礼。"

【注释】

① 告朔之饩羊:告,音 gù;朔,每月的第一天;饩,音 xì。"告朔饩羊",古代的一种制度:每年秋冬之交,周天子把第二年的历书颁给诸侯;诸侯将历书藏于祖庙,每月初一,便杀只活羊祭于庙,这叫作"告朔"。到孔子时候,鲁君已不亲临祖庙,只是杀只活羊敷衍罢了。所以子贡认为不必留此形式,孔子却觉得有只羊比什么也没有好。
② 爱:可惜,舍不得。

【译文】

子贡要把鲁国每月初一告祭祖庙的那只活羊撤去不用。孔子说:"赐啊!你舍不得那只羊,我舍不得那种礼。"

3.18 子曰:"事君尽礼,人以为谄也。"

【译文】

孔子说:"服事君主,一切依照做臣子的礼节去做,别人却以为他献媚讨好呢。"

3.19 定公问①:"君使臣,臣事君,如之何?"孔子对曰:"君使臣以礼,臣事君以忠。"

【注释】

① 定公:鲁国君主,名宋,昭公之弟,在位十五年(前509—前495)。"定"是谥号。

【译文】

鲁定公问:"君主役使臣子,臣子服事君主,各自应该怎样做?"孔子答道:"君主役使臣子应该依礼,臣子服事君主应该尽忠。"

3.20 子曰:"《关雎》①,乐而不淫②,哀而不伤。"

【注释】

①《关雎》:《诗经》的第一篇。但这篇诗并没有悲哀的情调。因此刘台拱认为,《诗》有《关雎》,《乐》亦有《关雎》。古代乐章都是合三篇为一,《乐》的《关雎》包括《诗》的《关雎》和下面的《葛覃》《卷耳》两篇。乐而不淫的指《关雎》《葛覃》,哀而不伤的指《卷耳》。可备一说。

② 淫:过分以至于失当。

【译文】

孔子说:"《关雎》这诗,快乐却不放荡,悲哀却不心伤。"

3.21 哀公问社于宰我①。宰我对曰:"夏后氏以松,殷人以柏,周人以栗,曰,使民战栗。"子闻之,曰:"成事不说,遂事不谏②,既往不咎③。"

【注释】

① 问社于宰我：社，土神。从上面的问答中可以推知，哀公所问的"社"是指社主。古代祭祀土神，要替他立一个木制的牌位，就是"主"。宰我，孔子学生，名予，字子我。孔子为什么责怪宰予呢？按孔安国的说法，"各以其土所宜之木"，即因地制宜，用各地通用木材；而宰予却牵强附会地说用栗木是为了"使民战栗"。
② 谏：纠正。
③ 咎：追究，归咎，谴责。

【译文】

鲁哀公问宰我社主的事。宰我回答："夏代用松木，殷代用柏木，周代用栗木，意思是使人民战战兢兢〔，知道敬畏〕。"孔子闻知后便说："既成事实不必再解释了，事已完结不必再劝阻了，已成既往不必再追究了。"

3.22 子曰："管仲之器小哉①！"

或曰："管仲俭乎？"曰："管氏有三归②，官事不摄③，焉得俭？"

"然则管仲知礼乎？"曰："邦君树塞门④，管氏亦树塞门。邦君为两君之好⑤，有反坫⑥，管氏亦有反坫。管氏而知礼，孰不知礼？"

【注释】

① 管仲：春秋时齐人，名夷吾，做了齐桓公的宰相，使他称霸诸侯。
② 三归：三处采邑。详见 2016 年 2 期《上海大学学报（社会科学版）》之《〈论语〉"三归"考》。
③ 摄：兼职。
④ 树：动词，立，树立；塞门，类似现在的照壁。
⑤ 好：音 hào。
⑥ 反坫：用土筑成的用以放置器物的设备；坫，音 diàn。

【译文】

孔子说:"管仲的器量小得很哪!"

有人便问:"管仲节俭吗?"孔子说:"管氏有三处采邑,手下人员又从不兼差,怎么能算是节俭?"

那人又问:"那么,管仲懂得礼节吗?"孔子又说:"国君宫殿门前,立了个照壁,他管仲也立了个照壁;国君为了睦邻友好,两楹之间有反坫,他管仲也有反坫。像管仲那样的人都算懂得礼仪,那还有谁不懂得礼仪?"

3.23 子语鲁大师乐①,曰:"乐其可知也:始作,翕如也②;从之③,纯如④也,皦如也⑤,绎如也⑥,以成。"

【注释】

① 子语鲁大师乐:语,音 yù,告诉;大师,乐官之长;大,音 tài。

② 翕如:盛大、热烈的样子;翕,音 xì;如,……的样子。

③ 从:音 zòng,放纵,继续。

④ 纯:和谐。

⑤ 皦:皦音 jiǎo,声音清晰,节奏分明。

⑥ 绎:络绎不绝,不绝如缕。

【译文】

孔子把欣赏音乐的心得告诉给鲁国的太师,他说:"音乐,是可以欣赏的,演奏开始时,热情奔放;持续下去,和穆舒缓,节奏分明,渐渐余音绕梁不绝如缕;最后曲终人散。"

3.24 仪封人请见①,曰:"君子之至于斯也,吾未尝不得见也。"从者见之②。出曰:"二三子何患于丧乎③?天下之无道也久矣,天将以夫子为木铎④。"

【注释】

① 仪封人:仪,地名;封人,官名,大概是典守边疆的官。

② 从者见之：从者，孔子的随行人员，即他的学生；见之，使孔子接见他。
③ 丧：音 sàng，国家丧亡。详见本章【考证】。
④ 木铎：铃铛。公家有事要宣布，便摇这铃来召集大家。

【译文】

　　仪地的边防官请求孔子接见他，说道："凡道德君子到达此地，我从没有不和他见面的。"随行学生请求孔子接见了他。他辞出后，对学生们说："你们这些人还用得着担心国家丧亡吗？天下无道的日子太久了，〔圣人也该出来了，〕上天会把他老人家当做人民的导师啊。"

【考证】

　　何患于丧：

　　何晏《集解》引孔安国说："言何患于夫子圣德之将丧亡耶？"朱熹《集注》："丧，谓失位去国。"朱《注》得之。丧，谓失位去国，或国家丧亡。《宪问》："子言卫灵公之无道也，康子曰：'夫如是，奚而不丧？'孔子曰：'仲叔圉治宾客，祝鮀治宗庙，王孙贾治军旅。夫如是，奚其丧？'"《孟子·离娄上》："城郭不完，兵甲不多，非国之灾也；田野不辟，货财不聚，非国之害也。上无礼，下无学，贼民兴，丧无日矣。"

　　这几例的"丧"都和本章的"丧"一样，作谓语而不带宾语，也都指失位去国，或国家丧亡。[25]

3.25 子谓《韶》①，"尽美矣，又尽善也②"。谓《武》③，"尽美矣，未尽善也"。

【注释】

① 《韶》：舜时的乐曲名。
② 尽美矣，又尽善也："美"指声音，"善"指内容。舜的君位由尧"禅让"而来，故孔子认为"尽善"。周武王的王位由讨伐商纣而来，尽管是正义战，依孔子意，却认为"未尽善"。
③ 《武》：周武王时的乐曲名。

【译文】

孔子评价《韶》说:"美到极致,又好到极致。"评价《武》说:"美到极致,尚未好到极致。"

3.26 子曰:"居上不宽,为礼不敬,临丧不哀,吾何以观之哉?"

【译文】

孔子说:"居于上位不宽宏大量,行礼的时候不严肃认真,参加丧礼的时候不悲哀,这叫我怎么能看得下去呢?"

导读:本篇主要谈"礼"。孔子生活的春秋末期,正是旧制度走向衰亡,新生力量尚不足以形成体制的时期,本来维系社会稳定和谐的周礼随着时代的变迁已逐渐不能发挥固有作用。具体的礼制仪轨是一定时代的产物,随着社会结构发生改变必然有过时的一天。但同时,"礼"又是华夏民族历史文化的积淀,是道德戒律、行为规范、处世智慧的凝结,不可全盘否定,所以这一时期也是需要重新反思和改革礼制的时代。

"礼"以仪节的形式存在,是为人处事的规范;同时也蕴涵着大量道德内容。以"射"礼为例,它的目的之一是在竞争性的环境中考察君子的气度,"其争也君子"(3.7)。"射"礼要求"射不主皮",意思是射箭比试的是准度而不是力度。可能是考虑到力量有先天的条件,而准度主要是靠后天的练习;以准度为标准,更有利于竞争的公平性与适度性,保证君子之间的竞争有别于行伍之列的竞赛。然而,随着时代的变迁,一些具体的仪节可能过时,其道德内涵却需要被保留和提倡,而这些道德内涵又难以脱离礼仪的规范性而独立存在,这个矛盾是以孔子为代表的春秋战国时期的思想家所需要面对和解决的。

孔子敏锐地察觉到了礼的仪节规范与礼的道德精神之间的矛盾,他一方面坚持主张"礼"的仪节规范,反对不以礼行事,痛心于礼仪被僭越,希望恢复周礼;另一方面又试图弥合礼的仪节规范与道德内涵之间的缝隙,警惕那些用礼仪来装点门面、沽名钓誉的行为,要求把握"礼之本"(3.4)。孔子特别看重礼的道德意涵,他总结"礼"背后的精神有仁(3.3)、敬(3.26)、俭(3.4)、和(1.12)等,因为有这些精神的存在,"礼"才有生命力。他本着这些精神对行"礼"的方式因革损益,试图与时俗接轨。

例如,《子罕》第三章孔子辨析了当时的风俗不合礼仪的两种情况——用更廉价的材料制作礼帽是为了节俭,所以他愿意从众;而面见君主省去在堂下行礼的规矩是因为倨傲,所以孔子甘愿被人误会为谄媚(3.18),也一定要遵从这一礼仪。孔子也十分注意礼仪规范本身的重要性,因为礼仪作为自古以来沟通他人和自我的桥梁,这一历史经验的沉淀有必然的价值。个人的品德再高尚,才智再突出,也无法涵盖与人交往的方方面面。因而他在指出以"和为贵"的同时,也表明跳过礼仪,直接追求"和"是行不通的(1.12)。需要注意的是,孔子思想表现出的矛盾,仅在于他没有就这一问题直接提出逻辑清晰的解决办法——简言之,他只是在行礼的方面做了调适,并没有改革旧礼制或是创作新礼制,这大约是孔子尊重传统,"述而不作"(7.1)的学术态度。通观《论语》,孔子并没有在恪守礼仪还是遵从"礼之本"的所谓两难中表现得无所适从。孔子的思想性格是实践的,在具体的情境中,孔子总能凭借他对"礼"的深刻理解,做出发人深省的论述。

孔子关于"礼"的两方面思考,随着时代的变迁而逐渐分化。孟子承袭了孔子强调"礼之本"的一面,将"礼"内化为道德的一个方面,代表着"恭敬之心""辞让之心",与仁、义、智并举,成为"四德"之一。荀子继承了孔子重视"礼"的规范性的一面,将"礼"看做维系国家运作,保护百姓免于"诈""利"等危害的重要手段。孟、荀各自继承了孔子礼学思想的一端,将对这一矛盾的探讨继续推向深入。

里仁篇第四　共二十六章

4.1 子曰:"里仁为美①。择不处仁②,焉得知③?"

【注释】

① 里:这里活用为动词,居住。
② 处:音 chǔ,居住。
③ 焉得知:"焉得"常常处于条件复句、因果复句的第二个从句中,本章"择不处仁,焉得知"是个条件复句。知,读为"智"。本章可和5.19"未知,焉得仁"参看。

【译文】

孔子说:"住的地方,有仁德才算好。选择住处,却没有仁德,怎么能算聪明呢?"

4.2 子曰:"不仁者不可以久处约①,不可以长处乐。仁者安仁,知者利仁。"

【注释】

① 知者利仁:皇侃《义疏》:"利仁者见其行仁者若于彼我皆利,则已行之;若于我有损,则使停止。是'知者利仁'也。"

【译文】

孔子说:"不仁的人做不到长久地居于穷困中,也做不到长久地居于安乐中。仁者心安理得于实行仁德;聪明人利用仁〔来造福别人和自己〕。"

4.3 子曰:"唯仁者能好人①,能恶人②。"

【注释】

① 能:据全面调查,先秦汉语中"能"做谓语有褒义倾向。当它做状语时,仍带有这一特点,因此不能说有能力做不好的事。较为特殊的如"管仲非仁者与?桓公杀公子纠,不能死,又相之。"(《宪问》)这里的"不能死"是指不能为公子纠献身,此处"死"也是带有褒义的。因

此翻译本章时将这一特征用"恰当地"补出。这并非什么"增字解经",而是将隐含的语义揭示出来。

② 恶:音 wù,厌恶。

【译文】

孔子说:"只有仁人才能够恰当地喜爱某人,厌恶某人。"

4.4 子曰:"苟志于仁矣,无恶也。"

【译文】

孔子说:"假如某人立志实行仁德,他的所作所为终归会没有大恶。"

4.5 子曰:"富与贵,是人之所欲也①;不以其道得之,不处也。贫与贱,是人之所恶也;不以其道得之,不去也。君子去仁,恶乎成名②?君子无终食之间违仁③,造次必于是,颠沛必于是④。"

【注释】

① 富与贵,是人之所欲也:这句的"是"不是联系动词,而是指示代词。"是人之所欲"大约等于"此人之所欲"。
② 恶乎:即"于何处",译文意译为"怎样";恶,音 wū。
③ 违:离开。
④ 颠沛:即"蹎跋",这两个字都是"跌倒"的意思。参见徐在国《谈安大简〈仲尼〉的"造走姉""蹎跋"》、沈培《谈谈新出土安大简〈仲尼曰〉》。

【译文】

孔子说:"发财升官,这是人人所渴望的;不是为了追求仁道却得到它,君子不接受。穷愁潦倒,这是人人所厌恶的;不是为了追求仁道却得到它,君子不离开。君子背离了仁德,怎样去成就他的名声呢?君子不会在哪怕吃一顿饭的时间背离仁德。仓促匆忙间,他与仁德同在;屡遭挫败时,他与仁德同在。"

4.6 子曰:"我未见好仁者,恶不仁者。好仁者,无以尚之①;恶不仁者,其为仁矣②,不使不仁者加乎其身。有能一日用其力于仁矣乎?我未见力不足者。盖有之矣③,我未之见也。"

【注释】

① 尚:超过。

② 矣:在这里用来停顿。

③ 盖:大概。

【译文】

孔子说:"我没有见过爱好仁德和厌恶不仁德的人。爱好仁德的人,那是再好不过的了;厌恶不仁德的人,他行仁德,只是不使不仁德的东西加于己身。有谁能在某一天把自己的力量用在仁德上呢?我没见到力量不够的。大概这种人还是有的,我没见到罢了。"

4.7 子曰:"人之过也,各于其党。观过,斯知仁矣。"

【译文】

孔子说:"什么样的人犯什么样的错误。仔细考察某人的过错,就可以了解他是否具有仁德了"。

【考证】

知仁:

有的古人认为,本章"知仁"应读为"知人",现代注家也多采此解。《后汉书·吴祐传》引此章也作"观过斯知人矣"。我们以为如字读较好。(1)虽然先秦及西汉典籍中"知人"较为常见,但"知仁"也并非绝无仅有。《墨子·贵义》:"天下之君子不知仁者,非以其名也,亦以其取也。"《礼记·仲尼燕居》:"陈其荐俎,序其礼乐,备其百官;如此,而后君子知仁焉。"(2)古人以为证据的《雍也》"井有仁焉"的"仁",并非"人"的借字,而是转指(参见 6.26 注①)。(3)《汉书·外戚传》、《宋书·何尚之传》、《南齐书·张岱传》、《魏书·皇后传》《孝感传》、《北齐书·武成十二王传》《魏收传《循吏传》、《隋书·徐孝肃传》、《南史·张裕传》、《北史·后妃传》《齐宗室诸王传》《郎基传》《魏收传》《孝行传》以及唐写本《论语》郑玄注等引此章均作"知仁"。《后汉书·吴祐传》单文孤证,难以采信。[26]

4.8 子曰:"朝闻道,夕死可矣。"

【译文】

孔子说:"早晨得知了真理,要我晚上死都可以。"

4.9 子曰:"士志于道,而耻恶衣恶食者,未足与议也。"

【译文】

孔子说:"读书人有志于真理,却又以吃粗粮穿破衣为耻辱,便不值得同他商议了。"

4.10 子曰:"君子之于天下也,无适也,无莫也①,义之与比②。"

【注释】

① 无适也,无莫也:适、莫很难理解,译文依据较早的郑玄注。
② 义之与比:可理解为"与义比";比,音 bì,挨着,靠拢。

【译文】

孔子说:"君子活在天底下,没有永恒的朋友,也不盲目钦羡,一切都取决于是否符合道义。"

4.11 子曰:"君子怀德,小人怀土①;君子怀刑②,小人怀惠。"

【注释】

① 刑:古代法律制度的"刑"作"刑",刑罚的"刑"作"荆"。

【译文】

孔子说:"君子惦念着道德,小人惦记着土地;君子惦念着法度,小人惦记着恩惠。"

【考证】

怀土：

有的注本释为"乡土"，而《论语》成书的时代，"土"的常见义是田土、土地、国土；在《论语》《左传》《国语》《孟子》中，我们未见一例可以肯定为"乡土"者。"乡土"义可能晚起，《后汉书·班超传》："超自以久在绝域，年老思土。"即便并非晚起，也不是常见义。从语言的社会性来看，词汇所表达的，应该是常见义，否则会妨碍交流。[27]

4.12 子曰："放于利而行①，多怨。"

【注释】

① 放：音 fǎng，依据。

【译文】

孔子说："依据自己的利益而行事，会招致许多怨恨。"

4.13 子曰："能以礼让为国乎①？何有②？不能以礼让为国，如礼何？"

【注释】

① 为国："为"是古代汉语中一个含义很宽泛的动词，类似于现代汉语的泛义动词"搞""做""打"；这里可以译为"治理"。
② 何有：有何困难；这是春秋战国时常用语。

【译文】

孔子说："能够用礼让来治理国家吗，这有什么困难呢？如果不能用礼让来治理国家，又拿这礼仪怎么办呢？"

4.14 子曰："不患无位，患所以立①；不患莫己知，求为可知也。"

【注释】

① 患所以立：担心能否站得住。详见本章【考证】。

【译文】

孔子说："不发愁没有职位，只发愁没有安身立命的本领；不怕没有人了解自己，只追求可以让人了解自己的真本事。"

【考证】

患所以立：

刘宝楠《论语正义》引郑众说本章"立"当读为"不患无位"的"位"："古立、位同字。患所以位，谓患己所以称其位者。"恐不确。

（1）类似文例不支持这一说法："郤至曰：'人所以立，信、知、勇也。信不叛君，知不害民，勇不作乱。'"（《左传·成公十七年》）"凡君之所以立，出乎众也。"（《吕氏春秋·孟夏纪》）

（2）"所以"之后所接的，都是谓词性成分，从不接体词性成分。例如："吾党之小子狂简，斐然成章，不知所以裁之。"（《论语·公冶长》）"乱政亟行，所以败也。"（《左传·隐公五年》）而"位"是体词性的。"所"是代词，做"以"的前置宾语；"所以败也"，意谓"就因为这个，〔国家〕败亡了"，"败"是谓语。如果"所以～也"位置上出现的是体词性成分，这个句子就不能成立了。"所以～"即使做某一动词（例如"患"）的宾语，也不能逾越这一规律。这一章的"立"和《为政》"三十而立"的"立"一样，是"有所成立"之意。[28]

4.15 子曰："参乎！吾道一以贯之①。"曾子曰："唯。"

子出，门人问曰："何谓也？"曾子曰："夫子之道，忠恕而已矣②。"

【注释】

① 贯：贯穿。

② 忠、恕：孔子都下了定义。忠，己欲立而立人，己欲达而达人；恕，己

所不欲,勿施于人。

【译文】

孔子说:"参哪!我的学说贯穿着一个基本概念。"曾子说:"是的。"

孔子走出去以后,别的学生便问道:"这是什么意思?"曾子说:"他老人家的学说,只是忠和恕罢了。"

4.16 子曰:"君子喻于义①,小人喻于利。"

【注释】

① 喻:明白,懂得。

【译文】

孔子说:"君子明白义,小人明白利。"

4.17 子曰:"见贤思齐焉,见不贤而内自省也。"

【译文】

孔子说:"看见贤人,就想着向他看齐;看见不贤的人,就反省自己〔,有没有和他一样的毛病〕。"

4.18 子曰:"事父母几谏①,见志不从,又敬不违②,劳而不怨③。"

【注释】

① 几:音jī,轻微,婉转。
② 违:冒犯。
③ 劳:王引之说这一"劳"是忧愁的意思,不确;它是劳苦的意思,和《尧曰》的"劳而不怨"意思一样。详见本章【考证】。

【译文】

孔子说:"侍奉父母,〔对他们的过错,〕要轻微地劝止,若见到他们的心意是不打算听从规劝,仍然恭敬地不触犯他们,虽然劳苦,但不埋怨。"

【考证】

劳而不怨:

大约相当于《左传·僖公二十九年》的"勤而不怨"以及《孟子·尽心上》的"虽劳不怨",即勤苦劳顿却不怨恨。《论语注疏》邢昺疏:"劳而不怨者,父母使己以劳辱之事,己当尽力服其勤,不得怨父母也。"王引之却说:"劳,忧也。"《经义述闻·礼记下》云:"劳,忧也。高诱注《淮南·精神篇》:'劳,忧也。'凡《诗》言'实劳我心''劳心忉忉''劳心慱慱''劳人草草'之类,皆谓'忧'也。""忧虑"这一义位大致可以分析为[操劳]+[心(脑)]+[坏心情],而"劳心"正是"操劳其心",故"劳心"可勉强释为"忧"。本章"劳而不怨"的"劳"却不可据此释为"忧"。《尧曰》另一"劳而不怨"下文"择可劳而劳之,又谁怨"可证。本章"劳而不怨"的"劳"主要指心里疲累,王氏释"忧也"并非全无道理;但并不能证明"劳"有"忧"的义位。

凡某字之某义,其来有自,都不是凭空产生的,必须能说明其源流。[29]

4.19 子曰:"父母在,不远游,游必有方①。"

【注释】

① 父母在不远游游必有方:古代交通不方便,信息不灵通,出门旷日持久,父母便会失去照顾;一旦得病,无法得知;一旦去世,也难以奔丧。所以孔子这样说。

【译文】

孔子说:"父母在世,不出远门;定要出远门,必须有一定的去处。"

4.20 子曰:"三年无改于父之道,可谓孝矣①。"

【注释】

① 参见 1.11,译文亦同。

4.21 子曰:"父母之年,不可不知也。一则以喜,一则以惧。"

【译文】

孔子说:"父母的年纪不能不时时记在心里:一来因〔其高寿〕而欢喜,一来又因〔其寿高〕而有所恐惧。"

4.22 子曰:"古者言之不出,耻躬之不逮也①。"

【注释】

① 耻躬之不逮:耻,以为可耻,动词;逮,音 dài,及,赶上。

【译文】

孔子说:"古时候言语不轻易出口,就是怕自身的行动赶不上。"

4.23 子曰:"以约失之者鲜矣。"

【译文】

孔子说:"因为约束自己而犯过失的,总不多见。"

4.24 子曰:"君子欲讷于言而敏于行①。"

【注释】

① 讷:音 nè,言语迟钝。

【译文】

孔子说:"君子希望言语要谨慎迟钝,工作要勤快敏捷。"

4.25 子曰:"德不孤,必有邻。"

【译文】

孔子说:"有道德的人不会孤单,一定会有〔志同道合的人来和他做〕伙伴。"

4.26 子游曰:"事君数①,斯辱矣;朋友数①,斯疏矣。"

【注释】

① 数:音 shuò,密,屡屡。这里依上下文意当理解为"烦琐",参见12.24。

【译文】

子游说:"对待君主过于烦琐,就会招致侮辱;对待朋友过于烦琐,反而会被疏远。"

导读:本篇前7章主要探讨仁者气象。在孔子看来,"仁"既是现实的,又是理想的。"仁"是现实的,因为孔子讨论"仁者"用的都是事实陈述,宛若"里仁"而居一般。"仁"又是理想的,因为孔子认可的"仁者"都是历史典籍中的人物,并非生活在当世。这就为孔子以"仁"的理想、"仁者"的道德模型匡正世道提供了可能性。

《论语》描绘的"仁者"的品质丰富多彩,择其大要,在于一个"安"字。"仁者"以仁德为归依,心存仁爱,志向高远。孔子评价伯夷、叔齐"求仁而得仁,又何怨"(7.15)。"仁者"是道德的王者,本身贵不可言,无以复加。具备了仁德,其他的东西,如名望、权位自然会相从而来。即便外部条件不允许,"仁者"也能够安于现状,保持内心的平和,悠然自得。臻于此境,仁者不会有烦恼(9.29),能够勇往直前,无所畏惧(14.4),也自然能够获得长寿(6.23)。孔子十分强调"仁"内在的一面,笃信一个内心具有仁德的人必然能够胜任世间的一切烦冗。这当然是理想化的描述,但一个道德与智慧超群的人,确实比一般人更能适应艰苦的磨砺与利益的侵蚀,所以,"仁"是值得向往的。

"仁"也是可以亲近的。"仁者"不一定要有名世的功绩,不需要权位做基础,只需做到"立己立人""达己达人",设身处地为他人着想(6.30)。同时,孔子也愿意从功绩上判断一个人是否"仁者"。为此,在道德评判上可以降低门槛。比如不守礼,铺张浪费的管仲(3.22),因为他匡正社稷,驱逐夷狄有功,也算符合仁德(14.16、14.17)。"仁者"的标准是多维的,也是有弹性的。"仁者"不用那么完美,他们也会犯错误,但正是从他的错误中,能够判断他是否称得上"仁者"(4.7)。"仁"可以学,任何人都能一定程度上践行仁德(4.6),难得的是一直遵从仁德。孔子最喜欢的学生颜回,能做到"三月不违仁",其他的学生也能偶尔为之(6.7)。一个品德高尚的人应该时时刻刻把践行"仁德"挂在心上,在艰难困苦中孜孜以求(4.5)。

通过"观过",也可"知仁"。《左传》有一句名言:"人谁无过?过而能改,善莫大焉。"(《宣公二年》)人之所以会犯错,是因为人人都有自身的局限(关于这一点的探讨,见《尧曰》的《导读》)。孔子十分清楚地认识到,人的才智总有不足胜任的时候,期望十全十美只会让人束手束脚或者干脆超然世外,这不是儒家的立场。君子应该在重大的问题上恪守原则,在小事上不过分苛求(19.11),这正是对人的有限性的正视与宽容。

正视错误是对人的有限性的坦然面对;改正错误,人便能够超越自身的局限,向更高的境界迈进。人不怕犯错误,怕的是"不善不能改"(7.3)。改正错误是艰难的,所以孔子说"吾未见能见其过而内自讼者"(5.27)。改正错误首先要做到正视错误。人的有限性会将人束缚在现有的困境中,只有德行智慧高超的人才可能打破这种枷锁。德行不足的人难以面对自己的过错,总会为自己找各种各样的借口。孔子批判冉求说:"君子疾夫舍曰欲之而必为之辞。"(16.1)子夏说:"小人之过必也文。"(19.8)就是这个道理。真正的君子不会掩盖自己的过错,君子的过错就像日食、月食一般,犯错人人都能看到,改错人人都会钦佩(19.21)。

过错最能检验君子的品格,所以孔子说"观过,斯知仁矣"(4.7)。世间不乏伪善之人,若仅以善行论,在有限的时段和一定的事务中,君子的表现未必胜得过伪君子,但从一个人的过错中往往更能检验出他的真伪。过错有很多种,什么样的人犯什么样的错。发现了过错也就找到了症结,对于君子自己来说,这为他提供了反省的机会,帮助他改过自新;他人也能够从他的过错和他改过的行为中了解他的品格。孔子说践行仁德有两种方式,一是以仁德为努力的方向,二是不让不仁德发生在自己身上(4.6)。"过则勿惮改"(9.25)属于后一种方式,是达到仁德的重要法门。改过是大学问,一个人改过的能力相当于他践行仁德的能力,颜回"不贰过"(6.3)方能"三月不违仁"(6.7)。如何通过改过践行仁德,惜乎《论语》提及甚少,只有一句"克己复礼为仁"(12.1),即克制自身的惰性与欲望,以礼制规范自身的思虑与言行。

公冶长篇第五 共二十八章

5.1　子谓公冶长^①,"可妻也^②。虽在缧绁之中^③,非其罪也"。以其子妻之^④。

【注释】

① 公冶长:孔子学生,齐人。
② 妻:这里活用为动词,音 qì。
③ 缧绁:音 léixiè,拴罪人的绳索,这里代指监狱。
④ 子:儿女,此处指的是女儿。

【译文】

孔子评价公冶长,"可以把女儿嫁给他。他虽然在监狱里关过,但不是他的罪过"。便把自己的女儿嫁给他。

5.2　子谓南容^①,"邦有道,不废;邦无道,免于刑戮"。以其兄之子妻之。

【注释】

① 南容:孔子的学生南宫适(kuò),字子容。

【译文】

孔子评价南容,"国家政治清明,〔总有官做,〕不被废弃;国家政治黑暗,也不会招致刑罚"。便把哥哥的女儿嫁给他。

5.3　子谓子贱,"君子哉若人！鲁无君子者,斯焉取斯?"

【注释】

① 子贱:孔子学生宓不齐,字子贱,比孔子小 49 岁(前 521—?)。

【译文】

孔子评价宓子贱,"这人真是君子啊！假如鲁国没有君子,这个人从哪里取来这种好品德呢?"

5.4 子贡问曰:"赐也何如?"子曰:"女,器也。"曰:"何器也?"曰:"瑚琏也①。"

【注释】

① 瑚琏:音 húliǎn,即簠簋,古代祭祀时用的器皿,相当尊贵。

【译文】

子贡问道:"我这人怎样?"孔子说:"你好比一个器皿。"子贡说:"什么器皿呢?"孔子说:"瑚琏。"

5.5 或曰:"雍也仁而不佞①。"子曰:"焉用佞?御人以口给②,屡憎于人。不知其仁③,焉用佞?"

【注释】

① 雍也仁而不佞:雍,孔子学生冉雍,字仲弓;佞,音 nìng,能言善辩,有口才。
② 口给:言辞不穷,辩才无碍;给音 jǐ,足。
③ 不知其仁:不知,是孔子否定的委婉方式;这句话是说冉雍还达不到"仁"的水平。

【译文】

有人说:"冉雍这个人哪,有仁德而无口才。"孔子说:"何必要口才呢?伶牙俐齿和人争论,常会使人讨厌。我不晓得冉雍仁不仁,但何必要口才呢?"

5.6 子使漆雕开仕①。对曰:"吾斯之未能信②。"子说。

【注释】

① 漆雕开:姓漆雕,名开,字子若,孔子学生。
② 这句可以理解为"吾未能信斯",用"之"来使宾语"斯"前置;斯,代词。

【译文】

孔子让漆雕开去做官。他答道:"我对这个还没有信心。"孔子听了很高兴。

5.7 子曰:"道不行,乘桴浮于海①。从我者,其由与?"子路闻之喜。子曰:"由也好勇过我,无所取材②。"

【注释】

① 桴:音 fú,此字上古音近似现在的"簰",当是"簰"的本字。
② 无所取材:没地方获取木材。详见本章【考证】。

【译文】

孔子说:"主张贯彻不了,我想坐个小木簰亡命海外,跟随我的,恐怕只有仲由吧!"子路听了这话,十分高兴。孔子说:"仲由的好勇甚至超过了我,只是没有地方获取扎木簰用的木材!"

【考证】

由也好勇过我无所取材:

郑玄说"无所取材"是没地方取得木材。又说另一解为"材"通"哉";又解"无所取"为"不可取"。但在先秦汉语中,我们未见"无所取"表达对某种性格、性情、态度等表示不认可、不赞同的意义,而只是表示没有"拿走"什么。然则,"材"也就不能读作"哉"了。《论语》《左传》成书年代,"无所取材"这样的"无所+动宾结构","所"多为名词,义为"处所":"君若以力,楚国方城以为城,汉水以为池,虽众,无所用之。"(《左传·僖公四年》)——没地儿用它。"群臣无所逃命。"(《宣公十二年》)——群臣没地儿逃命。"刑罚不中,则民无所错手足。"(《论语·子路》)——老百姓不知道手脚放哪里好,即"手足无措"。因此,无所取材,就是没地儿取得木材。

某句话有具体、抽象两种解释时,要注意考察该句中的词语该时代有无比较抽象的用法,不能想当然。[30]

5.8 孟武伯问子路仁乎？子曰："不知也。"又问。子曰："由也，千乘之国，可使治其赋也①，不知其仁也。"

"求也何如？"子曰："求也，千室之邑②，百乘之家③，可使为之宰也④，不知其仁也。"

"赤也何如⑤？"子曰："赤也，束带立于朝，可使与宾客言也，不知其仁也。"

【注释】

① 赋：兵赋，军政工作。
② 邑：古代庶民居住之所。
③ 家：古代卿大夫的封地——采邑。
④ 宰：古代一县之长和大夫家的总管。
⑤ 赤：孔子学生，姓公西，名赤，字子华，比孔子小42岁。

【译文】

孟武伯问孔子子路是否有仁德。孔子说："不知道。"他又问，孔子便说："由哇，有一千辆兵车的〔中等〕国家，可以让他负责兵役和军政工作。至于他仁不仁，我不知道。"

〔孟武伯继续问：〕"冉求又怎么样呢？"孔子说："求哇，千户人家的私邑，百辆兵车的大夫封地，可以让他去当负责人。至于他仁不仁，我不知道。"

"公西赤又怎么样呢？"孔子说："赤啊，穿着礼服，立于朝廷之上，可以让他接待外宾，办理交涉。至于他仁不仁，我不知道。"

5.9 子谓子贡曰："女与回也孰愈①？"对曰："赐也何敢望回？回也闻一以知十，赐也闻一以知二。"子曰："弗如也；吾与女弗如也②。"

【注释】

① 愈：超过，胜过。
② 吾与女弗如也：我和你都不如他。详见本章【考证】。

【译文】

孔子对子贡说:"你和颜回,谁更强些?"子贡答道:"我呢怎敢和颜回相比?颜回呀,听到一件事,可以推知十件事;我呢,听到一件事,只能推知两件事。"孔子说:"不如他呀,我和你都不如他呀!"

【考证】

吾与女弗如也:

朱熹《集注》说:"与,许也。"《论语译注》因此译为"我同意你的话,是赶不上他。"这样,"与"就应读 yù,同意、赞同的意思。但《论衡·问孔》引作"弗如也,吾与汝俱不如也"。《后汉书·桥玄传》"仲尼称不如颜渊",李贤《注》引《论语》作:"赐也何敢望回?子曰:'吾与汝俱不如也。'"这句的"与"应为连词,在《论语》时代到后来很长一段时间,"与"为动词表"赞同"义而读作 yù 时,它后面的宾语都很简单,如"吾与点也"(《论语·先进》),从未见"女弗如也"这种结构复杂的。在那一时期,连词"与"连接"吾"和"女""汝",后面再接上个谓词性结构,是很普遍的。如《左传·成公十三年》:"吾与女伐狄。"《庄子·大宗师》:"吾与汝共之。"《应帝王》:"吾与汝既其文,未既其实。"

与上一则【考证】相关,某些动词能否带结构较为复杂的宾语,也是应该予以注意的。[31]

5.10 宰予昼寝。子曰:"朽木不可雕也,粪土之墙不可杇也①;于予与何诛?"子曰②:"始吾于人也,听其言而信其行;今吾于人也,听其言而观其行。于予与改是。"

【注释】

① 杇:音 wū,把墙抹平。
② 这是孔子另一时间所说的,故插入"子曰"二字。

【译文】

宰予白天睡觉。孔子说:"腐朽糜烂的木头雕刻不得,斑驳污秽的土墙粉刷不得;对于宰予嘛,说他什么好呢?"又说:"原先,我对别人,听到他的话,便相信他的行为;今天,我对别人,听到他的话,还要考察他的行为。通过宰予这事儿,我改成了现在的态度。"

5.11 子曰:"吾未见刚者。"或对曰:"申枨①。"子曰:"枨也欲,焉得刚?"

【注释】

① 申枨:"枨"音 chéng。《史记·仲尼弟子列传》中有申党,古音"党"和"枨"相近,那么"申枨"就是"申党"。

【译文】

孔子说:"我没见过刚直不阿的人。"有人答道:"申枨是这样的人。"孔子说:"申枨啊,他欲望太多,怎能做到刚直不阿?"

5.12 子贡曰:"我不欲人之加诸我也①,吾亦欲无加诸人。"子曰:"赐也,非尔所及也。"

【注释】

① 加:加上,施加。详见本章【考证】。

【译文】

子贡说:"我不希望别人〔把侮辱〕施加给我,我也不希望〔把它〕施加给别人。"孔子说:"赐啊,这不是你能做到的。"

【考证】

加:

马融说:"加,陵也。"孔安国说:"'非尔所及',言不能止人使不加非义于己也。"按:孔说确。马说虽然也许是解释大意,未必错误,但后人据此翻译"加"为"欺侮",就不确了。我们不否认"加""驾"为同源词,而"驾"有凌驾义;但根据对《论语》成书时代"加"的全面考察,它似乎还未产生这一意义。《王力古汉语字典》:"加,把一物放在另一物的上面,引申为把某种行为施加于别人身上。"核之以先秦典籍,确实如此。加诸,即加之于,把它加给。所加上、施加的不一定是不好的、对被加者不利的行为。如《孟子·梁惠王上》:"《诗》云:'刑于寡妻,至于兄弟,以御于家邦。'言举斯心加诸彼而已。"《万章下》:"尧之于舜也,使其子九男事之,二女女焉,百官牛羊仓廪备,以养舜于畎亩之中,后举而加诸上位,故曰王公之尊贤者也。"《左传·僖公八年》:"臣竭其股肱之力,加之以忠贞。其济,君之灵也;不济,则以死继之。"

词语本身意义的变迁,尤其需要注意。[32]

5.13 子贡曰:"夫子之文章①,可得而闻也;夫子之言性与天道②,不可得而闻也。"

【注释】

① 文章:光彩动人的故事,充满人格魅力的事迹。详见本章【考证】。
② 性与天道:性,人的本性;天道,一般指自然和人类社会吉凶祸福的关系。

【译文】

子贡说:"老师光彩照人的事迹,我们听说过;老师有关天性和天道的言论,我们没听说过。"

【考证】

夫子之文章:

何晏《集解》:"章,明也;文采形质著见,可以耳目循也。"朱熹《集注》:"文章,德之见于外者,威仪文辞皆是也。"皇侃《义疏》:"文章者,六籍也。"《论语译注》:"孔子是古代文化的整理者和传播者,这里的'文章'该是指有关古代文献的学问而言。"何晏、朱熹之说较为可信,在《论语》成书的时代,直到其后数百年,"文章"都未见可释之为"文辞"或"有关古代文献的学问"的例子:"三年而治兵……昭文章,明贵贱,辨等列,顺少长,习威仪也。"(《左传·隐公五年》,沈玉成《左传译文》:"每三年大演习一次……要文采鲜华,贵贱分明,等级不乱,少长有序,这是讲习威仪。")"夫有勋而不废,有绩而载……旌之以车服,明之以文章,子孙不忘,所谓福也。"(《左传·昭公十五年》,沈译:"……用旌旗来显耀他,子子孙孙不要忘记……")"服物昭庸,采饰显明,文章比象,周旋序顺。"(《国语·周语中》,邬国义《国语译注》:"纹饰可以比拟物象。")"子墨子之所以非乐者……非以刻镂华文章之色以为不美也。"(《墨子·非乐上》,张永祥《墨子译注》:"墨子之所以反对音乐……并不是因为雕刻华美的花纹不悦目。")结合何晏、朱熹所解,我们译"夫子之文章"为"光彩照人的事迹",庶几近之。

文章,文盲都懂的一个词。如果拿它的今义去理解古文,往往缘木求鱼。[33]

5.14 子路有闻,未之能行,唯恐有闻①。

【注释】

① 有闻:有所耳闻。详见本章【考证】。

【译文】

子路有所闻,还没来得及实行它,只怕又有所闻。

【考证】

唯恐有闻:

《论语译注》说,这一章第二个"有闻"的"有"通"又",或失之。先秦时期,动词"闻"除了几类特殊情况外,必须带宾语。"有闻"常见,是固定结构,属于特殊情况,不带宾语:"三咽,然后耳有闻,目有见。"(《孟子·滕文公下》)"康子曰:'虽然,肥愿有闻于主。'"(《国语·鲁语下》)"又闻"罕见,必须带宾语:"问一得三,闻《诗》,闻《礼》,又闻君子之远其子也。"(《论语·季氏》)"君固无勇,而又闻是,弗能久矣。"(《左传·襄公十八年》)"侨又闻之,内官不及同姓,其生不殖。"(《昭公元年》)许多"有V"是否应读为"又V",也可用是否可带宾语来检验。如《孟子·滕文公下》"邪说暴行有作"。

冯友兰先生曾说"同文异解,似不甚妥",放在这里也合适。[34]

5.15 子贡问曰:"孔文子何以谓之'文'也①?"子曰:"敏而好学,不耻下问,是以谓之'文'也。"

【注释】

① 孔文子:卫国大夫孔圉(yǔ),比孔子早死一年。

【译文】

子贡问道:"孔文子凭什么被谥为'文'?"孔子说:"他聪敏灵活,爱好学问,又不以向比他地位低的人发问为耻,所以谥他为'文'。"

5.16 子谓子产①,"有君子之道四焉:其行己也恭,其事上也敬,其养民也惠,其使民也义"。

【注释】

① 子产:公孙侨,字子产,郑穆公之孙,为春秋时郑国的贤相,在郑简公、定公时执政二十二年。他从容周旋于争战不息的晋楚两强间,使国家得到尊重和安全,是一位杰出的政治家、外交家。

【译文】

孔子评论子产,说:"他有四种行为合乎君子之道:他自己的容颜庄严恭敬,他对待君上负责认真,他凭恩惠教养人民,他用道义役使人民。"

5.17 子曰:"晏平仲善与人交①,久而敬之。"

【注释】

① 晏平仲:齐国的贤大夫晏婴。

【译文】

孔子说:"晏平仲善于和人交往,相处越久,别人越敬重他。"

5.18 子曰:"臧文仲居蔡①,山节藻棁②。何如其知也③?"

【注释】

① 臧文仲居蔡：臧文仲，鲁国大夫臧孙辰(？—前617)；居，动词，使……居；蔡，大龟。
② 山节藻棁：节，柱上斗栱；棁，音 zhuō，梁上短柱；山、藻，均用作定语。
③ 何如其知也："其知何如也"的倒装；知，同"智"。何如其知也，实际上是用反问来否定臧文仲。其知，他的智慧，他的聪明程度，他的智商。《孟子·告子上》："使弈秋诲二人弈，其一人专心致志，惟弈秋之为听。一人虽听之，一心以为有鸿鹄将至，思援弓缴而射之，虽与之俱学，弗若之矣。为是其智弗若与？曰：非然也。"

【译文】

孔子说："臧文仲替一只叫蔡的大乌龟盖了间房，有巨大的斗栱和画着藻草的梁上短柱，这人的智力又如何呢？"

5.19 子张问曰："令尹子文三仕为令尹①，无喜色；三已之，无愠色。旧令尹之政，必以告新令尹。何如？"子曰："忠矣。"曰："仁矣乎？"曰："未知②；焉得仁？"

"崔子弑齐君③，陈文子有马十乘④，弃而违之⑤。至于他邦，则曰，'犹吾大夫崔子也'。违之。之一邦，则又曰：'犹吾大夫崔子也。'违之。何如？"子曰："清矣。"曰："仁矣乎？"曰："未知；焉得仁？"

【注释】

① 令尹子文：楚国的宰相叫令尹；子文即斗谷於菟(dòugòuwūtú)。
② 未知焉得仁：因为不明智，怎么称得上"仁"呢。详见本章【考证】(一)。
③ 崔子弑齐君：崔子，齐国大夫崔杼(zhù)；齐君，齐庄公，名光；弑，在下的人杀在上的人；此事见《左传·襄公二十五年》。
④ 陈文子：齐大夫，名须无。
⑤ 弃而违之：舍弃(马)并离开它(齐国)。弃，放弃，舍弃；违，离开。

详见本章【考证】(二)。

【译文】

子张问道:"令尹子文好几次做令尹,没显出高兴的样子;好几次被罢免,没显出恼怒的样子。〔每次去职,〕一定把自己的政令全都告诉接位的人。他怎么样?"孔子说:"可算是尽忠国家了。"子张说:"算不算是仁呢?"孔子说:"他未能做到'智',怎么能够算'仁'呢?"

子张又问:"崔杼杀了齐庄公,陈文子有马四十匹,舍弃不要,离开齐国。到了外国,又说道:'这里掌权的和我们的崔子一样。'又离开。又到了一国,又说道:'这里掌权的和我们的崔子一样。'于是又离开。他怎么样?"孔子说:"清白得很。"子张说:"算不算仁呢?"孔子说:"他未能做到'智',怎么能够算'仁'呢?"

【考证】

(一) 未知焉得仁:

知,读作"智"。这样解释的理由主要是:1. 这一章两处"未知",郑玄和王充《论衡》都读作"未智",而且在先秦汉语中,"未知(zhī)"一般都要带宾语:"未知生,焉知死?"(《论语·先进》)"寡人有子,未知其谁立焉。"(《左传·闵公二年》)"今乘舆已驾矣,有司未知所之,敢请!"(《孟子·梁惠王上》)2."焉得"在当时语言中,总是处在因果、条件复句的第二个从句中:"管仲有三归,官事不摄,焉得俭?"(《论语·八佾》——因果)"里仁为美。择不处仁,焉得知?"(《里仁》——条件)"晋、楚无信,我焉得有信。"(《左传·宣公十一年》——条件)"犹有晋在,焉得定功?"(《宣公十二年》——因果)"书退!国有大任,焉得专之?"(《成公十六年》——因果)"君子平其政,行辟人可也,焉得人人而济之?"(《孟子·离娄下》——条件)结合史籍记载的令尹子文推荐继任者"败而丧其众",可知这一章的"未知焉得仁"是因果复句。结合"择不处仁,焉得知"(4.1),又可见孔子认为仁与智是互为先决条件的。

这一解读在中国哲学史、思想史研究上是有意义的。[35]

(二) 弃而违之：

舍弃(马)并离开它(齐国)。违，离开。有人可能会认为"弃"和"违"的共享宾语"之"所指应该相同。但如果这样，"陈文子有马十乘"就落空了。其实当时类似句子，前后两个动词共享的"之"同指的固然多，不同指的也不少："楚师方壮，若萃于我，吾师必尽，不如收而去之。"(《左传·宣公十二年》)收而去之——收兵离开这里。"楚之边邑曰卑梁，其处女与吴之边邑处女桑于境上，戏而伤卑梁之处女。卑梁人操其伤子以让吴人，吴人应之不恭，怒，杀而去之。"(《吕氏春秋·先识览》)杀而去之——杀吴人然后离开这里。[36]

5.20　季文子三思而后行①。子闻之，曰："再②，斯可矣。"

【注释】

① 季文子：鲁国大夫季孙行父。孔子说这话时，文子死了已很久了。
② 再：两次；季文子太世故圆滑，所以孔子这样说。

【译文】

　　季文子每件事要考虑多次才行动。孔子听说了这事，说："想两次，也就可以了。"

5.21　子曰："宁武子①，邦有道，则知；邦无道，则'愚'②。其知可及也，其'愚'不可及也。"

【注释】

① 宁武子：卫国贤大夫，姓宁名俞。
② 其愚不可及：他的所谓愚笨，是常人难以企及的(大智慧)。详见本章【考证】。

【译文】

　　孔子说："宁武子这人，国家太平时，显得睿智；国家昏暗时，显得'愚笨'。他的睿智，别人可以企及；他的所谓'愚笨'，别人却难以企及。"

【考证】

其愚不可及：

除本例外，我们在先秦典籍中找到"可及""不可及"共9例。它有赶得上或赶不上的意义（2例）："晋韩厥从郑伯，其御杜溷罗曰：'速从之！其御屡顾，不在马，可及也。'"（《左传·成公十六年》）"往言不可及也。"（《国语·晋语二》）当某一不好的事发生时，"可及"指可以避免其危害（未尝不可理解为：可以达成免除祸患这一好目标），共2例："庆嗣闻之，曰：'祸将作矣！谓子家："速归！祸作必于尝，归犹可及也。"'"（《左传·襄公二十八年》）"王速出令，反其旄倪，止其重器，谋于燕众，置君而后去之，则犹可及止也。"（《孟子·梁惠王下》）5例指可以达到或难以达到某一好的目标，或达到某一较高程度："夫子之不可及也，犹天之不可阶而升也……其生也荣，其死也哀，如之何其可及也？"（《论语·子张》）"晋楚之富，不可及也。"（《孟子·公孙丑下》）"道则高矣，美矣，宜若登天然，似不可及也。"（《尽心上》）"能择人而敬为刑，尧舜禹汤文武之道可及也。"（《墨子·尚贤下》）"国士战且扶人，犹不可及也；今子非国士也，岂能成学又成射哉？"（《公孟》）第一个意义大约是其原始意义，后两义都是这一意义的引申；可见"可及""不可及"多是褒义的、能成为楷模与示范的人物，抑或真理。朱熹《集注》说得明白："武子仕卫，当文公、成公之时。文公有道，而武子无事可见，此其知之可及也。成公无道，至于失国，而武子周旋其间，尽心竭力，不避难险；凡其所处，皆知巧之士所深避而不肯为者，而能卒保其身以济其君，此其愚之不可及也。"我们的翻译据此。本【考证】的主要观点由杨柳岸提出。

成语"愚不可及"和它原始出处"愚不可及"意义不同，这样的现象很普遍。见于《论语》的还有"空空如也"（9.8）[37]

5.22 子在陈①，曰："归与！归与！吾党之小子狂简②，斐然成章，不知所以裁之③。"

【注释】

① 陈：国名，姓妫，舜的后代，春秋末被楚所灭。
② 简：简略；用于形容人的性格一根筋，耿直。
③ 裁：剪裁，引申为指导。

【译文】

孔子在陈国，说："回去吧！回去吧！我们那里的学生虽然狂放但拘谨自守，文彩又斐然可观，我都不知道再用什么去指导他们了。"

5.23　子曰："伯夷、叔齐不念旧恶①，怨是用希②。"

【注释】

① 伯夷，叔齐：孤竹国君的两个儿子，父亲死了，互相让位，都逃到了周文王那里。周武王起兵讨伐商纣，他们拦住车马劝阻。他们以食周粟为耻，饿死在首阳山。恶，仇恨。
② 怨是用希：别人对他们的怨恨因此稀少。是用，因此。希，稀，少。详见本章【考证】。

【译文】

孔子说："伯夷、叔齐两兄弟不记念过去的仇恨，怨恨他们的因此很少。"

【考证】

怨是用希：

是我对别人的怨恨少？还是别人对我的怨恨少？《论语译注》译为"别人对他们的怨恨也就很少"，至确。因为《论语》时代的语言中，当"怨"表示怨恨，且处于主语位置时，一般表示他人的怨恨："怨之所聚，乱之本也。"（《左传·成公十六年》）"立于淫乱之国，而好尽言，以招人过，怨之本也。"（《国语·周语下》）"贪者，怨之本也。"（《晋语二》）"子一言而有三怨。怨已多矣，难以击人。"（《晋语四》）"刚而主能，不本而犯，怨之所聚也。"（《晋语五》）只见到1例"怨"作主语表示自己对他人的怨恨的:"克、伐、怨、欲不行焉,可以为仁矣?"(《宪问》)但这例"怨"与其他3个词并列,显然是有标的特例。

因为要符合语言的社会性原则,所以要考察分布。两者关系如此。[38]

5.24 子曰:"孰谓微生高直①?或乞醯焉②,乞诸其邻而与之。"

【注释】

① 微生高:即《庄子》《战国策》里的尾生高。
② 醯:音 xī,醋。

【译文】

孔子说:"谁说微生高这人直爽?有人向他讨点儿醋,〔他不说没有,〕却到邻居那里讨要一点给那人。"

5.25 子曰:"巧言、令色、足恭①,左丘明耻之②,丘亦耻之。匿怨而友其人,左丘明耻之,丘亦耻之。"

【注释】

① 足恭:屈膝作出一副恭敬的样子。详见本章【考证】。
② 左丘明:历来相传为《左传》和《国语》的作者。现可以肯定:甲,《国语》和《左传》的作者不是一人;乙,两书都非与孔子同时或较早于孔子的左丘明所作。

【译文】

孔子说:"花言巧语,满脸堆笑,屈膝以为恭顺,这种态度,左丘明认为可耻,我也认为可耻。内心怨恨某人,却装着和他亲热,这种行为,左丘明认为可耻,我也认为可耻。"

【考证】

足恭:

《大戴礼记·表记》:"君子不失足于人,不失色于人,不失口于人。"

《曾子立事篇》:"足恭而口圣,而无常位者,君子弗与也。"失足,即足恭;失色,即令色;失口,即巧言。有的注本读"足"为 jù,意为"充足"。这有好几点不能通。首先,先秦汉语中,定中结构的"足某"未见,因此不可能是"十足的恭敬";如释为"充足其恭敬",又从未见以"恭"这种抽象名词做宾语的;且"恭"在先秦儒家典籍中,是至高无上的道德范畴,为典型的褒义词,从未有用为贬义者。因此"足恭"只能是主谓结构,"足"为手足之足:"足蹜如也""足蹜蹜如有循"(均见《论语·乡党》),"体恭敬而心忠信……君子贫穷而志广,富贵而体恭"(《荀子·修身》),"晋侯视远而足高"(《国语·周语下》)。"恭"虽为褒义,但以"足"来限制它意义就有变化。何晏《集解》引孔安国注云:"足恭,便僻貌。"邢昺《疏》:"便僻其足以为恭,谓前却俯仰,以足为恭也。"[39]

5.26 颜渊季路侍①。子曰:"盍各言尔志②?"

子路曰:"愿车马衣轻裘与朋友共敝之而无憾③。"

颜渊曰:"愿无伐善④,无施劳⑤。"

子路曰:"愿闻子之志。"

子曰:"老者安之,朋友信之,少者怀之⑥。"

【注释】

① 侍:《论语》有时单用一"侍"字:孔子坐着,弟子站着;有时用"侍坐":孔子、弟子均坐;"侍侧":或坐或立不定。
② 盍:"何不"的合音字。
③ 愿车马衣轻裘与朋友共敝之而无憾:1."轻"字衍文,即,它是多出来的字。2."愿车马衣裘与朋友共敝之而无憾"连读不断开。详见本章【考证】(一)。
④ 伐:夸耀。
⑤ 施:孔安国说:"不以劳事置施于人。"即,不麻烦别人劳神费力。
⑥ 老者安之,朋友信之,少者怀之:"之"指前面的主题主语。详见本章【考证】(二)。

【译文】

孔子坐着，颜渊、季路站在孔子旁边。孔子说："你俩何不说说各自的志向？"

子路说："我愿将车马衣服和朋友共同使用直到破烂也没遗憾。"

颜渊说："愿意不吹嘘自己如何了得，不麻烦别人劳神费力。"

子路问孔子说："希望听听您的志向。"

孔子说："〔我的志向是，〕老人，我能安抚他们；朋友，我能信任他们；年轻人，我关怀他们。"

【考证】

（一）愿车马衣裘与朋友共敝之而无憾：

有两种读法。1. "共"字后断句。2. 作一句读。我们取后一种读法。"共"作谓语，其后要带宾语："三族共政，无相害也。"（《左传·哀公二十六年》）"鲁有单豹者，岩居而水饮，不与民共利，行年七十而犹有婴儿之色。"（《庄子·外篇·达生》）"选材士有力者三十人共船。"（《墨子·备水》）"共"后面也通常有一"之"复指前面的受事主语："三年之丧，齐疏之服，飦粥之食，自天子达于庶人，三代共之。"（《孟子·滕文公上》）"庶人有鱼炙之荐，笾豆、脯醢则上下共之。"（《国语·楚语上》）"孔子曰：'丘，天之戮民也。虽然，吾与汝共之。'"（《庄子·内篇·大宗师》）[40]

（二）老者安之，朋友信之，少者怀之：

皇侃《论语义疏》："愿己为老人所见抚安，朋友必见期信，少者必见思怀也。"意谓"愿自己被老人所安心，被朋友所信任，被少者所怀念"。朱熹《集注》："老者养之以安，朋友与之以信，少者怀之以恩。一说：安之，安我也；信之，信我也；怀之，怀我也。亦通。"朱熹第一说与皇侃不同，而第二说同之。我们以为朱熹前一说可信："越国之中，富者吾安之，贫者吾与之，救其不足，裁其有馀，使贫富皆利之。"（《国语·吴语》）"是以近者安之，远者归之，日月之所照，舟车之所及，雨露之所渐，粒食之所养，得此莫不劝誉。"（《墨子·尚贤中》）"善者吾善之，不善者吾亦善之,得善。信者吾信之,不信者吾亦信之,得信。"(《老子·四十九章》)"夫然后足以化民易俗,近者说服,而远者怀之,此大学之道也。"(《礼记·学记》)以上各例共同特点是,"V 之"的"之"与主题主语同指。因此当译为:"老人,安抚他们;朋友,信任他们;年轻人,关怀他们。"[41]

5.27 子曰:"已矣乎,吾未见能见其过而内自讼者也。"

【译文】

孔子说:"得了吧,我还没见过能看见自己的错误便自我批评的人呢。"

5.28 子曰:"十室之邑,必有忠信如丘者焉,不如丘之好学也。"

【译文】

孔子说:"即便十户人家的地方,也一定有像我这样既忠心又信实的人,只是不如我热衷学问罢了。"

导读:本篇主要谈"知"。"知"与"智"是同源字,即智慧。"知"在孔子的思想体系里十分重要,"仁"的推广需要"知"来实现。从"知者利仁"的角度考虑,"知"应该和"仁"在很大程度上是契合的。一个智虑低下的人不可能达到"仁"的要求,或者说具备"知"是达到"仁"的前提。本篇第十九章,孔子两次提到"未知,焉得仁"即是明证(此句本书所解与他书不同,却证据确凿,信而有征,读者不可轻易放过)。而这一章和"择不处仁,焉得知"(4.1)又可互证。"知"不可简单理解为智力或者智商,智者也不仅仅是指聪明人。恰恰相反,孔子很反感那些耍小聪明的人,比如巧言善辩的人(5.5)。孔子所说的智慧是实践的智慧,不是夸夸其谈,所以他特别强调先行后言。实践的智慧要求具备相应的知识;知识不是静态的,是要随着实践的开展而不断丰富。孔子说"君子不器"(2.12)。工具只有一定的用途,而人因为拥有智慧,可以不断打破自身的局限,向更高明的境界迈进。治学的同时也要善于思考总结,尤其是反省自察,最终归结到"行",也就是实践上来,"见贤思齐,见不贤而内自省"(4.17)就是这个道理。本篇第二十章,孔子并不赞同"三思而后行",意思是不要顾虑太多,因为空想没有用,实践方能出真知。

除了知识,智慧大抵还有几个方面,其一是"阙疑","多闻阙疑,慎言其余,则寡尤;多见阙殆,慎行其余,则寡悔"(2.18)。人不可能什么都知道,明白什么是不知道的,本身就是一种智慧(2.17)。孔子"敬鬼神而远之"(6.22),"未知生,焉知死"(11.12)都是对未知的领域保持敬畏。不能因为有些知识尚未把握,有些问题还没有考虑清楚就无所事事。既要做事,又要减少犯错,智者的方式是把已知的内容把握好,用于实践,同时为未知的领域留出空间。表现在态度上,就是谨慎,所以孔子让漆雕开当官,漆雕开表现出不自信,孔子是赞赏的(5.6)。相反,子路过于鲁莽,见识跟不上行动,这样就难免犯错,所以孔子开玩笑说没有地方获取扎木筏用的木材,比喻子路的"好勇"是没有处世智慧做保障的(5.7)。

另一方面,智者也需要懂得适应环境,了解他人。齐国著名政治家晏子善于和他人打交道,所以被人敬重(5.17)。孔子主张做人要有原则,但也要注意口碑,尽量做到不遭人嫉恨。因为一个人如果名誉不佳,在岗位上就会难以行事,在民间也难以产生好的影响,还有可能招致麻烦。孔子心中的智者是"邦有道不废,邦无道免于刑戮"(5.2),一个不被社会所容纳的人,一定是本身有问题。社会环境如果不佳,"隐"和"愚"就是智者最好的处事方式。所以本篇第十九章的令尹子文、陈文子虽然品节高尚,但不能为邦国所容(子文所荐之人且"败而丧其众"),算不上"知",自然也就称不上"仁"。

孔子所说的智慧,归根结底是一种在理想驱使下的强大内心力量。相比于放弃,坚持更难;相比于一鼓作气向前冲,迂回前进,等待机会而坚忍不拔永不言弃更难;相比于不思不虑,储备知识,思前想后更难;相比于把一切考虑清楚再做事,把不懂的存疑,同时做好其他方面更难。孔子总是教给人们更辛苦的方式,不是因为他不够通达,而是因为世事本来曲折艰难。面对困难的现状,直视理想与现实之间的距离,本来就是一件要求极高的事情,也只有志存高远,拥有强大内心力量的人才能在逆境中羽翼逐渐丰满,进而建功立业。因而孔子的思想核心,"仁"与"知",既是理想的,又是现实的。"仁"偏向于理想层面,而"知"则更倾向于现实层面。"仁""知"合观,方得真孔子。

雍也篇第六　共三十章

6.1 子曰:"雍也可使南面①。"

【注释】

① 南面:刘向《说苑·修文篇》说:"南面者,天子也。"与先秦文献相核对,这一说法比较可信。详见本章【考证】。

【译文】

孔子说:"冉雍这个人,有能力君临天下。"

【考证】

南面:

有三种解释:天子、诸侯、卿大夫。"天子"说较可信。较早的文献,特别是《论语》《孟子》《荀子》等儒家文献,"南面"都指天子,未见用于诸侯者,更不指卿大夫:"无为而治者,其舜也与?夫何为哉?恭己正南面而已矣。"(《论语·卫灵公》)"舜南面而立,尧帅诸侯北面而朝之,瞽瞍亦北面而朝之。"(《孟子·万章上》)"天子者……南面而听天下。"(《荀子·正论》)"尧、舜,至天下之善教化者也。南面而听天下,生民之属莫不振动从服以化顺之。"(同上)"大人哉舜!南面而立万物备。"(《成相》)

事实证明,一旦不从语言系统内部归纳抽绎,而借助语言系统外部的所谓情理事理推导,最易得出一些似是而非的结论,高邮王氏父子亦不能免俗。[42]

6.2 仲弓问子桑伯子①。子曰:"可也简。"

仲弓曰:"居敬而行简,以临其民,不亦可乎?居简而行简,无乃大简乎②?"子曰:"雍之言然。"

【注释】

① 子桑伯子:此人已无可考,很可能是卿大夫。
② 无乃大简乎:无乃,难道不是;大,同太。

【译文】

仲弓问到子桑伯子这个人。孔子说:"他简单得好。"

仲弓说:"若存心严肃认真,而以简单行之,〔识大体,不烦琐,〕来治理百姓,不也可以吗?若存心简单,又以简单行之,不是太简单了吗?"孔子说:"雍的这话是对的。"

6.3 哀公问:"弟子孰为好学?"孔子对曰:"有颜回者好学,不迁怒,不贰过。不幸短命死矣①,今也则亡②,未闻好学者也。"

【注释】

① 不幸短命死矣:颜渊死于鲁哀公十四年(前481年),年仅三十一岁。
② 亡:没有,无。音 wáng。详见本章【考证】。

【译文】

鲁哀公问:"你的学生中,哪个好学?"孔子答道:"有一个叫颜回的人好学,不拿别人出气,也不再犯同样的过失。不幸短命死了,现在再没有这样的人了,再也没听说有好学的人了。"

【考证】

今也则亡:

有的字典词典说这一"亡"通"无",读作 wú。也有的分作两字,"亡"仍读 wáng,义为"无、没有";如《王力古汉语字典》《古汉语常用字字典》。不同的《论语》注释者、研究者意见也不统一。我们认为,至少在《论语》成书时代"亡""无"并不通用。无,作状语否定谓语,作定语,一般不作主语、宾语、述语。例多不举。亡,一般不作状语否定谓语,不作定语,可作主语、宾语、述语。也即,二者的分布是互补的。如:"夷狄之有君,不如诸夏之亡也。"(《论语·八佾》)"亡而为有,虚而为盈,约而为泰,难乎有恒乎!"(《述而》)"季康子问:'弟子孰为好学?'孔子对曰:'有颜回者好学,不幸短命死矣,今也则亡。'"(《先进》)"人皆有兄弟,我独亡!"(《颜渊》)汉代以后,"亡"逐渐也可用作状语、定语。如《汉书·贾谊传》:"令此六七公者皆亡恙。"《梅福传》:"此高祖所以亡敌于天下也。"但这一转变是零星的还是根本的,还有待统计。如果是后者,就可以说汉以后的"亡"通"无"了。

对立和互补的概念来自音位学,在语法分析中很管用。8.7 的【考证】中也运用了这一概念。[43]

6.4 子华使于齐①,冉子为其母请粟②。子曰:"与之釜③。"

请益。曰:"与之庾④。"

冉子与之粟五秉⑤。

子曰:"赤之适齐也,乘肥马,衣轻裘⑥。吾闻之也:君子周急不继富⑦。"

【注释】

① 使:音 shì,出使。
② 粟:小米。
③ 釜:音 fǔ,古代容量名,相当于当时的六斗四升,约合今天的一斗一升八合;也即大约 24 斤。
④ 庾:音 yǔ,古代容量名,相当于当时的二斗四升,约合今天的四升八合;也即大约 9 斤半。
⑤ 秉:古代容量名,相当于当时的十六斛(一百六十斗),约合今天的三石二十升;也即大约 640 斤。
⑥ 衣:音 yì,活用为动词,穿。
⑦ 周:后代写作"赒",救济。

【译文】

公西华出使齐国,冉有替他母亲请求发给小米。孔子说:"给他一釜。"
冉有请求增加。孔子说:"再给他一庾。"
冉有却给了他五秉。
孔子说:"公西赤到齐国去,坐着高头大马拉的车,穿着轻便暖和的皮袍。我听说,君子只雪中送炭,不锦上添花。"

6.5 原思为之宰①,与之粟九百②,辞。子曰:"毋以③,与尔邻里乡党乎④!"

【注释】

① 原思：孔子弟子原宪，字子思；之，指孔子而言。
② 九百：下无单位名词（即所谓"量词"）。
③ 毋以：表示让步的连词。详见本章【考证】。
④ 邻里乡党："五家为邻，二十五家为里，五百家为党，一万二千五百家为乡。"

【译文】

原思任孔子家的总管，孔子给他小米九百，他不肯受。孔子说："你若硬是不收，就给你那四邻八村的乡亲们吧！"

【考证】

毋以与尔邻里乡党乎：

这句话当今一般注本都在"毋"后断句。最早这样断句的是郑玄。武亿《经读考异》："'毋'通作'无'，'以'通作'已'，是'无以'亦可连下读，如《孟子》'无以则王乎'句，亦通。"武说可从。1."毋"字独为一句，无书证，无论"毋"或关系极为密切的"勿"，表禁止性否定的这两个词共时文献都没有单独成句之例。不独如此，"不""弗"以及"非""未""末""蔑""靡""无""罔"等同一系列的否定副词，据穷尽性调查，在先秦阶段，都未见独自成句之例。2."以""已"相通之例极多，经典中"无以""无已""勿已"应是同一表让步的短语的不同书写形式："仲尼之徒无道桓文之事者，是以后世无传焉，臣未之闻也。无以，则王乎？"（《孟子·梁惠王上》）"是谋非吾所能及也。无已，则有一焉：凿斯池也，筑斯城也，与民守之。"（《梁惠王下》）"公孙鞅之于秦，非父兄也，非有故也，以能用也。欲埋之，责非攻。无以，于是为秦将而攻魏。"（《吕氏春秋·慎行论》）"公曰：'鲍叔牙可乎？'管仲对曰：'不可。'……勿已，则隰朋其可乎？'……勿已乎，则隰朋可也。'"（《孟春纪》）"子贡问孔子曰：'后世将何以称夫子？'孔子曰：'吾何足以称哉？勿已者，则好学而不厌，好教而不倦，其惟此邪！'"（《孟夏纪》）"无已"甚至在现代汉语也有应用："上下午写张天翼的材料。相识三十年，但想来想去没什么东西可以揭发。

无已,只好写些历史情况。"(陈白尘《牛棚日记》,生活·读书·新知三联书店 1995 年版,第 5 页)

这一【考证】是杨逢彬、杨柳岸共同讨论的结果。[44]

6.6 子谓仲弓曰①:"犁牛之子骍且角②,虽欲勿用③,山川其舍诸④?"

【注释】

① 子谓仲弓曰:孔子对仲弓说。不能断为"子谓仲弓,曰"。详见本章【考证】。
③ 用:用作牺牲;据《史记·仲尼弟子列传》,仲弓的父亲是贱人,孔子却认为其子"可使南面"。古代祭祀牺牲不用骊牛及骊牛之子。孔子这番话的意思是:骊牛之子如果够得上作牺牲,山川之神一定会接受这种祭享。那么,仲弓这样的人才,为什么因他父亲下贱而舍弃不用呢?
④ 诸:"之乎"的合音字。

【译文】

孔子对冉雍说:"杂色牛的儿子浑身纯赤,两角齐整,即使想要不把它用作祭祀的牺牲,山川之神会舍得放弃它吗?"

【考证】

子谓仲弓曰:"……":

孙钦善先生说:"《论语》中凡'谓……曰'的句型,都是'对……说'的意思……而'谓……'的句型,则为'评论……'的意思。"好些注家将本章断为"子谓仲弓,曰",将 9.21 断为"子谓颜渊,曰";译为"孔子评论仲弓,说""孔子评论颜渊,说"。可是,既然是评论,还要那个"曰"干什么?换言之,有"曰"字即"谓……曰"句型,与"谓……"句型有区别,意思是"对……说"。不能用诸如"用法灵活"来加以搪塞。

语法结构具有严整性。当然有例外,但要在语言内部找出证据来说明例外何从来。[45]

6.7 子曰:"回也,其心三月不违仁①,其余则日月至焉而已矣②。"

【注释】

① 三月:指较长时间。《述而》:"子在齐闻《韶》,三月不知肉味。"
② 日月至焉:《论语》成书时代的典籍中,"日月"一般指太阳月亮,但做状语的时候偶有例外。焉,于此;此,指代上文的"仁"。日月至焉,指偶尔想起仁德一下。参见 17.1【考证】(二)。

【译文】

孔子说:"颜回呀,他的心总是长久地不离开仁德,别的学生嘛,只是隔三岔五想起来一下罢了。"

6.8 季康子问:"仲由可使从政也与?"子曰:"由也果,于从政乎何有①?"

曰:"赐也可使从政也与?"曰:"赐也达,于从政乎何有①?"

曰:"求也可使从政也与?"曰:"求也艺,于从政乎何有①?"

【注释】
① 何有:不难之词,意为"有何难呢""有什么困难呢"。

【译文】

季康子问孔子:"仲由这人,可以让他从政吗?"孔子说:"仲由果敢决断,让他从政有什么困难呢?"

又问:"端木赐可以让他从政吗?"孔子说:"端木赐通情达理,让他从政有什么困难呢?"

又问:"冉求可以让他从政吗?"孔子说:"冉求多才多艺,让他从政有什么困难呢?"

6.9 季氏使闵子骞为费宰①。闵子骞曰:"善为我辞焉!如有复我者,则吾必在汶上矣②。"

【注释】

① 闵子骞为费宰：闵子骞，孔子学生闵损，字子骞，比孔子小15岁（前536—前487）；费，音 bì，故城在今山东费县。

② 汶上：汶水两岸的地带。汶，音 wèn，水名，就是山东的大汶河。详见本章【考证】。

【译文】

季氏叫闵子骞做他封地费的长官。闵子骞对来人说："好好地为我辞掉吧！如果再有人来找我，那我一定会在汶水边上了。"

【考证】

汶上：

桂馥《札朴·汶上》说："水以阳为北，凡言某水上者，皆谓水北。"不确。该说为《论语译注》所采纳，译为："我一定会逃到汶水之北去了。"周秦典籍中多见"某水 + 上"，如"淮上""河上""汉上"等，均指该水两岸：《左传·僖公二十四年》："瑕甥、郤芮不获公，乃如河上，秦伯诱而杀之。"沈玉成译后两句："于是就到了黄河边上，秦伯把他们骗去杀掉。"《成公十七年》："楚公子申救郑，师于汝上。"沈译："楚国公子申救援郑国，军队驻扎在汝水边上。"《襄公十九年》："诸侯还自沂上，盟于督扬。"沈译："诸侯从沂水边上回来，在督扬结盟。"多种《论语》注本从桂说，未免失察。

《史记》："太仓之粟，陈陈相因。"某一古代名家的说法，被权威注本所采纳，他人遂采纳不疑。"凡言某水上者，皆谓水北"其一也。[46]

6.10 伯牛有疾①，子问之，自牖执其手，曰："亡之②，命矣夫！斯人也而有斯疾也！斯人也而有斯疾也！"

【注释】

① 伯牛：孔子学生冉耕，字伯牛。

② 之：指示代词，表泛称。

【译文】

伯牛生了病,孔子去慰问他,从窗子里握着他的手,说:"这人完了,这就是命吧!这样的人哪,竟有这样的病啊!这样的人哪,竟有这样的病啊!"

6.11 子曰:"贤哉,回也!一箪食①,一瓢饮,在陋巷②,人不堪其忧,回也不改其乐。贤哉,回也!"

【注释】

① 箪:音 dān,古代盛饭的竹器。
② 陋巷:偏远的街巷。详见本章【考证】。

【译文】

孔子说:"颜回多么有修养啊!一竹筐饭,一瓢水,住在偏僻的巷子里,别人都不堪忍受那忧愁,颜回却不改他的快乐。颜回多么有修养啊!"

【考证】

陋巷:

王引之《经义述闻》说此章的"巷"为"所居之宅",不确。王氏所引书证,不足以证明此说。杨伯峻先生未从王说,至确;但译"陋巷"为"小巷子",或千虑之失。经穷尽考察《左传》(5)、《国语》(1)、《逸周书》(1)、《晏子春秋》(2)、《管子》(2)、《荀子》(17)、《吕氏春秋》(4)、《韩非子》(6)等 8 部先秦古籍中的 38 例"陋","陋"只有"僻陋"(表地)"愚陋"(表人)两义,"简陋"义未见一例。参见 9.14【考证】。[47]

6.12 冉求曰:"非不说子之道,力不足也。"子曰:"力不足者①,中道而废。今女画②。"

【注释】

① 力不足者:力量不足的人。详见本章【考证】。

② 画：停止。

【译文】

冉求说："不是不喜欢您的学说，是力量不够。"孔子说："力量不够的人，会半途而废；现在你却还没走就打起了小算盘。"

【考证】

力不足者：

根据汉儒的理解，这一"者"字不大可能如杨伯峻先生所说，是表停顿并兼表假设语气的（译"力不足者"为"如果真是力量不够"）。因为如果这样，汉儒在讲解时，会使用"如""若"等假设连词。何晏《集解》引孔安国注此句说："力不足者当中道而废，今女自止耳，非力极也。"没有用"如"或"若"，可见汉儒是将"者"理解为"……的人"。没有语言内部的有力证据，似不宜轻易推翻汉儒成说。

可参考王力先生《训诂学上的一些问题·重视故训》。[48]

6.13 子谓子夏曰："女为君子儒！无为小人儒！"

【译文】

孔子对子夏说："你要做个君子式的儒者，不要做那小人式的儒者！"

6.14 子游为武城宰①。子曰："女得人焉耳乎？"曰："有澹台灭明者②，行不由径，非公事，未尝至于偃之室也。"

【注释】

① 武城：鲁国城邑，在今山东费县西南。
② 澹台灭明：字子羽，孔子弟子，从子游答话语气来看，此时他还没向孔子受业；因为"有……者"的提法，是表示这人是听者以前所不知道的。

【译文】

子游做武城的长官，孔子说："你在这儿得到什么人才没有？"他说："有个叫澹台灭明的，走路不插小道，不是公事，从不到我房里来。"

6.15 子曰:"孟之反不伐①,奔而殿②,将入门,策其马,曰:'非敢后也,马不进也。'"

【注释】

① 孟之反:鲁国大夫,《左传·哀公十一年》作"孟之侧"。
② 殿:殿后;译文参照《左传》所叙,有所增加。

【译文】

孔子说:"孟之反不夸耀自己,〔在抵御齐国的战役中,右翼的军队溃退了,〕他走在最后,掩护全军,将进城门,便鞭打马匹,一面说道:'不是我敢于殿后,是马匹不肯快走的缘故。'"

6.16 子曰:"不有祝鮀之佞①,而有宋朝之美②,难乎免于今之世矣。"

【注释】

① 祝鮀:卫国大夫,字子鱼,以善于辞令著称。
② 宋朝:宋国的公子朝。《左传》记载了他因美貌而惹起乱子的事。

【译文】

孔子说:"没有祝鮀的口才,只有宋朝的美貌,如今这世道恐怕难逃祸害了。"

6.17 子曰:"谁能出不由户,何莫由斯道也?"

【译文】

孔子说:"谁能够外出不经门户,为什么没人从我这条道上走呢?"

6.18 子曰:"质胜文则野,文胜质则史。文质彬彬①,然后君子。"

【注释】

① 文质彬彬:既文雅又朴实。

【译文】

孔子说:"朴实多于文采,就未免粗野;文采多于朴实,又未免虚浮。既有文采,又不乏朴实,这才是个君子。"

6.19 子曰:"人之生也直,罔之生也幸而免。"

【译文】

孔子说:"人活在世上,靠的是正直;不正直的人也得以活下来,那是他侥幸免于祸害。"

6.20 子曰:"知之者不如好之者,好之者不如乐之者①。"

【注释】

① 好之者不如乐之者:乐,音 lè。乐之,意动用法,以之为乐。这一"乐"如从"叶音"读作 yào,意为"喜好",那么"好之者不如乐之者"就该译为"爱好它的人不如爱好它的人",等于是句废话。杨伯峻先生译"好之者不如乐之者"为"喜爱它的人又不如以它为乐的人",至确。但"乐"确实有读作 yào 的,参见 6.23 注①。

【译文】

孔子说:"〔对于任何学问和事业,〕懂得它的人不如喜爱它的人,喜爱它的人又不如迷恋它的人。"

6.21 子曰:"中人以上,可以语上也;中人以下,不可以语上也。"

【译文】

孔子说:"智力中等以上的人,可以告诉他高深学问;智力中等以下的人,不可以告诉他高深的学问。"

6.22 樊迟问知。子曰:"务民之义①,敬鬼神而远之②,可谓知矣。"问仁,曰:"仁者先难而后获,可谓仁矣。"

【注释】

① 务民之义：何晏《集解》引王肃说："务民之义，务所以化道（导）民之义也。"详见本章【考证】。
② 远：音 yuàn，动词，疏远。

【译文】

樊迟问怎么样才算聪明。孔子说："管理民众的要义，是既要敬畏鬼神，但又不太接近他，这可以说是明智了。"又问怎样才算有仁德。孔子说："仁人在付出努力后才收获，这就是所谓仁德。"

【考证】

务民之义：

何晏《集解》引王肃说："务民之义，务所以化道民之义也。"皇侃《义疏》同。杨伯峻先生译为"把心力专一地放在使人民走向'义'上"，等于把"之"视为动词。我们赞同王肃、皇侃之说。因为"之"作为动词表示"到……"时，在先秦典籍中，只以处所、人物、时间为宾语，从不以抽象名词作宾语；而"民之"后接一抽象意义的名词或名词词组的例证不胜枚举："是宜为君，有恤民之心。"（《左传·庄公十一年》）"民之情伪，尽知之矣。"（《僖公二十八年》）"生民之道，于是乎在矣。"（《文公六年》）"民之多幸，国之不幸也。"（《宣公十六年》）

我们考证用得最多的原则，就是语言的社会性，这一则也不例外。以后凡类似的，不再一一指出。[49]

6.23 子曰："知者乐水，仁者乐山①；知者动，仁者静；知者乐，仁者寿。"

【注释】

① 乐：喜爱，音 yào。详见同门孙玉文教授《汉语变调构词考辨》（商务印书馆 2015 年）第 367－374 页。

【译文】

孔子说:"智者爱水,仁人爱山。智者活泼,仁人沉静。智者快乐,仁人长寿。"

6.24　子曰:"齐一变,至于鲁;鲁一变,至于道。"

【译文】

孔子说:"齐国〔的政教〕一变化,就达到鲁国的程度;鲁国〔的政教〕一变化,就进而合于大道了。"

6.25　子曰:"觚不觚①,觚哉!觚哉!"

【注释】

① 觚:音 gū,古代盛酒的器皿。这是孔子对当时事物名实不符发出的感慨。

【译文】

孔子说:"觚不像个觚,觚哇!觚哇!"

6.26　宰我问曰:"仁者,虽告之曰,'井有仁焉①',其从之也?"子曰:"何为其然也?君子可逝也②,不可陷也③;可欺也,不可罔也。"

【注释】

① 仁:仁人。这和《学而》"泛爱众而亲仁"以及《微子》"殷有三仁焉"的"仁"用法相同。徐仁甫《广古书疑义举例》(中华书局 1990 年)有"以性状代人物例",也可参考。
② 逝:一去不回,远离。
③ 陷:陷害,使陷入坑中。表示抽象意义时,和下句的"罔"一样,往往带有贬义,故以"沉沦"译之。

【译文】

宰我问道:"有仁德的人,即使告诉他,'井里有位仁人呢。'他会跟着跳下去吗?"孔子说:"为什么要那样呢?君子,可以让他走开,却不能使他沉沦;可以欺骗他,却不能使他迷失方向。"

6.27 子曰:"君子博学于文,约之以礼①,亦可以弗畔矣夫②!"

【注释】

① 约之以礼:之,指代"博学于文",指在"博学于文"这一过程中,要用"礼"来约束之。
② 畔,同叛。

【译文】

孔子说:"君子广泛地学习文献,并用礼法来约束学习的过程,也就可以不离经叛道了吧!"

6.28 子见南子①,子路不说。夫子矢之曰②:"予所否者③,天厌之!天厌之!"

【注释】

① 南子:卫灵公夫人,把持卫国朝政,且作风不正派。
② 夫子矢之曰:夫子为这事发誓说。矢之,为此发誓。
③ 予所否者:我的话如有不可信的地方。

【译文】

孔子和南子相见,子路不高兴。孔子发誓说:"我的话如有不可信的地方,老天厌弃我!老天厌弃我!"

6.29 子曰:"中庸之为德也①,其至矣乎?民鲜久矣。"

【注释】

① 中庸:孔子的最高道德标准。中,折中,无过,也无不及;庸,平常。孔子以这两个字来表示他的道德标准,其实就是折中的和平常的东西。

【译文】

孔子说:"中庸作为一种道德,该是最高的了,大家已经缺乏它很久了。"

6.30 子贡曰:"如有博施于民而能济众,何如?可谓仁乎?"子曰:"何事于仁!必也圣乎!尧舜其犹病诸!夫仁者①,己欲立而立人,己欲达而达人。能近取譬,可谓仁之方也已。"

【注释】

① 夫:音 fú,弱指示代词,可译作"那""那个",也可不译。

【译文】

子贡说:"假使有这么一个人,他广泛地给人民以好处,又能帮助大家过上好生活,怎么样?可以算是仁了吧?"孔子说:"为什么仅仅用'仁'来评价?一定要评价的话,那就是圣了!尧舜还为此大伤脑筋呢!那个'仁'是什么?自己要站得住,也要使别人站得住;自己要行得通,也要使别人行得通。能够从眼前的事实中选择例子踏踏实实地去做,这就是实践仁德的方法了。"

导读:本篇前半部分为孔子评价学生,《先进》主要记述孔子与弟子往来,试合并论之。

孔子对弟子时有褒贬,不可一概而论,需要具体甄别。孔门弟子多有贤才,但各人性格资质不同,孔子因材施教,不拘一格。子路为人好勇,鲁莽而自信,故而孔子时常贬斥。但当其他学生看不起子路时,孔子又发话解围,说子路已"升堂",只是尚未"入室"(11.15)。冉有平素谦和退让,所以孔子以鼓励为主(11.22)。但不论是鲁莽自信还是谦和退让,其实都是"过犹不及"(11.16),而未臻善境。从二人出仕后的行状来看,子路的德行操守胜过冉有。欲评判孔门弟子,"孔门十贤"(11.3)的序列应是最可信的,因为这是孔子身后晚年弟子与再传弟子做出的盖棺定论。在德行、言语、政事、文学的排列中,德行居首要位置,其他三者应是并列。因为在其他文献的记载中,德行居首从无问题,而其他三者则有不同的排序。从"求诸己""为己之学"的角度看,德行是主干,而言语、政事、文学是分支。这正与孔子褒贬门人弟子的侧重相印证。细心的读者会发现,孔子肯定学生多是在才干与事务方面,如"从政何有"一类,而指出学生缺点多是在德行方面。颜回是孔子最喜爱的学生,但他除了安贫乐道之外似乎并无多少名世之处(当然也与他早逝未及建功立业有关),就连孔子也感慨,颜回的品德高尚,却十分贫穷;子贡品德才学都不如颜回,却因为投机倒把成了富商(11.19)。其实人的德福本来就难于一致,孔子也并不执着,"从吾所好"(7.12)就是对这一问题最好的解决,从这一角度看,颜回是富有的。

孔子与弟子的对话有个有趣的地方,孔子面对弟子的反驳,往往针锋相对,如子路数次责难孔子,孔子都表现得十分激烈。批评孔子的学者往往就此说孔子是学术霸权。但孔子是能尊重弟子观点的,尽管并不赞同。比如宰我想缩减"三年之丧",孔子虽然事后怒斥他为"不仁",但当时仍说,你若能心安就这么办吧(17.21)。某种程度上孔子是乐于弟子与自己交锋的,即所谓"当仁,不让于师"(15.36)。在论学的方式上,应当"勿欺也,而犯之"(14.22),事君可以冒犯,更何况是和老师在学术上持不同观点呢。颜回善于从孔子处汲取智慧,他从不反驳孔子(2.9),孔子反倒说"回也,非助我者也"(11.4)。教一个从不质疑,没有不同意见的学生,是没办法教学相长的。一个相反的例子是,当孔子说小地方办学是"割鸡焉用牛刀"时,子游正色反驳道:"昔者偃也闻诸夫子曰:'君子学道则爱人,小人学道则易使也。'"孔子听罢便说:"二三子,偃之言是也!前言戏之耳。"(17.4)这就是孔门的问学风气。

"道"的论述在本篇"道"的本意是路,在春秋时已成为抽象的哲学概念。"道"有天之道,有人之道。天道一方面是天的造化,有规律性的一面;一方面是天指示给人的道路,有价值(道德)性的一面。古人总是希求向天取法,所以不论是规律的学习还是德性的学习,天道对社会人生都有指导作用。《论语》中"天道"仅一见,说孔子的"天道""不可得而闻也"(5.13),故不知偏向哪一方面。《论语》中的"道"属于人之道。人之道是给人走的,因而有实践性;"道"又有一定的方向,因而有理想性。"道"是实践与理想的结合,有志于实践理想就是"志于道","志于道"又与"据于德、依于仁、游于艺"合论,可见"道"的开辟离不开德行与才能。在孔子的思想当中,"道"可以归纳为通过修养德行才干,进而实现复兴礼乐文明、施行仁政的理想;具体可以表现为立己之道、立人之道、治国之道等。

理想本身是高于现实的,要从现实中超拔出来并不容易。以生活中的道路为例,现实生活就好比在道路一端的贫民区,一个见过世面的人告诉大家,道路的尽头肯定有一个更加宜居的居住区。那个地方也许确实十分理想,但未必每个人都愿意离开家乡长途跋涉(4.11)。"道"是亲切可行的(7.30),上路并不难,迈出一步就算是合于"道",人人都可以办得到(4.6)。但"道"对有志于此的人又提出了很高的要求,路漫漫其修远,走得累了难免怀念安逸,于是打起退堂鼓,只有那些志向高远、品格坚毅的人才能坚持走下去(6.7、8.7)。道途坎坷,其间必然遇到诸多困难,不全由行路人做主,有时候只能听天由命(14.36),遇到困难要懂得驻足、退避甚至迂回(14.37)。终点可能遥不可及,行路人或许终其一生都到不了(14.38),但只要继续走下去,子孙后代终归能够抵达(9.5)。

孔子的"道"不同于道家的"道"那样抽象玄远,只可临摹难以实践,它是植根于现实的理想,具体可行,必须时时致意,念兹在兹。孔子的道论质朴无华,后世学者常觉得细碎难以把握,便以一个大的系统将它囊括进去,以为这就可以一以贯之,顺畅操习了。这恰恰偏离了孔子思想的真精神,使得"道"成为抽象观想的对象——在思考上亲切了,在实践上却疏离了。

述而篇第七　共三十八章

7.1 子曰："述而不作,信而好古,窃比于我老彭①。"

【注释】

① 窃比于我老彭：应为"窃比我于老彭"。详见本章【考证】。何晏《集解》引包咸说："老彭,殷贤大夫,好述古事。"大约就是《大戴礼记·虞戴德》中孔子所说的"商老彭"。

【译文】

孔子说："传述而不创制礼乐,相信进而喜好古代文化,且私下将我自己比作老彭。"

【考证】

窃比于我老彭：

此句当为"窃比我于老彭",定州汉墓竹简本《论语》即如此。先秦文献中,"我"一般不直接修饰人名；相反,"比我于老彭"这种结构则很常见："尔何曾比予于管仲？"(《孟子·公孙丑上》)"女将恶乎比予哉？若将比予于文木邪？"(《庄子·内篇·人间世》)"何事比我于新妇乎？"(《吕氏春秋·审应览》)

我们的具体操作方法,第一项就是"书证归纳格式,格式凸显意义"。这一则考证所做的,就是穷举书证,来归纳"比＋代词＋于"格式,并指出"窃比于我老彭"为"窃比我于老彭"之讹。[50]

7.2 子曰："默而识之①,学而不厌②,诲人不倦,何有于我哉③？"

【注释】

① 识：音 zhì,记住。
② 厌：满足。
③ 何有于我哉："何有于……",是《论语》时代的习语,表示"……又算个什么""……又算得了什么"。详见本章【考证】。

【译文】

孔子说："默默记住知识,学习总不满足,教人不知疲倦,〔如能做到这些,]那我孔丘又算得了什么?"

【考证】

(一)学而不厌:

"厌"这一词的引申脉络是"饱→满足→厌弃","满足"和"厌弃、嫌弃、厌倦"义都是"厌"的常见义。"满足"和"厌弃、嫌弃、厌倦"意义上区别似乎是明显的,但"不满足"和"不厌弃、不厌倦"有时意义上的差别却并不大。所以,在古书中,无论是从意义上看还是从分布上看,都很难区别。

诸多文例,乍一看毫无规律,实际上却有。首先,当"厌"的对象是人时,只能是"厌弃、厌倦":"古者圣王唯毋得贤人而使之,般爵以贵之,裂地以封之,终身不厌……终身不倦。"(《墨子·尚贤中》)"是以圣人处上而人不重,处前而人不害,是以天下乐推而不厌。"(《老子·六十六章》)其次,除去《墨子》《老子》两例,其他各例,有译为"不厌倦""不已""不厌"的,但译为"不满""不满足",也无不可。反之,如将"寡君若得而食之不厌"(《左传·僖公三十三年》)"求善不厌"(《昭公十三年》)"好善不厌"(《国语·晋语四》)"民志不厌"(《晋语八》)的诸"不厌"译为"不厌倦",则十分勉强。

我们曾指出,意义不同,分布也不同。而当意义很难区分时,其分布特征也很难辨别。故这一考证理论上仍有收获。[51]

(二)何有于我哉:

"何有于……",是《论语》时代的习语,表示"……又算个什么""……又算得了什么"。例如:"人情非不爱其子也,于子之不爱,将何有于公?公喜宫而妒,竖刁自刑而为公治内。人情非不爱其身也,于身之不爱,将何有于公?"(《管子·小称》)"于子之不爱,将何有于公""于身之不爱,将何有于公"的意思是:"他连自己儿子都不爱,主公您又算个什么""他连自己身体都不爱,主公您又算个什么"。杨树达先生《增订本中国修辞学·自序》:"文字之不保,何有于修辞!"汉字都保存不了了,修辞又算个什么! 哪里还有什么修辞可言!

书证归纳格式,格式凸显意义。[52]

7.3 子曰:"德之不修,学之不讲,闻义不能徙,不善不能改,是吾忧也。"

【译文】

孔子说:"品德不培养;学问不讲习;听闻义之所在,却不能亲身赴之;有错误不能改正,这些都是我所忧虑的呀!"

7.4 子之燕居,申申如也①,夭夭如也②。

【注释】

① 申申:整肃的样子。
② 夭夭:舒缓的样子。

【译文】

孔子在家闲居,整齐而静穆,和乐而舒展。

7.5 子曰:"甚矣吾衰也!久矣吾不复梦见周公①!"

【注释】

① 周公:姓姬名旦,周文王的儿子,周武王的弟弟,鲁国始祖,孔子最敬服的古代圣人之一。孔子以前常梦见周公,如今不常梦见,便感觉自己衰老了。

【译文】

孔子说:"我衰老得多么厉害呀!我好久好久没有梦见周公了!"

7.6 子曰:"志于道,据于德,依于仁,游于艺。"

【译文】

孔子说:"志向在'道',根据在'德',依靠在'仁',而游憩于礼、乐、射、御、书、数六艺之中。"

7.7 子曰:"自行束脩以上①,吾未尝无诲焉。"

【注释】

① 自行束脩以上:自,介词。"自……以上"是当时语言常见格式。行,做,从事,此处可译为"赠送"。束脩,十条肉脯。脩,干肉,肉脯。一条肉脯叫一脡(挺),十脡为一束。古代用以作初次拜见的菲薄礼物。

【译文】

孔子说:"只要主动送一束干肉给我,我从没有不教诲的。"

7.8 子曰:"不愤不启①,不悱不发②。举一隅不以三隅反③,则不复也④。"

【注释】

① 愤:心求通而未得。
② 悱:音 fěi,口欲言而未能。"不愤不启,不悱不发"的意思是,受教者必先发生困难,有求知的动机,然后去启发他,长进才快些。
③ 举一隅不以三隅反:不能举一反三;告诉某人一个墙角如何,却不能联想到另外三个墙角也类似。反:同"返";这里是"反应"的意思。
④ 复:回来;这里指回头再教。复,繁体作"復"(与"复杂"的"复"写作"複"不同)。

【译文】

孔子说:"教导学生,不到他有强烈求知欲的时候,不到他想说而说不清楚的时候,不去启发他。教给他一个方向,却不能由此推知其他三方,便停下不再教他了。"

7.9 子食于有丧者之侧,未尝饱也。

【译文】

孔子在办丧事的人旁边吃饭,从没吃饱过。

7.10 子于是日哭,则不歌。

【译文】

孔子在这一天哭过,就不再唱歌。

7.11 子谓颜渊曰:"用之则行,舍之则藏,惟我与尔有是夫!"

子路曰:"子行三军,则谁与①?"

子曰:"暴虎冯河②,死而无悔者,吾不与也。必也临事而惧,好谋而成者也。"

【注释】

① 与：偕同。子路好勇,见孔子夸奖颜渊,便发此问。
② 冯河：徒足涉河；冯,音 píng。

【译文】

孔子对颜渊说:"用我,就行动起来；不用,就隐藏起来。大概只有我和你才能这样吧!"

子路说:"您若统帅一国军队,找谁共事？"

孔子说:"徒步打虎,涉水过河,死了都不后悔的人,我才不和他共事呢!〔一定要和某人共事的话,〕那是面临大事便恐惧谨慎,善于谋略而能成功的人吧!"

7.12 子曰:"富而可求也,虽执鞭之士①,吾亦为之。如不可求,从吾所好。"

【注释】

① 执鞭之士：指手执皮鞭维持秩序的市场守门人。

【译文】

孔子说:"财富如果可以求得的话,就是做市场的守门员我也肯干。如果求它不到,还是干我自己喜欢的吧。"

7.13　子之所慎：齐①、战、疾。

【注释】

① 齐：同"斋"。古代在祭祀之前，必先斋戒。

【译文】

孔子所小心谨慎的事：斋戒、战争、疾病。

7.14　子在齐闻《韶》，三月不知肉味，曰："不图为乐之至于斯也。"

【译文】

孔子在齐国听到了《韶》的乐章，好几个月尝不出肉味，说："想不到欣赏音乐达到了这种境界。"

【考证】

子在齐闻《韶》三月不知肉味：

程颐读为"子在齐闻《韶》音，不知肉味"，说"三月"是"音"之误。《史记·孔子世家》："与齐太师语乐，闻《韶》音，学之三月，不知肉味。"朱熹反驳说，既有"音"又有"三月"，可知"三月"不是"音"之误。朱说有理。《论语》时代，"韶"常单独出现，从不做定语，自然不可能有"韶音"："子谓《韶》：'尽美矣，又尽善也。'"（《论语·八佾》）"舞《韶》歌《武》，使人之心庄。"（《荀子·乐论》）"韶音"除《史记》一见外，均散见于晚出之《世说新语》等书："《韶音》令辞，不如我。"（《品藻》）

又，《朱子语录》认为应读为"子在齐闻《韶》三月，不知肉味"，因为《史记》是"学之三月"。梅广《上古汉语法纲要》认为"'三月'毫无疑问应属下读"，即"子在齐闻《韶》，三月不知肉味"。因为"闻"是"听见"的意思，是瞬成（achievement）动词，含有结果义，因此不能带表达时段的期间补语（21—22页）。而"学"不是瞬成动词，可带"三月"。

瞬间（瞬成）动词和持续动词的概念很有用。我们论证"吾与回言，终日不违"（2.9）的读法，也是运用了这一概念。[53]

7.15 冉有曰:"夫子为卫君乎①?"子贡曰:"诺,吾将问之。"

入,曰:"伯夷、叔齐何人也?"曰:"古之贤人也。"曰:"怨乎?"曰:"求仁而得仁,又何怨?"

出,曰:"夫子不为也。"

【注释】

① 夫子为卫君:为,音 wèi,意义宽泛的动词,做,搞;这里可译为"帮助""赞成"。卫君,指卫出公辄,辄是卫灵公之孙,太子蒯聩之子。蒯聩得罪灵公夫人南子,逃到晋国。灵公死,立辄为君。晋国又把蒯聩送回,借机侵卫。卫抵抗晋,也拒绝了蒯聩回国。蒯聩与辄父子相残,与互相推让君位的伯夷、叔齐比较,有天壤之别。

【译文】

冉有说:"老师赞成卫君吗?"子贡说:"好的,我去问问他。"

子贡到孔子房里,说:"伯夷、叔齐是什么样的人?"孔子说:"古代的贤人。"子贡说:"〔他俩因不肯做孤竹国国君而互相推让,双双跑到国外,〕是不是又后悔抱怨呢?"孔子说:"他们追求仁德,又得到了仁德,怨悔什么呢?"

子贡出来,说:"老师不赞成卫君。"

7.16 子曰:"饭疏食,饮水①,曲肱而枕之②,乐亦在其中矣。不义而富且贵,于我如浮云。"

【注释】

① 水:古代冷水为水,热水为汤。
② 曲肱而枕之:肱,音 gōng,胳膊;枕,音 zhèn,动词。

【译文】

孔子说:"吃粗粮,喝冷水,弯着胳膊做枕头,乐趣也在其中。干不正当的事而得来的富贵,我看来就如同浮云。"

7.17 子曰:"加我数年,五十以学《易》①,可以无大过矣。"

【注释】

① 《易》:又叫《周易》《易经》,五经之一,是一部古代用以占筮的书,其中的《卦辞》和《爻辞》是孔子以前的作品。

【译文】

孔子说:"让我多活几年,到五十岁的时候去学习《易经》,就可以不犯大错了。"

7.18 子所雅言①,《诗》、《书》、执礼,皆雅言也。

【注释】

① 雅言:春秋时代各国语言不统一,当时较为通行的语言便是"雅言"。

【译文】

孔子有说雅言的时候,读《诗》、读《书》,行礼,都说雅言。

7.19 叶公问孔子于子路①,子路不对。子曰:"女奚不曰,其为人也,发愤忘食,乐以忘忧,不知老之将至云尔②。"

【注释】

① 叶公:叶公是叶地的行政长官,楚君称王,那长官便称公。此人叫沈诸梁,是一位贤者。

叶,旧音 shè,楚地名,在今河南叶县南三十里。

② 云尔:云,如此,这样;尔,同"耳",而已,罢了。

【译文】

叶公问子路孔子为人如何,子路不回答。孔子对子路说:"你为什么不这样说,他的为人,发愤用功而忘记吃饭,乐在其中而忘记忧愁,浑然不知衰老就要到来,不过如此而已。"

7.20 子曰:"我非生而知之者,好古,敏以求之者也。"

【译文】

孔子说:"我不是天生的智者,而是爱好古代文化,勤奋敏捷去求取知识的人。"

7.21 子不语怪、力、乱、神。

【译文】

孔子不谈怪异、勇力、叛乱和鬼神。

7.22 子曰:"三人行,必有我师焉;择其善者而从之,其不善者而改之。"

【译文】

孔子说:"几个人一起走路,其中一定有可以为我师法的人;我选择那些优点去学习,看出那些〔自己也有的〕缺点,然后改正。"

7.23 子曰:"天生德于予,桓魋其如予何①?"

【注释】

① 桓魋:宋国的司马向魋,他是宋桓公的后代,所以又叫桓魋。《史记·孔子世家》:"孔子……与弟子习礼大树下。宋司马桓魋欲杀孔子,拔其树。……孔子曰:'天生德于予,桓魋其如予何?'"孔子弟子司马耕,是桓魋的弟弟。魋,音 tuí。

【译文】

孔子说:"天在我身上生就了优秀的品德,他桓魋能把我怎么样?"

7.24 子曰:"二三子以我为隐乎?吾无隐乎尔!吾无行而不与二三子者,是丘也。"

【译文】

孔子说:"弟子们以为我有所隐瞒吗?我对你们没有隐瞒什么。我的所作所为没有一点不是与你们共同去做的,这就是我孔丘的为人。"

【考证】

吾无隐乎尔:

唐写本《论语》郑玄注:"二三子以我有所隐于汝乎?我无所隐于汝也。"因此,"乎"就是介词,相当于"于"。但刘宝楠《正义》引赵佑《温故录》说:"'乎尔'与《诗》之'俟我于著乎而',《孟子》'然而无有乎尔''则亦无有乎尔',俱齐鲁间语辞。"既然郑玄、皇侃旧注并无不妥,不必轻易推翻。《论语·先进》:"以吾一日长乎尔,毋吾以也。"《孟子·梁惠王下》:"戒之戒之!出乎尔者,反乎尔者也。"动词"隐"后也可接介宾结构。如:"牛臣隐于短墙以射之。"(《左传·襄公二十五年》)"治国制刑,不隐于亲。"(《昭公十四年》)"仲尼无置锥之地……不隐乎天下,名垂乎后世。"(《荀子·王霸》)最末一例也是"隐乎"连言。

旧注往往是信而有征的。除非有语言内部的力证,不能轻易推翻它。[54]

7.25 子以四教:文、行、忠、信。

【译文】

孔子用四种内容教育学生:文献、实践、忠诚、信实。

7.26 子曰:"圣人,吾不得而见之矣;得见君子者,斯可矣。"

子曰:"善人①,吾不得而见之矣;得见有恒者,斯可矣。亡而为有,虚而为盈,约而为泰②,难乎有恒矣。"

【注释】

① 善人:除此章外,《论语》中"善人"还出现数次:"子张问善人之道。"(11.20)"善人为邦百年,亦可以胜残去杀矣。"(13.11)"善人教民七

年,亦可以即戎矣。"(13.29)"周有大赉,善人是富。"(20.1)综合起来看,"善人"不是仅仅指善良的人,而是指较之圣人稍次的完善的人。
② 泰:用度豪华而不吝惜。

【译文】

孔子说:"圣人,我不能见到了;能见到君子,就可以了。"

孔子又说:"完美的人,我不能见到了,能见到操守坚定的人,就可以了。本来没有,却装做有;本来空虚,却装做充足;本来穷困,却要豪华,这样的人便难于坚持一定操守了。"

7.27 子钓而不纲①,弋,不射宿②。

【注释】

① 纲:网上的大绳叫纲,用它来横断水流,再用生丝系钓于纲上来取鱼,也叫作"纲"。这里的"纲"是后者。
② 弋不射宿:弋,音 yì,用带生丝的箭来射;宿,已歇宿了的鸟。

【译文】

孔子钓鱼时,不用"纲"的办法来取鱼;用带生丝的箭射鸟时,从不射归巢的鸟。

7.28 子曰:"盖有不知而作之者,我无是也。多闻,择其善者而从之;多见而识之;知之次也①。"

【注释】

① 次:孔子说:"生而知之者,上也;学而知之者,次也。"(16.9)

【译文】

孔子说:"大概有无知却喜欢造作的人,我没有他这种毛病。多多地听,从中择取好的加以接受;多多地看,默默记在心里。我的知,是次于'生而知之'的'知'啊。"

7.29 互乡难与言,童子见,门人惑。子曰:"与其进也①,不与其退也,唯何甚?人洁己以进,与其洁也,不保其往也②。"

【注释】

① 与:音 yù,赞同。
② 保:守,不变。

【译文】

互乡这地方的人难于交谈,那里的一个少年得到孔子的接见,弟子们疑惑。孔子说:"我们赞成他的进步,不赞成他的退步,何必做得太过?别人把自己收拾得干干净净而来,便应该赞成他的干净,不要死记住他的过去。"

7.30 子曰:"仁远乎哉?我欲仁,斯仁至矣。"

【译文】

孔子说:"仁德难道很远吗?我要仁,这仁就来了。"

7.31 陈司败问①:昭公知礼乎?孔子曰:"知礼。"

孔子退,揖巫马期而进之②,曰:"吾闻君子不党,君子亦党乎?君取于吴③,为同姓④,谓之吴孟子⑤。君而知礼,孰不知礼?"

巫马期以告。子曰:"丘也幸,苟有过,人必知之。"

【注释】

① 陈司败:陈国相当于"司寇"的官。
② 巫马期:孔子学生,姓巫马,名施,字子期,比孔子小 30 岁。
③ 君取于吴:取,后来写作"娶";吴,国名,哀公时,为越王勾践所灭。
④ 为同姓:鲁、吴皆姬姓。
⑤ 吴孟子,春秋时,国君夫人称号一般是"母国+本姓"。鲁娶于吴,这位夫人便应称"吴姬"。但"同姓不婚"是周朝的礼法,为了掩饰,便改称"吴孟子"。"孟子"可能是这位夫人的字。

【译文】

　　陈国的司败询问孔子,鲁昭公是否懂得礼。孔子说:"懂礼。"

　　孔子出去以后,陈司败便向巫马期作了个揖,请他走近自己,然后说道:"我听说君子不偏袒谁,难道君子也偏袒吗?鲁君从吴国娶了位夫人,吴与鲁是同姓国家,〔不便称她为吴姬,〕于是叫她为吴孟子。鲁君那样都算懂礼,那谁不懂礼?"

　　巫马期把这话转告给孔子。孔子说:"我孔丘哇真幸运,如果有错处,人家一定指出来。"

7.32　子与人歌而善,必使反之,而后和之。

【译文】

　　孔子同别人一道唱歌,如果唱得好,一定请他重唱一遍,然后自己跟着他唱。

7.33　子曰:"文莫①,吾犹人也。躬行君子,则吾未之有得。"

【注释】

① 文莫:这两个字很不好解释,但两字连读大约没有问题。"文莫,吾犹人也",结构类似"听讼,吾犹人也"(12.13),译文姑且用杨伯峻先生的而稍改动之。

【译文】

　　孔子说:"书本上的学问,大约我同别人差不多。做一个践行的君子,那我还没有成功。"

7.34　子曰:"若圣与仁,则吾岂敢?抑为之不厌,诲人不倦,则可谓云尔已矣。"公西华曰:"正唯弟子不能学也。"

【译文】

　　孔子说:"讲到圣和仁,我怎么敢当?不过是学习和工作总不厌倦,教导别人总不疲劳,可说是不过如此而已。"公西华说:"这一点正是我们学不到的。"

7.35 子疾病①,子路请祷。子曰:"有诸?"子路对曰:"有之;《诔》曰:'祷尔于上下神祇②。'"子曰:"丘之祷久矣。"

【注释】

① 疾病:病重。"病"是"疾"的补语。
② 《诔》曰祷尔于上下神祇:诔,音 lèi,《说文解字》作"讄",祈祷文,异于哀悼死者的"诔"。祇,音 qí,地神。

【译文】

孔子病重,子路请求祈祷。孔子说:"有这回事吗?"子路说:"有的;诔文说:'为你向天神地祇祈祷。'"孔子说:"我早就祈祷过了。"

【考证】

疾病:

"疾病"连言,《论语》《左传》二书中,"病"可能是"疾"的补语;译为现代汉语,就是"病得厉害了":"子疾病,子路使门人为臣。"(《论语·子罕》)"初,魏武子有嬖妾,无子。武子疾,命颗曰:'必嫁是。'疾病,则曰:'必以为殉。'及卒,颗嫁之,曰:'疾病则乱,吾从其治也。'"(《左传·宣公十五年》)"公疾病,求医于秦。秦伯使医缓为之。……医至,曰:'疾不可为也。在肓之上,膏之下,攻之不可,达之不及,药不至焉,不可为也。'"(《成公十年》)到了《孟子》,则不一定了:"今王鼓乐于此,百姓闻王钟鼓之声,管籥之音,举欣欣然有喜色而相告曰:'吾王庶几无疾病与,何以能鼓乐也?'今王田猎于此,百姓闻王车马之音,见羽旄之美,举欣欣然有喜色而相告曰:'吾王庶几无疾病与,何以能田猎也?'"(《梁惠王下》)"乡田同井,出入相友,守望相助,疾病相扶持,则百姓亲睦。"(《滕文公上》)

汉语单词双音节化有个过程。注意这个过程,有助于古词语考证。[55]

7.36 子曰:"奢则不孙①,俭则固②。与其不孙也,宁固。"

【注释】

① 孙:同"逊"。

② 固:固陋,寒伧。

【译文】

孔子说:"奢侈豪华就显得骄傲,省俭朴素就显得寒酸。与其骄傲,不如寒酸。"

7.37 子曰:"君子坦荡荡,小人常戚戚。"

【译文】

孔子说:"君子胸怀宽广平坦,小人总是忧虑不安。"

7.38 子温而厉,威而不猛,恭而安。

【译文】

孔子温和而严厉,有威仪却不凶猛,恭敬而安详。

导读:本篇主要介绍孔子为人处世的一些细节,编撰思路非常有趣,每几条语录,便跟随着一条孔门弟子对孔子生活的记录,恰与语录相呼应,读者可以玩味。《论语》中涉及孔子本人的内容甚多,此处仅择要讨论。

通读《论语》,读者常有疑惑,孔子时而十分自信,时而又很谦逊,是否有一定的规律呢?其实在孔子的思想体系中,谦虚并非首要的德行。孔子主张"求为可知",希望获得与道德、能力相匹配的名望。谦虚的目的在于不给人以口实,是处世智慧的要求,它并非是在任何条件下都要遵从的道德律条。孔子并无在"二三子"面前谦虚的必要。理解孔子的"谦虚",读者需要区分参与者与旁观者在角色上的不同。圣人、善人、仁人作为道德评价,不管标准是否有弹性,本身都具备一定的评价标准。道德行为的参与者却是活生生的,未必与这些理想化的标准完全合符。参与者本人能够认识到自己在主客观方面的各种不足,而作为旁观者,不论是孔子考察历史人物,还是后人考察孔子,都只能用根据文献记载的德行文章加以评判。因此,任何一个清醒的人都不会自封为圣贤,后世却自有结论。孔子感叹"知我者其天乎"(14.35),知孔子者未必只有天,而是后世学者。

因此,孔子的"谦虚"当是自知有所不足。比如"闻一知十"(5.9),孔子自认为不如颜渊,这可能是事实,圣人未必就比以好学名世的颜子更聪明。"默而识之"(7.2),孔子在与子贡对话时也说自己不是"识之者",而是"一以贯之"者(15.3),大概孔子并不是记忆力超群一类,所以才越发的好学深思。至于"出则事公卿,入则事父兄,丧事不敢不勉"(9.16)云云,孔子早年为官虽然政绩斐然,但鲁昭公流亡后便再不出仕,没有为官的条件;孔子年幼丧父,且为庶出,甚至可能不是婚生子,不得"事父兄"也是实情。通观《论语》,孔子在几个方面是十分自信的,一是才学能力,比如"自卫返鲁,《雅》《颂》各得其所"(9.15)"如有用我者,吾其为东周乎!"(17.5)。二是好学精神,比如"下学而上达"(14.35)"述而不作,信而好古"(7.1)"发愤忘食,乐以忘忧,不知老之将至"(7.19)。三是对于天命的信仰,如"公伯寮其如命何"(14.36)"天生德于予,桓魋其如予何"(7.23)。四是仁智方面,比如"无可无不可"(18.8)"我欲仁,斯仁至矣"(7.30)。这些都是后人称许孔子最多的方面。孔子对自身的评价大抵是中肯的。

孔子仁智双馨,德才并茂,在人力所能及的领域已无人可出其右,故而后世以圣人、素王称之。纵然如此,孔子也有其所忧,所谓"君子忧道"(15.32)是也。"道之将行也与,命也;道之将废也与,命也。"(14.36)"道"行或不行有超出人力所及的地方。人的生命是有限的,纵然相信天不丧"斯文"(9.5),也只能让"后死者""仁以为己任"(8.9)了,故而发出"吾已矣夫"(9.9)的浩叹。时代造就圣人,时代却未必能成就圣人,这是任何一个时代都不得不面对的矛盾。对于此,孔子只能"知其不可而为之"(14.38),将本分之事做到最好。在道德的滋养和智慧的豁达下做到"乐以忘忧"(7.19)"申申如也,夭夭如也"(7.4)。

泰伯篇第八 共二十一章

8.1 子曰:"泰伯①,其可谓至德也已矣。三以天下让,民无得而称焉②。"

【注释】

① 泰伯:即太伯。周朝祖先古公亶父有三子:太伯、仲雍、季历。季历的儿子就是姬昌(周文王)。古公预见到昌的贤明和魄力,想把君位传给季历,继而传昌。太伯为实现父亲的意愿,便偕同仲雍出走勾吴,成为吴的始祖。
② 民无得而称:可理解为"民无得称",也即民众(因无从知道泰伯"三以天下让"之事而对他)无所称述。

【译文】

孔子说:"泰伯,真可以说是品德高尚至极了。多次把天下让给季历,但老百姓〔却因不知道这事而〕没有称颂他。"

8.2 子曰:"恭而无礼则劳,慎而无礼则葸①,勇而无礼则乱,直而无礼则绞②。君子笃于亲,则民兴于仁;故旧不遗,则民不偷③。"

【注释】

① 葸:音 xǐ,胆怯。
② 绞:尖刻刺人。
③ 偷:淡薄,不厚道。

【译文】

孔子说:"恭敬而不懂礼教,就未免劳倦;谨慎而不懂礼教,就显得懦弱;胆大而不懂礼教,就容易闯祸;直爽而不懂礼教,就尖酸刻薄。在上位的人对待亲族宽厚仁慈,老百姓就会走向仁德;在上位的人不遗弃他的老同事、老朋友,老百姓就不会对人冷漠无情。"

8.3 曾子有疾,召门弟子曰:"启予足①!启予手!《诗》云:'战战兢兢,如临深渊,如履薄冰。'②而今而后,吾知免夫!小子!"

【注释】

① 启：这里是揭开被子(看)的意思。

② 这三句诗见《诗经·小雅·小旻》。

【译文】

曾参病了，便把学生们召集拢来说："看着我的脚！看着我的手！《诗经》上说：'小心哪！谨慎哪！好像临近深水潭边，好像走在薄冰层上。'从今以后，我才晓得自己可以免于祸害刑戮了！同学们！"

8.4 曾子有疾，孟敬子问之①。曾子言曰②："鸟之将死，其鸣也哀；人之将死，其言也善。君子所贵乎道者三：动容貌，斯远暴慢矣③；正颜色，斯近信矣；出辞气，斯远鄙倍矣④。笾豆之事⑤，则有司存⑥。"

【注释】

① 孟敬子：鲁国大夫仲孙捷。

② 言曰：庄重地说，郑重其事地说。详见本章【考证】。

③ 暴慢：暴，粗暴无礼；慢，怠慢、不敬。

④ 鄙倍：鄙，粗野，鄙陋；倍，同背、悖，不合理，错误。

⑤ 笾豆：笾、豆都是祭器，这里代表礼仪的具体细节；笾，音 biān。

⑥ 有司：主管某一具体事务的小吏。

【译文】

曾参病了，孟敬子探问他。曾子说："鸟要死了，它的鸣声啊悲哀；人要死了，他说的话呀友善。在上位的人待人接物有三点是可贵的：让自己的表情严肃，就可以避免别人的粗暴和怠慢；使自己的脸色端庄，就容易令人信服；说话时，注意言辞和声调，就可以避免粗野和错误。至于礼仪的细节，自有主管人员。"

【考证】

言曰：

皇侃《义疏》："或问：'不直言曾子而云"言曰"，何也？'答曰：'欲重曾子临终言善之可录，故特云"言"也。'"所谓"言曰"，就是郑重其事地说，庄重地说："四年春，齐侯以诸侯之师侵蔡。蔡溃。遂伐楚。楚子使与师言曰：'君处北海，寡人处南海，唯是风马牛不相及也。不虞君之涉吾地也，何故？'"（《左传·僖公四年》）"宣子骤谏，公患之，使鉏麑贼之。晨往，寝门辟矣，盛服将朝，尚早，坐而假寐。麑退，叹而言曰：'不忘恭敬，民之主也。贼民之主，不忠。弃君之命，不信。有一于此，不如死也。'触槐而死。"（《宣公二年》）"大子与之言曰：'苟使我入获国，服冕乘轩，三死无与。'与之盟。"（《哀公十五年》）以上有的是两军对垒时对敌军说的，有的是在生死存亡的关头说的，有的是仆人为重大建议对主人说的，有的是向他人郑重许诺并举行盟誓时说的；都是郑重其事地、庄重地说的。曾子自觉不久于人世，要有所告诫于孟敬子，故极为郑重其事。[56]

8.5 曾子曰："以能问于不能，以多问于寡；有若无，实若虚，犯而不校①——昔者吾友尝从事于斯矣②。"

【注释】

① 校：抵抗，报复。
② 吾友：一般认为指颜回。

【译文】

曾子说："有能力却向无能力的人请教，知识丰富却向知识缺乏的人请教；有知识却像没知识，满腹诗书却像一无所有；被人冒犯，却不报复——从前我的一位朋友就曾经这样做过了。"

8.6 曾子曰："可以托六尺之孤①，可以寄百里之命，临大节而不可夺也——君子人与？君子人也。"

【注释】

① 六尺之孤：一般指十五岁以下的人。古代尺短，六尺，约合今一百

三十八厘米。

【译文】

曾子说:"可以托付他幼小的孤儿,可以交付他国家的命脉,面临国家安危的紧要关头,却不动摇屈服,这是君子人吗?真是君子人哪。"

8.7 曾子曰:"士不可以不弘毅①,任重而道远。仁以为己任,不亦重乎?死而后已,不亦远乎?"

【注释】

① 弘毅:弘,当读为"强",刚强。毅,坚定,果断。详见本章【考证】。

【译文】

曾子说:"士人不可以不刚强而坚定果断,因为他负担沉重,路途遥远。以实现仁德为己任,不是很沉重吗?奋斗到死才算完,不是很遥远吗?"

【考证】

士不可以不弘毅:

章太炎说这里"弘"应读为"强",颇为有理。"弘"字是"强"字的一部分。二者分布及意义也差不多,比较下文可知:"瑶之贤于人者五,其不逮者一也。美鬓长大则贤,射御足力则贤,伎艺毕给则贤,巧文辩惠则贤,强毅果敢则贤。如是而甚不仁。"(《国语·晋语九》)"强毅果敢曰刚……强毅信正曰威。"(《逸周书·谥法解》)"能法之士,必强毅而劲直。"(《韩非子·孤愤》)先秦时期,"弘毅"仅见于《论语》1次,"强毅"见于《国语》《逸周书》《韩非子》4次。"强"是个高频字,一万多字的《论语》却未见"强"字,却3次出现"弘"字,颇能说明问题。相比较而言,篇幅约占《论语》40%的《老子》,"强"字出现了21次;《孙子》占《论语》篇幅一半不到,"强"字也出现了10次。

参见 6.3【考证】。[57]

8.8 子曰:"兴于《诗》,立于礼,成于乐。"

【译文】

孔子说:"《诗》提高我的修养,礼使我立足社会,音乐健全我的人格。"

8.9 子曰:"民可使由之,不可使知之①。"

【注释】

① 民可使由之不可使知之:读作"民,可使(之)由之,不可使(之)知之"。可,做得到。由,从此行走。详见本章【考证】。

【译文】

孔子说:"老百姓,容易让他们照着我们的道路走去,难以让他们明白为什么那样走。"

【考证】

民可使由之不可使知之:

这两句话古今异说纷纭,主要体现在断句的歧义和"愚民"的解读两方面。

(1) 只有"民可使由之,不可使知之"可从;其他断法都不合于上古汉语语法。如"民可,使由之;不可,使知之",当时语言未见主语直接接"可"表示某某同意某某认可的。又如"民可使,由之;不可使,知之",当时固然有"可使""不可使",但那"使"是"出使"的意思:"不可使也,而傲使人,国之蠹也。"(《左传·襄公二十二年》)相反,"民可使由之"的读法,在当时语言中,却是普遍的:"由也,千乘之国,可使治其赋也……求也,千室之邑,百乘之家,可使为之宰也……赤也,束带立于朝,可使与宾客言也。"(《论语·公冶长》)"雍也可使南面。"(《雍也》)

(2) 当时语言中"可"一词,除了单独使用,只表达客观可能(说话人认为可能、只可那样),不表达主观意志(说话人认为应当、必须那样):"朽木不可雕也,粪土之墙不可杇也。"(《公冶长》)后来"可"能够表达主观意志了:"不可随地吐痰!"(即"不要随地吐痰")"愚民说"由此产生;也即,"愚民说"是以今律古的结果。

胡乱断句和以今律古影响词句的解读,进而影响到古代思想和哲学的阐释,本章的解读可谓是一个典型。[58]

8.10 子曰:"好勇疾贫,乱也。人而不仁,疾之已甚,乱也。"

【译文】

孔子说:"好勇斗狠却厌恶贫困,是祸乱的根源。对不仁之人,恨得太厉害,也是祸乱的根源。"

8.11 子曰:"如有周公之才之美,使骄且吝,其余不足观也已。"

【译文】

孔子说:"即使有周公那样的才能和美德,只要骄傲而且吝啬,别的方面也就不值得一看了。"

【考证】

周公之才之美:

这句话的意思是"周公那样的才能,那样的美质"(孙钦善《论语本解》),还是"才能的美妙真比得上周公"(杨伯峻《论语译注》)呢?前者"才"和"美"是并列关系,后者"才"和"美"是修饰关系。我们以为后者可从。论证如下:定州竹简本《论语》此句作"周公之材之美"。《王力古汉语字典》:"才,通'材'。"穷尽性搜索,未见"才"或"材"与"美"并列者;"才""材"为名词,"美"为形容词,这可能是两者难以并列的原因。而形容词作定语和描写句谓语却是其固有功能,因而"才""材"作主语而"美"作描写句谓语者,或"美"修饰"才""材"者不乏其例:"汝不知夫螳螂乎?怒其臂以当车辙,不知其不胜任也,是(自恃)其才之美者也。"(《庄子·内篇·人间世》)"自吾执斧斤以随夫子,未尝见材如此其美也。"(同上)"人主无法术以御其臣,虽长年而美材(才),大臣犹将得势。"(《韩非子·奸劫弑臣》)[59]

8.12 子曰:"三年学,不至于谷①,不易得也。"

【注释】

① 谷:古代以谷米为俸禄,所以"谷"有"禄"的意义。

【译文】

孔子说:"读书三年还没去做官,这是难能可贵的。"

8.13 子曰:"笃信好学,守死善道。危邦不入,乱邦不居。天下有道则见①,无道则隐。邦有道,贫且贱焉,耻也;邦无道,富且贵焉,耻也。"

【注释】

① 见:同"现"。

【译文】

孔子说:"坚信我们的道,并努力学习它,誓死保卫它。危险的国家不去,祸乱的国家不住。天下太平,就出来工作;不太平,就隐居。国家政治清明,自己贫贱,是耻辱;政治黑暗,自己富贵,也是耻辱。"

【考证】

守死善道:

俞樾《群经平议》:"'善道'与'好学'对文,'善'亦'好'也。《吕氏春秋·长攻篇》曰:'所以善代者乃万敌。'高诱注曰:'善,好也。'然则守死善道,言守之至死而好道不厌也。《正义》以'善道'连文,增'不离'二字以成其义,非经旨矣。"俞樾的意思,"善"意义同"好"(hào)。"善道"是谓词性的,邢昺所谓"不离善道"的解释错误。邢昺《正义》:"守死善道者,守节至死不离善道也。"俞说实非。"善道"多见于经籍,仁善之道也。《孟子·尽心下》:"言近而指远者,善言也;守约而施博者,善道也。"《韩诗外传》卷三:"虽有旨酒嘉肴,不尝不知其旨;虽有善道,不学不达其功。"《淮南子·泰族》:"决其善志,防其邪心,启其善道,塞其奸路。"守死善道者,守于斯死于斯也。《正义》加"不离"释之,正得其旨。

所谓"对文",是用骈文兴起以后的观念上溯古人,清人姚永概早已指陈其非。[60]

8.14 子曰:"不在其位,不谋其政。"

【译文】

孔子说:"不处在那个职位,就不操心它的政务。"

8.15 子曰:"师挚之始①,《关雎》之乱②,洋洋乎盈耳哉!"

【注释】

① 始:乐曲的开端,一般由太师演奏。师挚,鲁国太师。
② 乱:乐曲的结束,犹如今天的合唱。合唱时,奏《关雎》乐章,所以说"《关雎》之乱"。

【译文】

孔子说:"当太师挚开始升歌之时,当合乐演奏《关雎》之际,曼妙的乐声一直回旋于耳啊!"

8.16 子曰:"狂而不直,侗而不愿①,悾悾而不信②,吾不知之矣。"

【注释】

① 侗而不愿:侗,音 dòng,无知;愿,谨慎老实。
② 悾悾:音 kōngkōng,诚恳的样子。

【译文】

孔子说:"狂妄而不直率,幼稚而不老实,貌似诚恳却不守信用,这种人我真是猜不透他。"

8.17 子曰:"学如不及,犹恐失之①。"

【注释】

① 学如不及,犹恐失之:两句属于杨树达先生《古书疑义举例续补》的"省句例",详见本章【考证】。

【译文】

孔子说:"做学问好像总也赶不上似的;赶上了,又总怕失去。"

【考证】

学如不及,犹恐失之:

杨树达《古书疑义举例续补》有"省句例",如《史记·冯唐列传》:"上既闻廉颇、李牧为人良,说而搏髀曰:'嗟乎!吾独不得廉颇、李牧时为吾将,吾岂忧匈奴哉!'"按,汉文帝的话本该是"吾独不得于廉颇、李牧时,令颇、牧为将;若得于廉颇、李牧时,令颇、牧为将,吾岂忧匈奴哉!"因急不择言而省去。本章也是,如补足,应为"学如不及;及之,犹恐失之"。译文即据此。《论语》中的省句之例还有 9.31、15.26、19.20。

《古书疑义举例五种》是一部篇幅不大但很管用的书,每位有志于读懂古代汉语的人都应当认真阅读它。该书包含俞樾《古书疑义举例》、刘师培《古书疑义举例补》、杨树达《古书疑义举例续补》、马叙伦《古书疑义举例校录》、姚维锐《古书疑义举例增补》五部著作。可重点读俞著、杨著。[61]

8.18 子曰:"巍巍乎,舜、禹之有天下也,而不与焉①!"

【注释】

① 与:音 yù,参与,这里含着"私有""享受"的意思。

【译文】

孔子说:"崇高哇!舜和禹贵为天子,富有四海,却一点也不为自己。"

【考证】

舜禹之有天下也而不与焉:

《〈论语〉误解勘正》读"与"为"豫",言舜禹有天下而不乐;恐不确。

与,参与,分享。不与焉,不与于此,不分享其中的好处。"景公……召晏子而问之曰:'今日寡人出猎,上山则见虎,下泽则见蛇,殆所谓不祥也?'晏子对曰:'国有三不祥,是不与焉。'"(《晏子春秋·内篇谏下》)"华元杀羊飨士,羊斟不与焉。"(《吕氏春秋·先识览》)"师术有四,而博习不与焉。"(《荀子·致士》)"人有恶者五,而盗窃不与焉。"(《宥坐》)"不豫"周秦典籍虽有数见,但其后从不接"焉"字。[62]

8.19 子曰:"大哉尧之为君也!巍巍乎!唯天为大,唯尧则之。荡荡乎,民无能名焉。巍巍乎其有成功也,焕乎其有文章!"

【译文】

孔子说:"尧作为一个君主,真是伟大呀!崇高哇!只有天最高远无际,只有尧能够效法天。他的恩惠真是浩荡无涯呀!〔化育百姓,他们习焉不察,所以〕百姓并不知道他的名字。他的功绩实在太崇高了,他的礼仪制度也真够美好了!"

8.20 舜有臣五人而天下治。武王曰:"予有乱臣十人①。"孔子曰:"才难,不其然乎?唐虞之际,于斯为盛②。有妇人焉,九人而已。三分天下有其二,以服事殷。周之德,其可谓至德也已矣。"

【注释】

① 乱臣:《说文》:"乱,治也。"贾昌朝、林义光、孙德宣等认为训"治"的"乱"和"扰乱"的"乱"原本字形不同,读音不同,根本是两个词,而非什么"反训"。
② 斯:代词,指人才、能臣。

【译文】

舜有臣子五人而天下大治。武王说:"我有善于治理的能人十位。"孔子因此说:"人才难得,不是这样吗?唐尧和虞舜之间,人才最为兴盛。〔武王的十位能人中，〕有一位还是妇女，实际上只有九位罢了。周文王得了天下的三分之二，仍然服事殷商。周的道德，可以说是最高的道德了。"

8.21 子曰："禹，吾无间然矣①。菲饮食而致孝乎鬼神②，恶衣服而致美乎黻冕③，卑宫室而尽力乎沟洫。禹，吾无间然矣。"

【注释】

① 间：音 jiàn，空隙，引申为人与人的隔阂、嫌隙。
② 菲：使菲薄。
③ 黻：音 fú，祭祀时穿的礼服；冕，音 miǎn，祭祀时戴的礼帽。

【译文】

孔子说："禹，不消我说了！自己饮食菲薄，祭品却办得极丰盛；衣服粗劣，祭服却做得极华美；住房卑下，却一心一德兴修水利。禹，不消我说了！"

导读：本篇以"泰伯"命名，记录了孔子对先圣先贤的赞誉。上古圣贤，常常有德有位，为后世儒者所钦羡。汉儒称孔子为素王，后世追封为"公"，为"王"，都是将孔子比于上古圣王，惋惜孔子有圣王之德才却未得其位。从今天的视角反思，有德者无位并非坏事。上古乃至三代，文教未兴，爵位官职都是世袭，知识被上层垄断。直到春秋时期，知识才逐渐下移，而后诸子百家方才兴起。成圣成贤，必须有一定的知识储备，而只有处高位者才有资格获得教育，这才使得德位兼备成为常态。春秋以降，知识下移，出身庶民可以有德有才，虽然未必有位，但处江湖之远可以兴一方文教，反倒是功在千秋。想孔子若得位，未必有周游列国的见识，也未必有弟子三千的盛景，恐怕是更大的遗憾。我们今天评价孔子，未必人人称颂他的政治理想，但无不肯定他作为伟大教育家的功绩，视他为传统文化的先师。

孔子所向往的先贤，是尧、舜、禹、汤、文王、武王、周公。尧、舜、文王有德，禹、汤、武王有业，但孔子最倾慕的是周公，德、才、功兼备。周公不是君主，而是得君行道，这更符合孔子对自身的预期。孔子一生向往施展才华的空间。子贡问他买卖上的问题，美玉是收藏还是出手，孔子说"我待贾者"(9.13)，表达愿才华有所施展的意思。他不顾弟子反对，面见掌握政权的卫君夫人南子(6.28)，打算去投奔拥兵自重图谋"不轨"的季氏家臣公山弗扰(17.5)，都是为了获得施行仁政的机会。见南子于礼不合，投奔公山弗扰有悖"乱邦不入"的处世原则。但孔子义精仁熟，已是"无可无不可"之人，不拘泥于一定之法门，纯为道德理想计，无所羁绊，自可从容进退。这大概就是"从心所欲"的境界。孟子评价孔子为"圣之时者"，也是称赞孔子能超出一定道德框架，不为之所累，向至善而行。这，就是圣人的境界。

子罕篇第九　共三十一章

9.1 子罕言利与命与仁①。

【注释】

① 罕言：很少说到。详见本章【考证】。

【译文】

孔子很少〔主动〕谈到功利、命运和仁德。

【考证】

子罕言利与命与仁：

《论语》中"利"和"命"也出现好几次，但这与孔子不常说到它们是两码事，不能混为一谈。有人说，这一章当断为"子罕言利，与命与仁"，意为孔子很少说到利，但赞同命和仁。这说法没有什么道理，因为"命""仁"这样的抽象名词从不做动词"与"的宾语。"言"是言语类感知动词，可以带抽象名词宾语："夫子之言性与天道，不可得而闻也。"（《公冶长》）"介之推不言禄。"（《左传·僖公二十四年》）"诗以言志。"（《襄公二十七年》）以利、命、仁三个抽象名词作"言"的宾语，没有问题。连着用两个连词"与"来连接，也没有问题："夫弗及而忧，与可忧而乐，与忧而弗害，皆取忧之道也，忧必及之。"（《昭公元年》）"公鸟死，季公亥与公思展与公鸟之臣申夜姑相其室。"（《昭公二十五年》）"令尹炮之，尽灭郤氏之族党，杀阳令终与其弟完及佗与晋陈及其子弟。"（《昭公二十七年》）"夏后卜杀之与去之与止之，莫吉。"（《国语·郑语》）

《论语》中出现若干次"命"和"仁"≠孔子常说"命"和"仁"。孔子绝不轻易许人以"仁"可以为证。[63]

9.2 达巷党人曰①："大哉孔子！博学而无所成名②。"子闻之，谓门弟子曰："吾何执？执御乎？执射乎？吾执御矣③。"

【注释】

① 达巷党：何晏《集解》引郑玄说："达巷者，党名也。五百家为党。"
② 无所成名：没有成名之所；空有一身本领，抱负却无处施展。

③ 执射执御：执射，射箭；执御，赶大车。射箭、赶大车当时算是比较卑贱的。孔子的回答是表示谦虚。他人赞美孔子伟大而博学，惋惜他无处施展抱负。孔子说我干的不过是射箭和赶大车的活；言下之意，我既不伟大也不算博学，无处施展抱负是自然的。

【译文】

达巷这地方的一个人说："孔子真伟大！学问广博，可惜没地儿施展抱负。"

孔子听了这话，对学生们说："我干什么好呢？是赶大车呢？还是做弓箭手呢？我赶大车好了。"

9.3 子曰："麻冕，礼也；今也纯①，俭②，吾从众。拜下③，礼也；今拜乎上，泰也。虽违众，吾从下。"

【注释】

① 纯：黑色的丝。
② 俭：节省。绩麻做礼帽比用丝织远为费工。
③ 拜下：臣子对君主的行礼——先在堂下磕头，然后升堂再磕头。

【译文】

孔子说："用麻来织礼帽，是合于礼的；今天大家都用丝料，这样俭省点，我同意大家的做法。臣见君，先在堂下磕头，然后升堂又磕头，这也是合于礼的。今天，大家都只升堂后磕一次头，这是骄泰的表现。虽然违反大家的意愿，我仍然主张先在堂下磕头。"

9.4 子绝四——毋意，毋必，毋固，毋我。

【译文】

孔子要断绝四种毛病——（就是要）不臆测，不武断，不固执，不自以为是。

9.5 子畏于匡①,曰:"文王既没,文不在兹乎? 天之将丧斯文也,后死者不得与于斯文也②;天之未丧斯文也,匡人其如予何!"

【注释】

① 子畏于匡:畏,通"围",《淮南子·主术》说孔子"围于匡,颜色不变,弦歌不辍"。《盐铁论·大论》也说他"见逐于齐,不用于卫,遇围于匡,困于陈蔡"。孔子离开卫国去陈国,经过匡。匡人曾遭受鲁国阳货的掠夺残杀,便误抓了长相很像阳货的孔子。

② 后死者不得与于斯文:后死者,孔子自称;与,音 yù,参与。

【译文】

孔子被匡地的老百姓围困,便说:"周文王去世以后,一切文化遗产不是都在我这里吗? 天如果要灭绝这种文化,那我也不会掌握这种文化了呀! 天如果不灭绝这种文化,那匡人能把我怎么样!"

9.6 太宰问于子贡曰①:"夫子圣者与? 何其多能也?"子贡曰:"固天纵之将圣,又多能也。"

子闻之,曰:"太宰知我乎? 吾少也贱,故多能鄙事。君子多乎哉②? 不多也。"

【注释】

① 太宰:官名。郑玄及刘宝楠都说此章"太宰"是吴太宰嚭。

② 君子多乎哉:此处"君子"指有位者,养尊处优,当然不会做多少"鄙事"。

【译文】

太宰问子贡说:"孔老先生是位圣人吗? 为什么那样多才多艺呢?"子贡说:"那本是上天推动他成为圣人,又多才多艺的。"

孔子听到后说:"太宰了解我呀! 我年轻时地位低下,所以掌握了不少难以登大雅之堂的本领。君子们会有这样多本领吗? 是不会的。"

9.7 牢曰①:"子云,'吾不试②,故艺'。"

【注释】

① 牢:可能是孔子的学生。
② 试:用。

【译文】

牢说:"孔子说过,'我不曾被国家所用,所以学得一些技艺'。"

9.8 子曰:"吾有知乎哉?无知也。有鄙夫问于我,空空如也①,我叩其两端而竭焉。"

【注释】

① 空空:即《泰伯篇》的"悾悾"(8.16),诚恳貌;详见本章【考证】。

【译文】

孔子说:"我有知识吗?没有哇。有个种田的向我求教,很诚恳的样子;我从他那个问题的头和尾去盘问,然后尽量地告诉他。"

【考证】

空空如也:

这不是"什么都没有"的意思。如果表示"什么都没有",就是形容词"空"的叠用(例如"好好")。但先秦时期,形容词的叠用一般不由"～～"式转化为"～～如"式。因此,我们只能将"空空"视为叠音形容词(例如"堂堂");而叠音形容词,可以有多种写法,如"空空"可作"悾悾"(8.16),也即"诚悫貌"——诚恳的样子;意义上和记录它的汉字(如"空")也往往没有关系。

由两个或两个以上音节组成的词,打破了汉字一音一义一词的格局,可以有多种写法,且字只记音而不表意。如果从字义上去理解,就会致误。[64]

9.9 子曰:"凤鸟不至,河不出图①,吾已矣夫!"

【注释】

① 凤鸟不至,河不出图:古代传说,凤凰出现,表示天下太平;又说,圣人受命,黄河就出现图画。

【译文】

孔子说:"凤凰不来,黄河也不再出现图画,我这一辈子算是完了吧!"

9.10 子见齐衰者①、冕衣裳者与瞽者②,见之,虽少,必作;过之,必趋③。

【注释】

① 齐衰:音 zīcuī,古代丧服的一种,用缝边的粗麻布做成。
② 冕衣裳者:衣冠整齐的贵族。
③ 作、趋:作,起;趋,快步走。这都是敬意的表示。

【译文】

孔子看见穿丧服的人、穿戴礼帽礼服的人以及盲人,相见的时候,尽管他们年轻,孔子必定起身;走过的时候,一定快走几步。

9.11 颜渊喟然叹曰:"仰之弥高,钻之弥坚。瞻之在前,忽焉在后。夫子循循然善诱人,博我以文,约我以礼,欲罢不能。既竭吾才,如有所立卓尔,虽欲从之,末由也已。"

【译文】

颜渊赞叹道:"老师的道德文章,越仰视,越觉得巍峨高大;越钻研,越觉得坚不可摧。〔乍一看高深莫测——〕看着好像在前面,忽然又到后面去了。但老师循序渐进善于诱导学生,用文献来充实我,用礼节来约束我,让我〔乐在其中,〕想停都停不下来。我已经用尽我的才华,假如老师又卓然有所建树,即使想再跟上去,又不知从何处走了。"

【考证】

既竭吾才,如有所立卓尔:

这两句有歧义。按照孔安国的说法,是孔子"有所立",句中的"如"是连词,"如果""假如"的意思;"如有所立"就是"假如(夫子)有所建树"。但韩愈、李翱的《论语笔解》则说"此回自谓虽卓立,未能及夫子之高远也",又成了颜回"有所立",句中的"如"为副词,"好像""似乎"的意思;"如有所立"则是"似乎能够独立地工作"(《论语译注》)。我们同意孔安国说。一是孔说远较《笔解》之说为早,二是《论语》中"如有"二字连言时,"如"一般都是连词,意为"如果""假如":"如有复我者,则吾必在汶上矣。"(《论语·雍也》)"如有博施于民而能济众,何如?可谓仁乎?"(同上)"如有周公之才之美,使骄且吝,其余不足观也已。"(《泰伯》)"如有王者,必世而后仁。"(《子路》)

只有考察分布,才能分清楚"如"的连词义和"好像"义。[65]

9.12 子疾病①,子路使门人为臣②。病间③,曰:"久矣哉,由之行诈也!无臣而为有臣。吾谁欺?欺天乎!且予与其死于臣之手也,无宁死于二三子之手乎!且予纵不得大葬,予死于道路乎?"

【注释】

① 疾病:"病"是"疾"的补语。
② 为臣:和今天为有一定地位的人组织治丧委员会相似,不同者,臣在死前便开始工作。
③ 间:音 jiàn,疾病稍有好转。

【译文】

孔子病得厉害,子路便组织学生筹备治丧委员会。痊愈以后,孔子说:"这么长时间了,仲由干这种欺骗的勾当!我不该享有治丧委员会,你却要组织它。我蒙骗谁呢?蒙骗老天吗?我与其死在治丧委员会手里,还不如死在同学们手里呀!况且我即使不能高规格下葬,难道我会死在路上吗?"

9.13 子贡曰:"有美玉于斯,韫椟而藏诸①?求善贾而沽诸②?"子曰:"沽之哉!沽之哉!我待贾者也。"

【注释】

① 韫椟而藏诸:韫,音 yùn,包裹。椟,音 dú,匣子,柜子;这里活用为动词,用柜子装的意思;诸,"之乎"的合音字。
② 善贾:好价钱。详见本章【考证】。

【译文】

子贡说:"这里有一块美玉,把它放在柜子里藏起来呢?还是求一个好价钱卖掉呢?"孔子说:"卖掉它,卖掉它!我是在等待识货的人哪。"

【考证】

善贾:

一解"贾"为商贾(gǔ),一解"贾"通"价"(價 jià)。形容词"善"在周秦时代只修饰"人""士"等;农、工、商、贾、医、匠、庖等职业名一般用"良"修饰——可见"良农""良工""良商""良贾""良医""良匠""良庖",未见"善农""善工"等;而在同期文献中,"善"修饰抽象名词如"善政""善教"等常见。故读作"善价"可从。[66]

9.14 子欲居九夷①。或曰:"陋②,如之何?"子曰:"君子居之,何陋之有?"

【注释】

① 九夷:即淮夷,其北境与齐、鲁接壤。
② 陋:僻陋、鄙陋,僻远而少文。详见本章【考证】。

【译文】

孔子想搬到九夷去住。有人说:"那地方偏远闭塞,没有文化,怎么好去住?"孔子说:"有君子住在那儿,就不偏远闭塞了。"

【考证】

君子居之,何陋之有:

"陋"不能如有的注本那样解为"简陋""粗陋",因为《论语》时代的文献中,"陋"只有僻陋、固陋两义,前者形容地,后者形容人。前者如:"莒恃其陋,而不修城郭,浃辰之间(十二天之内),而楚克其三都,无备也夫!"(《左传·成公九年》)"恃陋"就是仗着自己地处偏远。可参 6.11【考证】。[67]

9.15 子曰:"吾自卫反鲁,然后乐正,《雅》《颂》各得其所。"

【译文】

孔子说:"我从卫国回到鲁国,才把音乐〔的篇章〕整理出来,使《雅》和《颂》各有适当的位置。"

9.16 子曰:"出则事公卿,入则事父兄①,丧事不敢不勉,不为酒困,何有于我哉②?"

【注释】

① 父兄:孔子父亲早死,故此处只有"兄"有义,古人常有这种用法。
② 何有于我哉:与《述而》的"何有于我哉"(7.2)意思相同。

【译文】

孔子说:"出外便服事公卿,入门便服事父兄,有丧事不敢不全力以赴,不被酒所困扰,〔如能做到这些,〕那我孔丘又算得了什么?"

9.17 子在川上曰:"逝者如斯夫!不舍昼夜①。"

【注释】

① 舍:音 shě,放弃,抛弃,这一音义后来写作"捨"。

【译文】

孔子在河边上叹道:"流逝的就像这个一样吧——日夜而不停!"

9.18 子曰:"吾未见好德如好色者也。"

【译文】

孔子说:"我还没见过喜爱道德赛过喜爱美貌的人。"

9.19 子曰:"譬如为山,未成一篑,止,吾止也。譬如平地,虽覆一篑,进,吾往也。"

【译文】

孔子说:"好比堆土成山,只差一筐土了,如果〔应该〕停止,我会停下来。好比平地堆土成山,即使才刚刚倒下一筐土,如果〔应该〕前进,我会一往无前。"

【考证】

平地:

有人说:"有劳动常识的人都知道,'平地'就是平整地面。这里,是指以土平洼地,平坑壕。"(《〈论语〉歧解辑录》)这是缺乏历史观念,混淆古今的说法。严灵峰《读论语札记》也说:"平,犹'治'也。《书·大禹谟》:'天平地成。'孔安国传:'水土治曰平'。是此处当指凸处夷平或从凹处填平也……盖'平'作动词,与上'为山'相对为文也。"所谓与"为山"对文,是用骈文兴起以后的观念上套上古之人。文献中的"平地"可证它是定中结构。《左传·隐公九年》:"凡雨,自三日以往为霖;平地尺为大雪。"《周礼·考工记》:"是故大车平地既节轩挚之任,及其登阤(zhì,坡),不伏其辕,必缢其牛。"《荀子·劝学》:"施薪若一,火就燥也;平地若一,水就湿也。"《大略》:"均薪施火,火就燥;平地注水,水流湿。"

读古书如果不从共时语言内部寻找规律抽绎归纳,而是依据语言外部的所谓"情理"去推导,最易误入歧途。参见王力《训诂学上的一些问题·从思想上去体会还是从语言上去说明》,《王力语言学论文集》,商务印书馆2000年。[68]

9.20 子曰:"语之而不惰者,其回也与!"

【译文】

孔子说:"听我说话专心致志的,也许只有颜回吧!"

9.21 子谓颜渊曰:"惜乎!吾见其进也,未见其止也。"

【译文】

孔子对颜渊说:"可惜呀!我只看见你不断地进步,从没看见你停滞不前。"

【考证】

子谓颜渊曰:

唐写本《论语》郑玄注说:"颜渊病,孔子往省之,故发此言,痛惜之甚。"那么,这明明是颜渊病重孔子去探视他的时候说的。先秦汉语中,"谓……曰"格式都是"对……说"的意思。几乎所有《论语》标点本(包括《论语译注》),仅仅依据语言系统之外的所谓"情理",就把"子谓颜渊曰"标点成"子谓颜渊,曰",实不可信。

语法规律具有整齐性、严格性,如要指出其例外,须从语言系统内部找到根据以说明之。这一章的"子谓颜渊曰"和 7.11 的"子谓颜渊曰"完全是一样的意思。诸家标点为"子谓颜渊,曰",均未能从语言系统内部证明之,故不可从。[69]

9.22 子曰:"苗而不秀者有矣夫①!秀而不实者有矣夫②!"

【注释】

① 秀:禾黍扬花吐穗。
② "苗而不秀"不知何指,"秀而不实"当指颜回。

【译文】

孔子说:"庄稼长大了,却没来得及吐穗扬花,是有的吧!吐穗扬花了,却没来得及灌浆结实,是有的吧!"

9.23 子曰:"后生可畏,焉知来者之不如今也? 四十、五十而无闻焉,斯亦不足畏也已。"

【译文】

孔子说:"年少的人是可敬畏的,怎么能断定他将来赶不上现在的人呢? 到了四五十岁还没有什么名声,那人也就不值得惧怕了。"

9.24 子曰:"法语之言,能无从乎? 改之为贵。巽与之言①,能无说乎? 绎之为贵。说而不绎,从而不改,吾末如之何也已矣②。"

【注释】

① 巽:音 xùn,恭顺貌。
② 末如之何:犹"莫可奈何"。

【译文】

孔子说:"严肃认真的话,能不顺从吗? 改正错误才可贵。顺从己意的话,能不高兴吗? 分析一下才可贵。只是高兴而不分析;只是顺从而不改正,这种人我拿他是没办法的了。"

9.25 子曰:"主忠信,毋友不如己者,过则勿惮改①。"

【注释】

① 参见 1.8。

9.26 子曰:"三军可夺帅也①,匹夫不可夺志也。"

【注释】

① 三军:据周朝制度,大国可以拥有三个军,因此以"三军"作为军队的通称。

【译文】

孔子说:"一国的军队,可以强取它的主帅;一个平头百姓,却不能剥夺他的主张。"

9.27 子曰:"衣敝缊袍①,与衣狐貉者立而不耻者,其由也与?'不忮不求,何用不臧②?'"子路终身诵之③。子曰:"是道也,何足以臧?"

【注释】

① 衣敝缊袍:衣,音 yì,穿;缊,音 yùn,旧丝绵絮。
② 这两句诗见《诗经·卫风·雄雉》;臧,善也。
③ 终身:总是,长久地。详见本章【考证】。

【译文】

孔子说道:"穿着破旧的絮袍与穿着狐皮大衣的人并肩而立,也不觉得惭愧的,恐怕只有仲由吧!《诗经》说:'不嫉妒,不心贪,做好啥事都不难。'"子路听了,便老念这两句诗。孔子又说:"仅仅这个样子,怎么能够好起来?"

【考证】

子路终身诵之:

周秦典籍中的"终身",一般意为"一辈子";由于它出现频率高,已经发展出"总是""长久的(地)"的意义:"是故明君制民之产,必使仰足以事父母,俯足以畜妻子;乐岁终身饱,凶年免于死亡……今也制民之产,仰不足以事父母,俯不足以畜妻子;乐岁终身苦,凶年不免于死亡。"(《孟子·梁惠王上》)"吾终身与汝交一臂而失之,可不哀与!"(《庄子·外篇·田子方》)"前者穰侯之治秦也,用一国之兵,而欲以成两国之功,是故兵终身暴露于外,士民疲病于内。"(《韩非子·初见秦》)[70]

9.28 子曰:"岁寒,然后知松柏之后凋也。"

【译文】

孔子说:"天寒地冻,才知道松针柏叶是最后凋落的。"

9.29 子曰:"知者不惑,仁者不忧,勇者不惧。"

【译文】

孔子说:"明智的人不常疑惑,仁德的人总是乐观,勇敢的人无所畏惧。"

9.30 子曰:"可与共学,未可与适道;可与适道,未可与立①;可与立,未可与权。"

【注释】

① 与立:成为盟友。可参 15.14 注②。

【译文】

孔子说:"能够一道学习的人,未必会和他志同道合;能够志同道合的人,未必会成为至交;能够成为至交的人,未必会和他通权达变,事事取得一致。"

9.31 "唐棣之华,偏其反而。岂不尔思?室是远而。"子曰:"未之思也,夫何远之有?"①

【注释】

① 唐棣……夫何远之有:唐棣,一种植物,即《诗经·小雅》的"常棣",也即"棠棣",就是郁李。"唐棣之华,偏其反而"大约就是颜回讲的"瞻之在前,忽焉在后"(9.11)。"夫何远之有"可能是"仁远乎哉?我欲仁,斯仁至矣"(7.30)的意思。

【译文】

古诗上说:"唐棣树的花儿,随风翻飞上下;难道不想念你吗?只因家远在天涯。"孔子说:"他不是真正的想念哪,真的想念,那有什么远呢?"

导读:本篇第一章"子罕言利与命与仁",读者可能不解,《论语》中言"利"确实不多,"利"在孔子的思想中也处于次要的地位,但"命"和"仁"在《论语》中常常出现,是理解孔子思想不可绕过的内容,为什么此处说孔子"罕言"呢？须知，《论语》是门人弟子对孔子言行记录的汇编，孔子一生对学生说过的话何止千万言，录入《论语》的只是极少的一部分，不能因为《论语》中记载得多，就认为孔子一定说得多。可能恰恰是因为这两个问题极为重要，所以孔子偶尔提及，弟子便留心记录，编撰《论语》时也就尽可能地收录。

当然也有人将此章断为"子罕言利，与命与仁"，对这种不审句例的随意想象，在此不予置评。

从孔子教育学生的方式来看，越是高深的问题，越是不会轻易言及。孔子因材施教，不像今天的快餐式教育那样忙不迭地和盘托出。孔子主张，一个人不到十分急切地需要获得某类知识的时候，就不要教给他这些知识(7.8)。一个人水平是怎样的，就教给他什么程度的知识(6.21)。没把该说的话讲给合适的人听，那就是"失人"；而把话讲给了不合适的人听，那就是"失言"(15.8)。古代的教育家对于知识很慎重，学生如果没准备好就教给他，那么他就没办法很好地掌握和运用知识，知识可能被曲解、误用，甚至引人走入歧途。另一方面，如果知识来得太容易了，也就容易轻视知识。

孔子又说："可与共学，未可与适道；可与适道，未可与立；可与立，未可与权。"(9.30)这一章初看之下以为是说人的性格习气各有异同，故而可同行有之，不相为谋亦有之，所谓"性相近也，习相远也"(17.2)。但细细玩味会发现其中大有深意，实际上是谈道德修养的次序问题。欲近孔子之道，首先要有志于学，这就算立了志向；而后上了路，就算是知道方向了；再然后学有所成，懂得如何运用，就可以安身立命了；最难的是超脱于所学的局限与束缚，进入通达的境界，懂得如何权变。此章可以和《为政》第四章对照来看，孔子"十有五而志于学"，相当于"学"与"适道"；"三十而立，四十而不惑，五十而知天命"，相当于"立"；"六十而耳顺，七十而从心所欲不逾矩"，相当于"权"。从文献学习来看，"学"包含一切知识教育；"适道"则相对于学《诗》，因为《诗》主政事(13.5)；"立"相当于学"礼"，学了"礼"才能立足于社会(8.8)；"权"相当于学《易》，能够进退有度而"无大过"(7.17)。

乡党篇第十 仅一章，今分为九节

10.1　孔子于乡党,恂恂如也①,似不能言者。其在宗庙朝廷,便便言②,唯谨尔。朝,与下大夫言,侃侃如也;与上大夫言,訚訚如也③。君在,踧踖如也④,与与如也⑤。君召使摈,色勃如也,足躩如也⑥。揖所与立,左右手,衣前后⑦,襜如也⑧。趋进⑨,翼如也。宾退,必复命曰:"宾不顾矣。"入公门,鞠躬如也⑩,如不容。立不中门,行不履阈。过位⑪,色勃如也,足躩如也,其言似不足者。摄齐升堂⑫,鞠躬如也,屏气似不息者⑬。出,降一等,逞颜色,怡怡如也。没阶,趋进,翼如也。复其位,踧踖如也⑭。

【注释】

① 恂:音 xún,恭顺的样子。

② 便便:音 piánpián,说话流畅的样子。

③ 訚訚如:不卑不亢的样子。訚訚,音 yínyín。

④ 踧踖如:恭敬而略显局促的样子。踧踖,音 cùjí。

⑤ 与与如:行走安详舒泰的样子。

⑥ 躩如:逡巡不前的样子。躩,音 jué。

⑦ 前后:俯仰的意思。

⑧ 襜如:摇动的样子。襜,音 chān。

⑨ 趋进:俯身向前小步快走,用以表敬意。

⑩ 鞠躬如:谨慎恭敬的样子。

⑪ 过位:经过君主空着的座位;过,音 guō。

⑫ 摄齐:齐,音 zī,衣裳缝了边的下摆;摄,提起。

⑬ 屏气:即屏息。屏,音 bǐng。

⑭ 本篇仅一章,为便于阅读,今分为九节。

【译文】

　　孔子在本乡本土非常恭顺,好像说不出话的样子。他在宗庙里,朝廷上,便能明白晓畅地说出自己的意见,只是说得不多。上朝时,[在君主到来之前,同下大夫说话,温和而快乐;同上大夫说话,正直而恭敬。君主来了,便显出恭敬而局促的样子,行步却从容安详。鲁君召他接待国宾,面色矜持庄重,走路也似逡巡不前。向两旁的人作揖,不停地左右拱手,衣裳前后俯仰,飘飘荡荡。快步向前,如鸟儿展翅。贵宾退下后,一定向君主报告:"客人已经不回头了。"走进朝廷大门,他的仪容十分敬畏,好像无处容身。站,不站在门中间;走,不踩门槛。经过国君座位,面色矜持,逡巡不前,惜字如金,好像没有多话讲似的。提起下摆朝堂上走,恭敬谨慎,憋住气好像不呼吸。出来,下一级台阶,面色舒展,怡然自得。下完台阶,轻快地向前走几步,如同鸟儿舒展翅膀。回到自己的位置,又显出恭敬局促的样子。

10.2 执圭①,鞠躬如也,如不胜②。上如揖,下如授。勃如战色,足蹜蹜如有循③。享礼④,有容色。私觌⑤,愉愉如也。

君子不以绀緅饰⑥,红紫不以为亵服⑦。当暑,袗絺绤⑧,必表而出之。缁衣,羔裘;素衣,麑裘;黄衣,狐裘⑨。亵裘长,短右袂⑩。必有寝衣⑪,长一身有半。狐貉之厚以居⑫。

【注释】

① 圭:一种玉器;举行典礼的时候,君臣都拿着。

② 胜:音 shēng,能担负得了。

③ 蹜蹜:音 suōsuō,举脚密而狭的样子。

④ 享礼:出使外国,初到,便行聘问礼。"执圭"到"如有循"正是行聘问礼时孔子的情形。聘问后,便行享礼;使臣把带来的礼物罗列满庭。

⑤ 觌:音 dí,相见。

⑥ 绀緅饰:绀,音 gàn;緅,音 zōu,都是颜色。饰,镶边。古代,正式礼服都是黑色,而这两种颜色都近于黑色,所以不用来镶边,为别的颜色作装饰。

⑦ 红、紫:高贵的颜色,故不宜家居所用。

⑧ 袗絺绤:袗,音 zhěn,单,此处活用为动词,穿单衣;絺,音 chī,细葛

布；绤，音 xì，粗葛布。
⑨ 这三句表示衣服里外颜色应该相称。古代皮衣毛向外，故外面一定要用罩衣，即裼（xī）衣。
⑩ 短右袂：袂，音 mèi，袖子。右袖较短，以求工作方便。
⑪ 寝衣：即被子；古代大被叫"衾"，小被叫"被"。
⑫ 狐貉之厚以居：在家接待宾客穿着厚狐貉之裘。详见本章【考证】。

【译文】

〔孔子出使外国，举行典礼，〕拿着圭，恭敬谨慎得好像举不起来。向上举好像作揖，向下好像在交给别人。面色凝重如同作战，脚步紧凑好像踩着一条线似的。献礼物时，满脸和气。私下见外国君臣，就显得轻松愉快。

君子不用天青色和铁灰色作镶边，浅红色和紫色的布不用来作平常居家的衣服。暑天，穿着粗的或细的葛布单衣，但一定裹着衬衫，使它露在外面。黑衣配紫羔，白衣配麑裘，黄衣配狐裘。居家的皮袄较长，但右袖要做得短些。睡觉一定有小被，约有一个半人长。〔冬天〕家居时接待宾客，穿厚狐貉皮袄。

【考证】

狐貉之厚以居：

皇侃《义疏》说："此谓在家接待宾客之裘也。"也即，在家接待宾客穿着厚狐貉之裘。刘宝楠《论语正义》认为"居"有"坐"义，"狐貉之厚以居"是以厚狐貉皮为坐垫。几乎所有《论语》的今注本都从"坐垫"之说。但刘宝楠并未能证明此处的"居"恰恰就是"坐"义。《礼记·服问》："公为卿大夫，锡衰以居，出亦如之。"意谓国君为卿大夫服丧，日常居处时服锡衰，外出时亦如此。"狐貉之厚以居"和"锡衰以居"句式相同。类似例句极多："羔裘逍遥，狐裘以朝。"（《诗经·桧风·羔裘》）"晏子相景公，布衣鹿裘以朝。"（《晏子春秋·外篇上》）简言之，"服饰＋以＋动词"格式，都是"穿戴着……干……"或"穿戴着……来……"的意思，服饰都是介词"以"的前置宾语。可见，皇说可从。

我始终不明白一点：刘宝楠说"居"有"坐"义,却未能证明"狐貉之厚以居"的"居"恰恰就是"坐"义；有如此明显的逻辑漏洞,坐垫说却一路畅行无阻呢？[71]

10.3 去丧,无所不佩。非帷裳①,必杀之②。羔裘玄冠不以吊③。吉月④,必朝服而朝。

齐,必有明衣,布。齐必变食,居必迁坐⑤。

【注释】

① 帷裳：礼服裙,上朝和祭祀时穿,用整幅布做,不加剪裁。
② 杀：音 shài,裁去。
③ 羔裘、玄冠：均为黑色,用作吉服,不能穿戴着去吊丧。玄冠,一种礼帽。
④ 吉月：这两字有好些说法。程树德《论语集释》说是大年初一,姑从之。
⑤ 迁坐：改变卧室。古代上层人物平时和妻室居于"燕寝",斋戒时则居于"外寝"（正寝）,和妻室不同房。

【译文】

丧期满了以后,什么东西都可以佩带。不是上朝和祭祀时穿的礼服,一定裁去一些布。紫羔和黑色礼帽都不穿戴着去吊丧。大年初一,必定着上朝的礼服去朝贺。

斋戒沐浴的时候,一定有浴衣,用布做的。斋戒时,一定改变平常的饮食；居住也一定搬迁地方〔,不与妻妾同房〕。

10.4 食不厌精,脍不厌细。食饐而餲①,鱼馁而肉败②,不食。色恶,不食。臭恶,不食。失饪,不食。不时,不食。割不正③,不食。不得其酱,不食。肉虽多,不使胜食气④。唯酒无量,不及乱⑤。沽酒市脯不食⑥。不撤姜食,不多食⑦。

【注释】

① 食饐而餲：饐，音 yì；餲，音 ài；饮食经久而腐败。
② 鱼馁而肉败：馁，音 něi，鱼腐烂；肉腐烂叫"败"。
③ 割不正：不按一定方法分解，即为"割不正"；割，牛羊肢体的分解。
④ 食气：饭料；食，音 sì；气，"饩"的古字。
⑤ 乱：神志昏乱。
⑥ 沽酒市脯不食：买来的酒和肉干，担心不精致不卫生，会伤害身体，所以不吃。沽、市，都是买的意思。
⑦ 不撤姜食不多食：斋戒期间，禁止食荤（葱蒜之类有气味的蔬菜，不是指鱼和肉），姜虽辛辣，但无气味，所以不撤下。姜多食伤身，故须少吃。

【译文】

粮食尽可能精细，鱼肉尽可能切细。粮食起霉变质，鱼和肉腐败，都不吃。食物变色，不吃。气味难闻，不吃。食物没煮熟或煮得过久，不吃。不到该吃的时候，不吃。不是按一定方法切割的肉，不吃。没有一定的酱料，不吃。肉虽然多，吃它不超过主食。只有酒不限量，但不能喝醉。买来的酒和肉干不吃喝。姜不撤除，但不多吃。

【考证】

不时：

解释有歧义。(1) 不是应该吃的时候。这是郑玄、皇侃等所释。"不时"自指。(2) 非其时之物，即"不时之物"，如温室所种蔬菜。"不时"转指。此为朱熹、毛奇龄等所解。从该词组先秦时期使用情形看，以前者为是。《左传·昭公元年》："日月星辰之神，则雪霜风雨之不时，于是乎禜之。……女，阳物而晦时，淫则生内热惑蛊之疾。今君不节不时，能无及此乎？"沈玉成译："……遇到雪霜风雨不合时令……现在您没有节制不分昼夜……"《昭公八年》："作事不时，怨讟动于民。"沈译："做事不合时令，怨恨诽谤在百姓中发生。"《哀公十五年》："以水潦之不时，无乃廪然陨大夫之尸，以重寡君之忧。"沈译："由于雨水不合时令，恐怕大水泛滥而毁坏大夫的灵柩，增加寡君的忧虑。"《墨子·非攻中》：

"与其居处之不安,食饭之不时,饥饱之不节,百姓之道疾病而死者,不可胜数。"《荀子·天论》:"夫日月之有蚀,风雨之不时,怪星之党见,是无世而不常有之。"[72]

10.5 祭于公,不宿肉①。祭肉不出三日。出三日,不食之矣。食不语,寝不言。虽疏食菜羹,瓜祭,必斋如也。

【注释】

① 不宿肉:分配的祭肉不过夜。大夫、士都须助君主祭祀。祭祀当日杀牲举行祭典,次日又祭,然后依等级分祭肉,此时肉已不太新鲜。若再留一夜再吃,恐对身体有害。

【译文】

助祭于国君,分得的祭肉不留到第二天。自家的祭肉留存不超过三天。超过了三天,便不吃了。

吃饭不交谈,睡觉不说话。即使是糙米饭、小菜汤和瓜的祭祀,祭的时候也一定像斋戒了一样。

【考证】

瓜祭:

《鲁论语》作"必祭",有些注本便以为"瓜"字是因形近而讹。其实"瓜"字不讹。唐写本《论语》"瓜"有草字头,郑玄注:"三物虽薄,祭之必敬",与邢昺《疏》同。"三物"是指"疏食""菜羹"和"瓜"。《礼记·玉藻》:"瓜祭上环,食中,弃所操。"证明"瓜祭"并非于文献无征。俞樾《古书疑义举例》有"探下文而省例","疏食菜羹"的"祭"因"瓜"后的"祭"字而省略。可见读"瓜祭"文从字顺。"必祭"则不词,除非作"必祭之"。要祭祀受事主语,或前文出现过的人或物,"祭"后要出现"之"复指它们:"海鸟曰'爰居',止于鲁东门之外三日,臧文仲使国人祭之。"(《国语·鲁语上》)"五员过于吴,使人求之江上,则不能得也;每食必祭之。"(《吕氏春秋·孟冬纪》)"物取而皆祭之,如或尝之。"(《荀子·礼论》)"苟山之见其荣者,君谨封而祭之。"(《管子·地数》)只有一处例外:"甸服者祭,侯服者祀,宾服者享,要服者贡,荒服者终王。"(《荀子·正论》)但这种对举句式,显然是有标的特例。

有标的特例,自然有其特殊处。找到其特殊处,再看所考察的句子有无特殊,就明了其意义了。[73]

10.6　席不正①,不坐。乡人饮酒②,杖者出,斯出矣。乡人傩③,朝服而立于阼阶④。问人于他邦⑤,再拜而送之⑥。

康子馈药⑦,拜而受之。曰:"丘未达,不敢尝。"

厩焚。子退朝,曰:"伤人乎?"不问马。

【注释】

① 席:古代没有椅和凳,都是在地面上铺席子,坐在席子上。现在朝鲜、日本仍保留此种习惯。"席不正"是布席不合礼制。
② 乡人饮酒:即行乡饮酒礼,详见《礼记·乡饮酒义》。
③ 傩:音 nuó,古代风俗,迎神以驱逐疫鬼。
④ 阼阶:东面的台阶,主人所立之地。阼,音 zuò。
⑤ 问:问讯,问好。古代问讯,常致送礼物。
⑥ 拜:拱手并弯腰。
⑦ 馈:音 kuì,赠送。

【译文】

坐席摆得不端正,不坐。行乡饮酒礼后,要等老年人都出去了,自己才出去。本地的人们迎神驱鬼,穿着朝服站在东边的台阶上。托人给在外国的朋友问好送礼,要拜两次送别受托者。

季康子送药给孔子,孔子拜而接受,说:"我不太了解这药性,还不敢试服。"

马棚失了火。孔子刚好退朝,问:"伤了人吗?"却不问马。

10.7　君赐食,必正席先尝之。君赐腥,必熟而荐之①。君赐生,必畜之。侍食于君,君祭,先饭②。

疾,君视之,东首③,加朝服,拖绅④。君命召,不俟驾行矣。
入太庙,每事问⑤。

【注释】

① 荐:进奉。这里进奉的是自己的祖先,但不能视为祭祀。
② 饭:动词,吃饭,不包括吃菜。
③ 东首:国君自以为是全国的主人,就是到其臣下家,也从主人方位的东阶上下,病卧在床的孔子只好脸朝东了。
④ 加朝服,拖绅:孔子卧病,只能将朝服盖在身上;绅,腰间所束的大带。
⑤ 此六字与3.15重复。

【译文】

国君赐给熟食,孔子一定摆正座位先尝一尝。国君赐给生肉,一定先煮熟,再给祖宗进供。国君赐给活物,一定养着它。和国君一同吃饭,当他举行饭前祭礼的时候,自己先吃饭。

孔子病了,国君来探问,他便把头朝东,把朝服盖在身上,拖着大带。国君召见,不等车辆驾好马,立即先步行。

到了周公庙,孔子每件事情都发问。

10.8 朋友死,无所归,曰:"于我殡①。"朋友之馈,虽车马,非祭肉,不拜。

寝不尸,居不容②。

【注释】

① 殡:这里指一切丧葬事务。
② 居不容:应为"居不客",意为日常起居不必如做客般保持仪容。详见本节【考证】。

【译文】

朋友死了,没人收敛,孔子便说:"丧葬由我来料理。"朋友的赠品,即使是车马,只要不是祭肉,孔子接受时也不行礼。

孔子睡觉不像死尸一样〔仰卧直躺〕，平时坐着，也不像接见客人或自己做客人一样〔跪着，臀部放在足跟上〕。

【考证】

居不容：

《经典释文》："苦百反"，即"客"的反切。唐石经《论语》亦作"居不客"。据考察，"容"在先秦典籍中，其容貌、仪容义（名词）活用为动词（如《史记·刺客列传》之"士为知己者死，女为说己者容"）十分罕见，"客"活用为动词则并不罕见。《墨子·耕柱》："子墨子游荆耕柱子于楚。二三子过之，食之三升，客之不厚。二三子复于子墨子曰：'耕柱子处楚无益矣！二三子过之，食之三升，客之不厚。'"[74]

10.9 见齐衰者，虽狎，必变。见冕者与瞽者，虽亵，必以貌。

凶服者式之①，式负版者②。

有盛馔，必变色而作。

迅雷风烈必变。

升车，必正立，执绥。车中，不内顾，不疾言，不亲指。

色斯举矣③，翔而后集。曰："山、梁、雌雉④，时哉时哉！"子路共之⑤，三嗅而作。

【注释】

① 式：同"轼"；古代车辆前的横木叫"轼"，这里用作动词，用手伏轼的意思。

② 版：国家图籍。

③ 色斯举矣：马融说："见颜色不善则去之。"野鸡被人惊扰则飞去。

④ 山梁雌雉：梁，通"粱"，也即"粟"，禾、黍的籽粒。雉，音 zhì，野鸡。那时尚无"山梁"一词。

⑤ 共之：何晏《集解》："共具之。""共具"就是伺候吃饭的意思。

【译文】

孔子看见穿齐衰以上孝服的人,即便是最亲密的,也一定改变仪容〔以示同情〕。看见戴礼帽的人和盲人,即使常相见,也一定有礼貌。

在车中遇着拿了送死人衣物的人,便手扶车前的横木,〔俯身,以示同情。〕遇见背负国家图籍的人,也手扶车前横木。

他人款待以丰盛美食,一定改变仪容,起立示敬。

遇见疾雷、大风,一定改变态度。

上车后,一定先端正地站好,拉着扶手带〔登车〕。在车中,不向内回顾,不很快地说话,不用手指指点点。

〔孔子一行在山谷中行走,看见几只野鸡。〕野鸡似乎觉得来者不善,马上飞向天空,盘旋一阵,又都停在一处。孔子说:"这山,这些米粒,这些母野鸡,好时光啊!好时光啊!"子路〔理会错了孔子的意思,张网将它们捕获,〕煮熟呈上给孔子吃,孔子闻了几下,站起身〔不吃它〕。

导读:本篇记载孔子在乡里、朝堂、礼宾、宴饮、祭祀、事君、交友等方面的言行举止,展现了孔子行"礼"的细节。篇中许多内容与《仪礼》《礼记》的记载相通,可能不是孔子的原创,而是他对礼仪规范的践履。礼仪规范涉及生活的方方面面,是古人生活智慧与伦理思想在具体事务当中的体现。读者阅读此篇,可以从孔子的言行举止中观想礼仪的具体用意。

如"鱼馁而肉败,不食","出三日,不食之矣",包含着对食品安全的考虑。

"朝,与下大夫言,侃侃如也,与上大夫言,訚訚如也。"孔子官至大夫,"訚訚如"是表示对处高位者的恭敬,"侃侃如"表示对处低位者的亲近,为的是达到更融洽的朝堂氛围。

"见齐衰者,虽狎,必变。见冕者与瞽者,虽亵,必以貌。凶服者式之,式负版者。有盛馔,必变色而作。迅雷风烈必变。"表现的是对丧事、礼事、国事的敬重,对残疾人的尊重,对他人善意的恭敬以及对自然灾害的敬畏。

"君赐食,必正席先尝之。君赐腥,必熟而荐之。君赐生,必畜之。"君主赐下食品,马上认真品尝,是对君主馈赠的重视与感激。生食烹饪之后奉献给祖先,表示君主的恩赐不敢独享(不以君主赏赐的熟食进奉是因为祭品需要经过专门的烹饪)。活物不马上宰杀烹饪,因为活物能够保存,不轻易改变赐物的性状是对君主的敬畏,以示不擅自揣测君主馈赠的用意(活物未必仅可用于食用)。

"君命召,不俟驾行矣。"形象具体地表达了对君命的重视。

任何一个具体的仪节背后都有极丰富的考虑。以上粗论几例,难免挂一漏万,仅供参考。

先进篇第十一 共二十六章

11.1 子曰:"先进于礼乐,野人也;后进于礼乐①,君子也。如用之,则吾从先进。"

【注释】

① 先进、后进:这可能是表假设。详见本章【考证】。

【译文】

孔子说:"先学习礼乐的,即使是野人;后学习礼乐的,即使是君子,如果让我选用人才,会主张选用先学习礼乐的人。"

【考证】

先进于礼乐,后进于礼乐:

"先进于礼乐,野人也;后进于礼乐,君子也"是一种假设,因为,"如……则……"(《左传》为"若……则……")是一个表示假设关系的构式,位于这一构式之前的述说往往不是既成事实,而是广义的假设(包括表示将要如何);尤其当"如""若"后面动词的宾语用"此""之"等代词回指前文出现过的人、物、事时:"以吾一日长乎尔,毋吾以也;居则曰:'不吾知也!'如或知尔,则何以哉?"(《论语·先进》)"所恶于智者,为其凿也。如智者若禹之行水也,则无恶于智矣。"(《孟子·离娄下》)在说话人判定命题真假的程度等级上,虚拟句(非现实句)靠近否定句的一端(沈家煊《不对称和标记论》,第116页)。也即,孔子并不真正认为先学习礼乐的是野人,后学习礼乐的是君子。[75]

11.2 子曰:"从我于陈、蔡者①,皆不及门也。"

【注释】

① 从我于陈、蔡者:从,音 zòng。据《史记·孔子世家》:楚使人聘孔子,适子在陈、蔡之间。二国大夫因平时言行与孔子相左,畏孔子为楚所用,于己不利,因使人围困孔子一行于郊野。绝粮,随从者都饿得爬不起来,唯孔子弦歌不绝。后使子贡至楚,楚兴师,围乃解。

【译文】

孔子说:"跟着我在陈国、蔡国之间忍饥挨饿的人,都不在我这里了。"

11.3 德行:颜渊、闵子骞、冉伯牛、仲弓。言语:宰我、子贡。政事:冉有、季路。文学①:子游、子夏。

【注释】

① 文学:指古代文献,即孔子所传的《诗》《书》《易》等。

【译文】

〔孔子的学生各有千秋。〕德行好的有颜渊、闵子骞、冉伯牛、仲弓。能说会道的有宰我、子贡。擅长处理政务的有冉有、季路。熟悉古代文献的有子游、子夏。

11.4 子曰:"回也非助我者也,于吾言无所不说。"

【译文】

孔子说:"颜回呀,不是对我有所帮助的人,他对我的话没有不喜欢的。"

11.5 子曰:"孝哉闵子骞!人不间于其父母昆弟之言。"

【译文】

孔子说:"孝顺哪,闵子骞!别人对于他爹娘兄弟称赞他的话没有异议。"

11.6 南容三复白圭①,孔子以其兄之子妻之。

【注释】

① 白圭:白圭的四句诗见于《诗经·大雅·抑》,意思是白圭的污点还可以磨掉,我们言语中的污点却没法去掉。大概南容是个谨慎的人,能做到"邦有道,不废;邦无道,免于刑戮"(5.2)。

【译文】

南容把"白圭之玷,尚可磨也;斯言之玷,不可为也"几句诗反复诵读,孔子便把自己的侄女嫁给他。

11.7 季康子问①:"弟子孰为好学?"孔子对曰:"有颜回者好学,不幸短命死矣,今也则亡。"

【注释】

① 季康子问:鲁哀公也有此问,孔子回答较详,由此可见孔子对鲁君和季氏的态度。可参 6.3。

【译文】

季康子问:"你的学生中,哪个好学?"孔子答道:"有一个叫颜回的好学,不幸短命死了,现在再没有这样的人了。"

11.8 颜渊死,颜路请子之车以为之椁①。子曰:"才不才,亦各言其子也。鲤也死②,有棺而无椁。吾不徒行以为之椁。以吾从大夫之后③,不可徒行也。"

【注释】

① 颜路……为之椁:颜路,颜回父,名无繇(yóu),字路,也是孔子学生;椁,音 guǒ,棺材外面的大棺。
② 鲤:字伯鱼,孔子的儿子,年五十死,时孔子年七十。
③ 以吾从大夫之后:这是谦逊的说法,意为"我曾为大夫"(孔子曾任鲁国司寇)。

【译文】

颜渊死了,他父亲颜路请求孔子卖掉车子来替颜渊置办外椁。孔子说:"不管有才还是没才,但总是各自的儿子。我儿子鲤死了,也只有内棺,而无外椁。我不能〔卖掉车子〕步行来替他买外椁。因为我也曾随行于大夫行列之后,是不能步行的。"

11.9 颜渊死。子曰:"噫!天丧予!天丧予!"

【译文】

颜渊死了,孔子说:"唉!老天要我死啊!老天要我死啊!"

11.10 颜渊死,子哭之恸。从者曰:"子恸矣!"曰:"有恸乎?非夫人之为恸而谁为①?"

【注释】

① 非夫人之为恸:夫人,那人;作"恸"的前置宾语。这句可理解为"非为夫人恸"。

【译文】

颜渊死了,孔子哭得很伤心。随从孔子的人说:"先生太伤心了!"孔子说:"真是太伤心了吗?我不为那个人伤心,还为谁伤心呢!"

11.11 颜渊死,门人欲厚葬之。子曰:"不可①。"

门人厚葬之。子曰:"回也视予犹父也!予不得视犹子也!非我也,夫二三子也!"

【注释】

① 不可:当时礼制规定,丧葬厚薄要根据家庭经济状况来定。颜渊家贫,应薄葬。他的同学出于好意想要厚葬他,孔子遵守礼制,反对这样做。

【译文】

颜渊死了,孔子的学生们想要很丰厚地埋葬他。孔子说:"不可以。"学生们仍然很丰厚地埋葬了他。孔子说:"颜回呀,你对待我好像对待父亲哪!我却不能像对待儿子一样对待你呀!这不能怪我呀,是你的那些同学干的呀!"

11.12 季路问事鬼神。子曰:"未能事人,焉能事鬼?"

曰:"敢问死①。"曰:"未知生,焉知死?"

【注释】

① 敢:表敬副词。古代地位低下者向尊贵者进言,多用之。

【译文】

子路问怎样服事鬼神。孔子说:"人还不能服事,又怎能去服事鬼?"

子路又说:"我冒昧地请问死是怎么回事?"孔子说:"生的道理还没有弄明白,怎么能够懂得死?"

11.13 闵子侍侧,訚訚如也;子路,行行如也①;冉有、子贡,侃侃如也。子乐。"若由也,不得其死然②!"

【注释】

① 行:音 hàng,行行如,刚强负气的样子。
② 若由也不得其死然:子路过于刚直,孔子担心,提醒他注意。后来子路果然死于非命。

【译文】

闵子骞站在孔子身旁,显得恭敬而正直;子路显得很刚强;冉有、子贡显得温和、愉快。孔子很高兴。〔但又说:〕"像仲由这样子,像是不得善终的呀!"

11.14 鲁人为长府。闵子骞曰:"仍旧贯,如之何?何必改作?"子曰:"夫人不言,言必有中。"

【译文】

鲁国翻修金库——长府。闵子骞说:"仍像原来的样子如何?为什么一定要翻修呢?"孔子说:"那人平时不大开口,一开口却十分中肯。"

11.15 子曰:"由之瑟奚为于丘之门?"门人不敬子路。子曰:"由也升堂矣,未入于室也①。"

【注释】

① 升堂入室：堂是正厅，室是内室。先入门，次升堂，后入室，表示做学问的几个阶段。

【译文】

孔子说："仲由鼓瑟，为什么在我这儿来弄呢？"学生们因此瞧不起子路。孔子又说："由嘛，已经登上堂了，只是还没有进入室中。"

11.16 子贡问："师与商也孰贤？"子曰："师也过，商也不及。"曰："然则师愈与？"子曰："过犹不及①。"

【注释】

① 过犹不及：子曰："中庸之为德也，其至矣乎！"（6.29）太过与不及都不是中庸，所以孔子这样说。

【译文】

子贡问孔子："颛孙师（子张）和卜商（子夏）两个人谁强？"孔子说："师啊，有点过分；商呢，有点赶不上。"

子贡说："那么，师强一点吗？"孔子说："过分和赶不上一个样。"

11.17 季氏富于周公，而求也为之聚敛而附益之。子曰："非吾徒也。小子鸣鼓而攻之，可也。"

【译文】

季氏比周公还有钱，而冉求还替他搜括，增加更多的财富。孔子说："冉求不是我们的人，你们学生大张旗鼓地去攻击他，是可以的。"

【考证】

周公：

"周公"一词专指周公旦，还是泛指在周天子左右作卿士的人，如周公黑肩、周公忌父、周公阅之类，有不同说法。据我们全面考察，如指周公旦的后人之在周天子左右作卿士者，如周公黑肩、周公忌父、周公阅之类,(1) 必须有同位语如"黑肩""忌父""阅"等,或者"周公"作"宰"的同位语:"周公黑肩将左军,陈人属焉。"(《左传·桓公五年》)(2) 如非上述情形,则必须可以根据上下文能明显判断此一"周公"乃是后世的而非周公旦者:"秋,诸侯盟。王使周公召郑伯。"(《僖公五年》)如不属于上述情形而"周公"径直出现者,则必为周公旦。如:"周公杀管叔而蔡蔡叔,夫岂不爱? 王室故也。"(《昭公元年》)[76]

11.18 柴也愚①,参也鲁,师也辟②,由也喭③。

【注释】

① 柴:高柴。字子羔,孔子学生,比孔子小30岁(前521—?)。
② 辟:不实在。朱熹说:"辟,便辟也;谓习于容止,少诚实也。"
③ 喭:音 yàn,粗暴,鲁莽。

【译文】

高柴愚笨,曾参迟钝,颛孙师重容貌,仲由太鲁莽。

11.19 子曰:"回也其庶乎①,屡空②。赐不受命③,而货殖焉④,亿则屡中⑤。"

【注释】

① 其庶乎:其庶几乎,可以了吧,差不多了吧。详见本章【考证】(一)。
② 空:既贫(无财货)且穷(行不通)。详见本章【考证】(二)。
③ 赐不受命:谓端木赐不能很好领会孔子教给他的。详见本章【考证】(三)。
④ 货殖:经商营利。
⑤ 亿:臆断,猜测,类似现在股民的猜测行情涨和跌。

【译文】

孔子说:"颜回的学问道德差不多了吧? 可是常常穷得没有办法。端木赐不能完全领会我的学说,而囤积投机,猜测行情,竟每每猜对了。"

【考证】

（一）回也其庶乎：

古今诸家多在"其庶乎"断句，但明代郝敬《论语详解》却读作"其庶乎屡空"。李零《丧家狗》、黄怀信《论语汇校集释》从之。李零用所谓"上下没有对称性"为由怀疑旧说，理由是不怎么充分的。其实，先秦典籍中"……其庶乎""……其庶几乎"所在多有，而且都在"乎"字后绝句："臧文仲曰：'言惧而名礼，其庶乎！'"（《左传·庄公十一年》，沈玉成译："这就差不多了吧？"）"平公曰：'晋其庶乎！吾臣之所争者大。'"（《襄公二十六年》，沈译："晋国差不多要大治了吧？"）"宣子喜曰：'郑其庶乎！二三君子以君命贶起，赋不出郑志，皆昵燕好也。'"（《昭公十六年》，沈译："郑国差不多要强盛了吧？"）庶，相当"庶几"，"差不多"的意思，一般用在称赞的场合。[77]

（二）屡空：

俞樾《群经平议》说"屡"当读如"娄"，"娄空"意谓"通达无滞"。现代有注家也将"回也其庶乎屡空"连读。先秦文献中，"娄空""廔空"未之一见；而"屡＋单音节动词或形容词"则很多。《诗经·小雅·巧言》："君子屡盟，乱是用长。"《左传·成公十六年》："晋韩厥从郑伯，其御杜溷罗曰：'速从之？其御屡顾，不在马，可及也。'"《国语·晋语四》："余于伯楚屡困，何旧怨也？"本章前言"屡空"，后言"屡中"，尤能说明问题。

"空"也有二解。何晏《集解》说："言回庶几圣道，虽数空匮而乐在其中矣。……一曰，空，犹虚中也。"空，本义指空间的空旷、空虚，引申为贫乏："故善为政者，田畴垦而国邑实，朝廷闲而官府治，公法行而私曲止，仓廪实而囹圄空，贤人进而奸民退。"（《管子·五辅》）故何晏前解"空匮"可取。《史记·伯夷列传》："回也屡空，糟糠不厌，而卒蚤夭。"是对"屡空"的解释。解"空"为"虚中"，即心中空虚，已经拐了个大弯；再解"虚中"为"怀道深远"，又拐了个大弯；且于文献无征。[78]

（三）赐不受命：

何晏《集解》说："赐不受教命，惟财货是殖，亿度是非。"其"一曰"又说："不受命"是"非天命"。皇侃《义疏》同。王充《论衡》的《率性》《问孔》和《知实》也说所谓"不受命"为"不受天之富命"。朱熹《集注》也说："命,谓天命。"王弼说："命,爵命也。"不一而足。所谓"受命",泛指接受上对下的指令,特指接受上天或祖先或君主的命令。也有接受指教的,如:"公使展喜犒师,使受命于展禽。"(《左传·僖公二十六年》)"秋,齐陈瓘如楚。过卫,仲由见之,曰:'天或者以陈氏为斧斤,既斫丧公室,而他人有之,不可知也。其使终飨之,亦不可知也。若善鲁以待时,不亦可乎？何必恶焉？'子玉曰:'然,吾受命矣,子使告我弟。'"(《哀公十五年》)"今也小国师大国而耻受命焉,是犹弟子而耻受命于先师也。"(《孟子·离娄上》)因此我们倾向于何晏的前一解释,但我们以为应理解为子贡未能完全领会孔子学说的精神实质。《史记·孔子世家》子贡回答孔子所说"吾道非邪？吾何为于此"的话,也能印证这一点。[79]

11.20 子张问善人之道。子曰:"不践迹,亦不入于室。"

【译文】

　　子张问怎样做才是善人。孔子说:"不踩着别人的脚印走,道德文章也难以到家。"

11.21 子曰:"论笃是与①,君子者乎？色庄者乎？"

【注释】

① 论笃是与:与,许,赞许,推许;论笃,论笃者;"论笃"是"与"的前置宾语。

【译文】

　　孔子说:"总是推许言论笃实的人,他是真正的君子呢？还是故作深沉的人呢？"

11.22 子路问:"闻斯行诸①？"子曰:"有父兄在,如之何其闻斯行之？"

冉有问:"闻斯行诸?"子曰:"闻斯行之。"

公西华曰:"由也问闻斯行诸,子曰:'有父兄在';求也问闻斯行诸,子曰:'闻斯行之'。赤也惑,敢问。"子曰:"求也退,故进之;由也兼人②,故退之。"

【注释】

① 诸:"之乎"的合音字。
② 兼人:兼有两个人的勇气,敢作敢为。

【译文】

子路问:"听到就干起来吗?"孔子说:"爸爸哥哥还健在,怎么能听到就干起来?"冉有问:"听到就干起来吗?"孔子说:"听到就干起来。"

公西华说:"仲由问听到就干起来吗,您说'爸爸哥哥还健在〔不能这样做〕';冉求问听到就干起来吗,您却说'听到就干起来'。我给弄糊涂了,大胆地来问问您。"孔子说:"冉求平时做事退缩,所以我给他打打气;仲由却有两个人的胆量,所以我要给他泼点冷水。"

11.23 子畏于匡,颜渊后。子曰:"吾以女为死矣。"曰:"子在,回何敢死?"

【译文】

孔子在匡被围困了之后,颜渊最后才来。孔子说:"我还以为你死了。"颜渊说:"您还健在,我怎么敢死呢?"

11.24 季子然问①:"仲由、冉求可谓大臣与?"子曰:"吾以子为异之问,曾由与求之问。所谓大臣者,以道事君,不可则止。今由与求也,可谓具臣矣②。"

曰:"然则从之者与?"子曰:"弑父与君,亦不从也。"

【注释】

① 季子然:当为季氏同族之人。

② 具臣：初具资格的臣子。详见本章【考证】。

【译文】

季子然问："仲由和冉求可以说是大臣吗？"孔子说："我以为您是问别人，原来问的是由与求哇。我们所说的大臣，应心怀仁义来服事君主；如果这样行不通，就宁愿辞职不干。如今由和求呢，可以说是初具资格的臣子了。"

季子然又问："那么，他们会唯命是从吗？"孔子说："杀父亲和君主的事，他们也不会顺从的。"

【考证】

具臣：

何晏《集解》引孔安国说："言备臣数而已。"皇侃、朱熹、刘宝楠说同。《论语译注》译"具臣"为"具有相当才能的臣属"，是理解这一"具"为才能、才具义。我们取前解。"具"和"备"是同义词，《汉书·翟方进传》"为具臣以全身"颜师古注："谓具位之臣，无功德也。"具位之臣，大约相当"大臣的备胎"。而"具"的才能、才具义晚起。《王力古汉语字典》注以"后起义"。[80]

11.25 子路使子羔为费宰。子曰："贼夫人之子！"

子路曰："有民人焉，有社稷焉，何必读书，然后为学？"子曰："是故恶夫佞者。"

【译文】

子路叫子羔去做费地行政长官。孔子说："这是害了那里人的儿子！"

子路说："那地方有老百姓，有土地和五谷，为什么定要读书才叫作学问呢？"

孔子说："所以我讨厌那巧舌如簧的人。"

11.26 子路、曾皙①、冉有、公西华侍坐②。

子曰："以吾一日长乎尔,毋吾以也。居则曰③:'不吾知也!'如或知尔,则何以哉?"

子路率尔而对曰："千乘之国,摄乎大国之间,加之以师旅,因之以饥馑;由也为之,比及三年④,可使有勇,且知方也。"

夫子哂之。

"求!尔何如?"

对曰："方六七十⑤,如五六十⑥,求也为之,比及三年,可使足民。如其礼乐⑦,以俟君子。"

【注释】

① 曾皙:名点,曾参的父亲,也是孔子学生。
② 从这一句到"宗庙会同……孰能为之大"为一章,今为阅读方便,分为三节。
③ 居:平居,平常。
④ 比:音 bì,等到。
⑤ 方六七十:方圆六七十里。
⑥ 如:或者。
⑦ 如其礼乐:(至于要)合乎礼乐。如其,符合,合于。

【译文】

子路、曾皙、冉有、公西华四人陪孔子坐着。

孔子说道："因为我比你们痴长几天,〔老了,〕没有人用我了。你们平时说:'人家不了解我呀!'如果有人了解你们,〔打算请你们出去,〕那你们怎么办呢?"

子路不假思索地答道："一千辆兵车的国家,局促地处在几个大国之间,外面有军队侵犯它,国内又常闹灾荒。我去治理,等到三年以后,可以使人人有勇气,而且懂得大道理。"

孔子微微一笑。

又问:"冉求!你怎么样?"

答道:"方圆六七十里或者五六十里的小国家,我去治理,等到三年以后,可以使人民丰衣足食。至于如何做才合于礼乐,那只有等待贤人君子了。"

"赤!尔何如?"

对曰:"非曰能之,愿学焉。宗庙之事,如会同,端章甫①,愿为小相焉②。"

"点!尔何如?"

鼓瑟希,铿尔,舍瑟而作③,对曰:"异乎三子者之撰。"

子曰:"何伤乎?亦各言其志也。"

曰:"莫春者④,春服既成⑤,冠者五六人,童子六七人,浴乎沂⑥,风乎舞雩⑦,咏而归。"

夫子喟然叹曰⑧:"吾与点也⑨!"

【注释】

① 端章甫:端,礼服;章甫,礼帽;这里都活用作动词。
② 相:音 xiàng,赞礼者。
③ 作:站立。
④ 莫:"暮"的古字。
⑤ 成:定。
⑥ 沂:音 yí,水名,源出山东邹城西北,西经曲阜与洙水合,入于泗水。
⑦ 舞雩:用以求雨的台名。在今曲阜市南郊。雩,音 yú。
⑧ 喟然:长叹息貌;喟,音 kuì。
⑨ 吾与点也:与,赞同,同意。杨树达先生《论语疏证》说:"孔子所以与曾点者,以点之所言为太平社会之缩影也。"

【译文】

孔子又问:"公西赤!你怎么样?"

答道:"不是说我已经很有能力了,我愿意这样学习:祭祀的工作或者同外国会盟,我穿着礼服,戴着礼帽,做一个小司仪者。"

又问:"曾点!你怎么样?"

他弹瑟正近尾声,铿的一声把瑟放下,站起来答道:"我的志向和他们三位所讲的不同。"

孔子说:"有什么关系呢,正是要各人说出自己的志向啊!"

曾皙便说:"暮春时节,春天衣服都已穿定了,我和五六位成年人,六七个小孩,在沂水中洗洗澡,在舞雩台上吹吹风,再唱着歌儿回家。"

孔子长叹一声说:"我同意曾点的主张!"

三子者出,曾皙后。曾皙曰:"夫三子者之言何如?"

子曰:"亦各言其志也已矣。"

曰:"夫子何哂由也?"

曰:"为国以礼,其言不让,是故哂之。"

"唯求则非邦也与①?"

"安见方六七十如五六十而非邦也者?"

"唯赤则非邦也与?"

"宗庙会同,非诸侯而何?赤也为之小,孰能为之大?"

【注释】

① 唯:用在句首引出话题的助词。

【译文】

子路、冉有、公西华三人都出去了,曾皙后走。曾皙问道:"那三位同学的话怎样?"

孔子说:"也不过各人说说自己的志向罢了。"

曾皙又说:"先生为什么对仲由微笑呢?"

孔子说:"治理国家应该讲求礼,可是他的话一点都不谦让,所以笑笑他。"

"难道冉求所讲的就不是国家吗?"

孔子说:"怎么见得方圆六七十里或五六十里地就不够一个国家呢?""公西赤所讲的不是国家吗?"

孔子说:"有宗庙,有国际间的盟会,不是国家是什么?〔我笑仲由的不是说他不能治理国家,而是笑他说话的内容和态度不够谦虚。譬如公西赤,他是个十分懂得礼仪的人,但他只说愿意学着做一个小司仪者。〕如果他只做一个小司仪者,又有谁来做大司仪者呢?"

【考证】

浴乎沂:

这三个字本来明白如画,正如何晏《集解》引包咸所说:"浴乎沂水之上。"署名韩愈、李翱的《论语笔解》却说:"'浴'当为'沿'字之误也。周三月,夏之正月,安有浴之理哉!"俞樾也有类似说法。"浴乎沂"文从字顺——表明"浴"的处所,要接介宾结构:"夏五月,公游于申池。二人浴于池。"(《左传·文公十八年》)"日出于旸谷,浴于咸池。"(《淮南子·天文》)"浴乎沂"正如此。"沿"后则无需介词:"沿汉溯江,将入郢。"(《左传·文公十年》)"王沿夏,将欲入鄢。"(《昭公十三年》)"子沿汉而与之上下。"(《定公四年》)"率师沿海溯淮以绝吴路。"(《国语·吴语》)定州汉墓竹简本《论语》也作"浴乎沂"。南昌海昏侯墓《论语》作"容乎近",显然读为"浴乎沂"而不读"沿乎沂"。春秋时期山东半岛的暮春远较现在为湿热,游泳不成问题。而且古人之抗寒能力,非今人所能想象。[81]

导读:本篇多言孔门弟子事,故而后世儒者常常认为先进、后进指的是弟子入门先后(11.1),其实未必。《论语》的编撰虽然分篇有一定主旨,但随机性仍然较大。本篇"先进""后进"具体指代不明,大可以效法孔子"多闻阙疑",就本章解本章,而后触类旁通,不应颠倒次序。

后世注家对本篇第一章(11.1)有种种不同的见解,大抵源于对孔子崇"野人"、非君子感到困惑。孔子推崇君子,但说君子就应该胜过"野人",其实没有根据。君子,其本意是有一定社会地位的人,后来被赋予了道德属性。《论语》中不乏以君子指有地位的人之例,如:"君子怀德,小人怀土;君子怀刑,小人怀惠。"(4.11)"子为政,焉用杀?子欲善而民善矣。君子之德风,小人之德草,草上之风,必偃。"(12.19)以德言的更多,例如:"君子周而不比,小人比而不周"(2.14)"君子喻于义,小人喻于利。"(4.16)"女为君子儒,无为小人儒。"(6.13)"君子坦荡荡,小人长戚戚。"(7.37)"君子成人之美,不成人之恶。小人反是。"(12.16)本章的"君子"乃以位言。孔子之世,礼崩乐坏,正"礼失,求诸野"(《汉书·艺文志》引孔子言)之际。"野人"远离文化中心,受后世的习气影响小,保留的正是"礼失"之前的遗风,故而孔子欲征三代之礼,当从"野人",不从君子。

读者读到第二十六章,也常感困惑,明代大学者王阳明的学生就问老师,子路、冉有和公西华说的都是实用的正经事,为什么孔子不置可否,曾点说的事情近乎玩物丧志,圣人却赞许他呢?阳明先生的解释颇得要领,一是"二三子"有"意""必"(9.4),于是乎偏向一边,有得必然有失,这就堕入了"器"的层次,不是孔子的精神;而曾点的志向正好符合他的身份,"不在其位,不谋其政",悠然自得,正应了"君子不器"(2.12)之说。二是,孔子从能力上认可子路、冉有、公西华。可以补充的是,说"吾与点也",孔子是觉得曾点的志向与自己更相近,这里有孔子自身的生命体验参与其中,不是说曾点就胜过"二三子"。如果《孔子家语》的记载可信的话,曾点并不是一个潇洒从容的人。曾点的儿子,孔子的爱徒曾子,因为锄草弄断了瓜秧,被曾点一棒子打到昏厥,让孔子大为光火。孔子一生颠沛流离,但始终"守死善道"(8.13)。"道之不行"是命,孔子只能泰然处之,"居易以俟命"。"孔颜之乐"指的就是"居易"的状态,这是"乐山乐水"的高明境界。圣人不可学,孔子的"乘桴浮于海"与曾点的"浴乎沂,风乎舞雩,咏而归"看似相近,本质上却不同。另一种解释是杨树达先生所说的,"孔子所以与曾点者,以点之所言为太平社会之缩影也。"(《论语疏证》)社会安定祥和是孔子一直向往并孜孜以求的。理想型的社会是人人各安其是的社会,是无为而治的社会;能者有其位的社会其实是次一等的,但孔子就连次一等的社会也不曾够着,不能在现实中触碰理想,便只能在精神上遥契了。

颜渊篇第十二 共二十四章

12.1 颜渊问仁。子曰:"克己复礼为仁。一日克己复礼,天下归仁焉①。为人由己,而由人乎哉?"

颜渊曰:"请问其目。"子曰:"非礼勿视,非礼勿听,非礼勿言,非礼勿动。"

颜渊曰:"回虽不敏,请事斯语矣。"

【注释】

① 天下归仁:天下(的百姓)都将归向仁德。详见本章【考证】。

【译文】

颜渊问仁德。孔子说:"抑制自己,使言语行动都回复到礼所允许的范围,就是仁。一旦这样做成了,天下的人都会归向仁德。实践仁德,全靠自己,难道还靠别人不成?"

颜渊说:"请问行动的纲领。"孔子说:"不合礼的事不看,不合礼的话不听,不合礼的话不说,不合礼的事不做。"

颜渊说:"我虽不聪敏,也要实行您这话。"

【考证】

天下归仁:

清代毛奇龄说这章的"归仁"乃是"称仁"的意思,《论语》注家多采之。《孟子·离娄上》:"民之归仁也,犹水之就下、兽之走圹也。""归"和下文"就下""走圹"的"就""走",同样具有"移动"的义素,这就有了可比性,故用"犹"字以比方之。类似文例还有许多:"如有不嗜杀人者,则天下之民皆引领而望之矣。诚如是也,民归之,由水之就下,沛然谁能御之?"(《孟子·梁惠王上》)"叔向曰:'齐其何如?'晏子曰:'此季世也,吾弗知齐其为陈氏矣!公弃其民,而归于陈氏。……其爱之(陈氏)如父母,而归之如流水,欲无获民,将焉辟之?'"(《左传·昭公三年》)"寡人闻,古之贤君,四方之民归之,若水之归下也。"(《国语·越语上》)显然,"天下归仁"的"归"和以上各例的"归"意义是一样的。

义素分析法也是管用的。[82]

12.2 仲弓问仁。子曰:"出门如见大宾,使民如承大祭。己所不欲,勿施于人。在邦无怨,在家无怨①。"

仲弓曰:"雍虽不敏,请事斯语矣。"

【注释】

① 在邦无怨在家无怨:在邦,指在诸侯朝廷做事;在家,指在卿大夫采邑中做事。参见12.21。无怨,指我对别人没有怨恨。详见本章【考证】。

【译文】

仲弓问仁德。孔子说:"出门〔工作〕好像去接待贵宾,役使百姓好像去承担大祀典,〔事事严肃认真,小心谨慎。〕自己所不喜欢的事物,就不强加于别人。仕于诸侯不招致怨恨,仕于卿大夫也不招致怨恨。"

仲弓说:"我虽然不聪敏,也要实行您这话。"

【考证】

无怨:

有两种解释,一是他人无怨于我,二是我无怨于他人。《论语》成书时代典籍中的"无怨",当处于"主语+无怨"格式时,表示我(主语)无怨于他人。《宪问》:"贫而无怨难,富而无骄易。"《左传·昭公元年》:"子相晋国以为盟主……宁东夏,平秦乱,城淳于,师徒不顿,国家不罢,民无谤讟,诸侯无怨,天无大灾,子之力也。"《昭公二十年》:"若有德之君,外内不废,上下无怨,动无违事,其祝史荐信,无愧心矣。"《国语·周语上》:"神飨而民听,民神无怨,故明神降之。"《周语中》:"夫政自上下者也,上作政,而下行之不逆,故上下无怨。"《晋语七》:"细无怨而大不过,而后可以武。"当处于"状语+无怨"格式,或虽非这一格式,但表示在某种状况下"无怨"时,多为他人无怨于我。这一格式常处于对举句中:"分均无怨,行报无匮,守固不偷,节度不携。"(《周语上》)"无德无怨,无好无恶,万物崇一,阴阳同度,曰道。"(《管子·正》)"凡行戴情,虽过无怨;不戴其情,虽忠来恶。"(《淮南子·缪称》)"在邦无怨,在家无怨"符合后一种情况。[83]

12.3 司马牛问仁①。子曰:"仁者,其言也讱。"

曰:"其言也讱,斯谓之仁已乎?"子曰:"为之难,言之得无讱乎?"

【注释】

① 司马牛问仁:《史记·仲尼弟子列传》:"司马耕,字子牛,牛多言而躁,问仁于孔子。孔子曰:'仁者其言也讱。'"

【译文】

司马牛问仁德。孔子说:"仁人,他的言语迟钝。"

司马牛说:"言语迟钝,这就叫作仁了吗?"孔子说:"做起来不容易,说话能够不迟钝吗?"

12.4 司马牛问君子。子曰:"君子不忧不惧。"

曰:"不忧不惧,斯谓之君子已乎?"子曰:"内省不疚,夫何忧何惧?"

【译文】

司马牛问怎样才能成为一个君子。孔子说:"君子不忧愁,不恐惧。"

司马牛说:"不忧愁,不恐惧,这样就可以叫作君子了吗?"孔子说:"问心无愧,那有什么可以忧愁和恐惧的呢?"

12.5 司马牛忧曰:"人皆有兄弟,我独亡①。"子夏曰:"商闻之矣②:死生有命,富贵在天。君子敬而无失,与人恭而有礼。四海之内,皆兄弟也!君子何患乎无兄弟也?"

【注释】

① 人皆有兄弟我独亡:司马牛有好几位兄弟,桓魋其一。"兄弟"当时是带有感情色彩的词,有兄有弟而感情不谐,就是无兄弟。详见本章【考证】。

② 商:卜商,字子夏。

【译文】

司马牛忧愁地说:"别人都有兄弟,就我没有。"子夏说:"我听说过:死生交给命运,富贵全凭老天。君子只管严肃认真,没有过失,对他人谦恭有礼,普天之下,到处都是兄弟——君子哪里用得着担心没有兄弟呢?"

【考证】

(一) 人皆有兄弟,我独亡:

司马牛是桓魋的弟弟,他有兄弟四人。怎么理解"我独亡"呢? 我们经全面调查研究后认为:(1) 当时"兄弟"乃一词,而非短语。(2) 当时"兄弟"一词不但有"同父母所生"的理性意义,还有"和睦相处守望相助"的感情色彩。"母子"也如此。有兄弟(母子)之名,而无兄弟(母子)之实,谓之"无兄弟(母子)"。《左传·隐公元年》:"遂寘姜氏于城颍,而誓之曰:'不及黄泉,无相见也!'既而悔之。颍考叔为颍谷封人,闻之,有献于公,公赐之食,食舍肉。公问之,对曰:'小人有母,皆尝小人之食矣,未尝君之羹,请以遗之。'公曰:'尔有母遗,繄我独无!'"庄公有母而无其实,故曰"繄我独无"——无母子之实,即无母子情感,也即无母;司马牛与之类似,因此叹道"人皆有兄弟,我独亡"——何其相似乃尔! 现代汉语中,如二人同父母,"兄弟"一词仅有理性意义,感情色彩淡薄:"王大毛王二毛是兄弟。"如二人无血缘,"兄弟"一词具有感情色彩,或者说其"亲密无间"义是理性意义:"王大毛刘大刚是兄弟。"如果以"兄弟"的现代汉语意义去理解上古汉语,自然会有疑惑:司马牛分明是有兄弟的。[84]

(二) 君子敬而无失:

俞樾《群经平议》:"'失'当读为'佚'……'失'与'佚'通,言君子敬而无敢佚乐也。'敬而无佚'与'恭而有礼'对文。"俞说不可信。"失"确实可与"佚"通,但"无失"连文,"失"一般都如字读(其中有些"无"当读为"毋"):"必杀魏绛,无失也!"(《左传·襄公三年》)"凡陈之道,设右以为牝,益左以为牡,蚤晏无失,必顺天道,周旋无究。"(《国语·越语下》)"是以圣人无为,故无败;无执,故无失。"(《老子·六十四章》)"五,顺得助明;六,顺仁无失;七,顺道有功。"(《逸周书·小开武解》)"夫少正卯,鲁之闻人也,夫子为政而始诛之,得无失乎?"(《荀子·宥坐》)而"无佚"之文,仅找到两例:"远戚无十,和无再失,维明德无佚。"(《逸周书·大开武解》)"呜呼!君子所,其无逸。"(《尚书·无逸》)总之,"无失"如字读,既合乎当时语言的实际,又与情理无碍。[85]

12.6 子张问明。子曰:"浸润之谮①,肤受之诉②,不行焉,可谓明也已矣。浸润之谮,肤受之诉,不行焉,可谓远也已矣。"

【注释】

① 谮:音 zèn,谗言。
② 诉:控诉,这里指诬告。

【译文】

　　子张问怎样才能明察秋毫。孔子说:"日积月累水滴石穿般的谗言,以及表面肤浅未及实情的控告,你都不接受,那你可算是明察秋毫了;日积月累水滴石穿般的谗言,以及表面肤浅未及实情的控告,你都不接受,那你可算是具有远见卓识了。"

12.7 子贡问政。子曰:"足食,足兵,民信之矣①。"

　　子贡曰:"必不得已而去,于斯三者何先?"曰:"去兵。"

　　子贡曰:"必不得已而去,于斯二者何先?"曰:"去食。自古皆有死,民无信不立。"

【注释】

① 信:信任,相信。"听其言而信其行。"(5.10)按,此处"信"不能释为"信仰",因为《论语》时代以至以后很长一段时期"信"都没有"信仰"的意义。

【译文】

　　子贡请教执政之道。孔子说:"充足粮食,充足军备,百姓就信任政府了。"

子贡说:"如果迫不得已,一定要去掉一项,在这三者之中先放弃哪一项?"孔子说:"放弃军备。"

子贡说:"如果迫不得已,一定还要去掉一项,在剩下的两者之中先放弃哪一项?"孔子说:"放弃粮食。自古以来谁都免不了一死,如果人民不信任政府,国家不可能站得住。"

【考证】

民无信不立:

何晏《集解》引孔安国说:"死者古今常道,人皆有之,治邦不可失信。"朱熹《论语集注》:"民无食必死,然死者人之所必不免。无信则虽生而无以自立,不若死之为安。故宁死而不失信于民,使民亦宁死而不失信于我也。"民无信不立,为当时习语,民无诚信则无以立于天壤间:"君命无贰,失信不立。礼无加货,事无二成。"(《左传·成公八年》)"小所以事大,信也。失信不立,君其图之。"(《襄公二十二年》)"长众使民之道,非精不和,非忠不立,非礼不顺,非信不行。"(《国语·周语上》)"夫国非忠不立,非信不固。"(《晋语二》)[86]

12.8　棘子成曰[①]:"君子质而已矣,何以文为?"子贡曰:"惜乎,夫子之说君子也!驷不及舌。文犹质也,质犹文也。虎豹之鞟犹犬羊之鞟[②]。"

【注释】

① 棘子成:卫国大夫。古代大夫都可被尊称为"夫子"。
② 鞟:音 kuò,去了毛的兽皮。

【译文】

棘子成说:"君子只要有好的本质就行了,要那些文采干什么?"子贡说:"可惜呀,先生竟这样谈论君子!一言既出,驷马难追。本质和文采,是同等重要的。假若把虎豹和犬羊两类兽皮拔去有文采的毛,那这两类皮革就很难区别了。"

12.9 哀公问于有若曰:"年饥,用不足,如之何?"

有若对曰:"盍彻乎?"

曰:"二,吾犹不足,如之何其彻也?"

对曰:"百姓足,君孰与不足? 百姓不足,君孰与足?"

【译文】

鲁哀公向有若问道:"年成不好,国家用度不足,该怎么办?"

有若答道:"为什么不实行十分抽一的税率呢?"

哀公说:"十分抽二,我还不够,怎么能十分抽一呢?"

答道:"如果百姓的用度够,您怎么会不够? 如果百姓的用度不够,您又怎么会够?"

12.10 子张问崇德辨惑。子曰:"主忠信,徙义①,崇德也。爱之欲其生,恶之欲其死。既欲其生,又欲其死,是惑也。'诚不以富,亦祇以异②。'"

【注释】

① 徙义:徙于义,以义为归依。徙,迁往,归附。
② 诚不以富,亦祇以异:见《诗经·小雅·我行其野》。祇,音 zhī,只,仅仅。郑玄说,孔子引此诗,只是要强调那个"异"字。

【译文】

子张问如何推崇道德,明辨惑乱。孔子说:"依靠忠诚信实,唯义是从,这就是推崇道德。喜爱他,就希望他活着;讨厌他,恨不得他死掉。既要他活,又要他死,这便是惑乱。正所谓'不但捞不着,只让人奇怪。'"

12.11 齐景公问政于孔子。孔子对曰:"君君,臣臣,父父,子子。"公曰:"善哉! 信如君不君,臣不臣,父不父,子不子,虽有粟,吾得而食诸?"

【译文】

　　齐景公向孔子问政治。孔子答道:"君要像个君,臣要像个臣,爹要像个爹,儿要像个儿。"景公说:"对呀! 若真是君不像君,臣不像臣,爹不像爹,儿不像儿,虽然有很多粮食,我能吃得上吗?"

12.12　子曰:"片言可以折狱者①,其由也与?"子路无宿诺。

【注释】

① 片言:单辞。打官司一定有原告、被告两方面的人,叫作"两造"。孔子说子路片言可以折狱,不过表示他的为人诚实直率,别人不愿欺他罢了。

【译文】

　　孔子说:"根据一方面的言语就可以判决案件的,大概只有仲由吧!"子路从不拖延诺言。

12.13　子曰:"听讼①,吾犹人也,必也使无讼乎!"

【注释】

① 听讼:孔子曾任治理刑事的大司寇一职。

【译文】

　　孔子说:"审理官司,我和别人一样〔会留有遗憾〕;如果要做到不留遗憾,除非不打官司。"

【考证】

必也使无讼乎:

《论语》中的"必也……",除本章外,尚有6例;其中除《子路》"子曰:'必也正名乎!'"单独为一句外,其余5例"必也……"句前均为一否定句,或带有否定意涵的句子:"君子无所争,必也射乎!"(《八佾》)"何事于仁,必也圣乎!"(《雍也》)"暴虎冯河,死而无悔者,吾不与也;必也临事而惧,好谋而成者也。"(《述而》)"不得中行而与之,必也狂狷乎!"(《子路》)"人未有自致者也,必也亲丧乎!"(《子张》)其他典籍中也有类似句子:"记问之学,不足以为人师;必也其听语乎?"(《礼记·学记》)以上句子中,除"何事于仁,必也圣乎"中"何事于仁"是带有否定意涵的句子外(其意涵为"不止是仁"),其余各例"必也……"句前均为否定句。而且,"必也……"(如果一定要……)本身也意味着前句是否定的。因此"听讼吾犹人也"也是有着否定意涵的句子,《晏子春秋·外篇上》"仁人之耳目,亦犹人也,夫奚为独不乐此也"可证。因此,本章"必也"依然不是对其后成分的强调,而是对其前的否定的让步。

请参李运富先生《〈论语〉里的"必也,P"句式》(《中国语文》1987年3期)。[87]

12.14 子张问政。子曰:"居之无倦,行之以忠。"

【译文】

子张问政治。孔子说:"在岗位上兢兢业业,执行政令一心一德。"

12.15 子曰:"博学于文,约之以礼,亦可以弗畔矣夫①!"

【注释】

① 参见 6.27,内容一致。

12.16 子曰:"君子成人之美,不成人之恶。小人反是。"

【译文】

孔子说:"君子成全他人,而不促人作恶。小人却和这相反。"

12.17 季康子问政于孔子。孔子对曰:"政者,正也。子帅以正,孰敢不正?"

【译文】

　　季康子向孔子问政治。孔子答道:"'政'字的意思就是端正。您自己带头端正,谁敢不端正呢?"

12.18 季康子患盗,问于孔子。孔子对曰:"苟子之不欲,虽赏之不窃。"

【译文】

　　季康子苦于盗贼太多,向孔子求教。孔子答道:"假如您不贪求太多的财货,就是奖励偷抢,他们也不会干。"

12.19 季康子问政于孔子曰①:"如杀无道,以就有道,何如?"孔子对曰:"子为政,焉用杀?子欲善而民善矣。君子之德风,小人之德草。草上之风,必偃。"

【注释】

① 季康子问政于孔子:季孙肥(康子)袭其父位于鲁哀公三年七月,以上三章季康子之问,当在此以后。

【译文】

　　季康子向孔子请教政治,说道:"假若杀掉坏人来亲近好人,怎么样?"孔子答道:"您治国理政,为什么要杀戮?您想把国事办好,百姓就会好起来。领导人的作风好比风,老百姓的作风好比草。风向哪边吹,草向哪边倒。"

12.20 子张问:"士何如斯可谓之达矣?"子曰:"何哉,尔所谓达者?"子张对曰:"在邦必闻,在家必闻。"子曰:"是闻也,非达也。夫达也者,质直而好义,察言而观色,虑以下人。在邦必达,在家必达。夫闻也者,色取仁而行违,居之不疑。在邦必闻,在家必闻。"

【译文】

　　子张问:"读书人要怎样做才可以叫作通达?"孔子说:"你所说的通达是什么意思?"子张答道:"在朝廷做官时一定有名望,在大夫家工作时一定有名望。"孔子说:"这是闻名,不是通达。怎样才是通达呢?品质正直,遇事讲理,善于分析别人的言语,观察别人的颜色,从思想上愿意对别人退让。这样,他在朝廷做官必定事事通达,在大夫家也一定事事通达。至于闻名,表面上似乎爱好仁德,实际行为却不如此,而自己竟以仁人自居而毫不怀疑。这种人,做朝廷的官时一定会博取名望,在大夫家工作时也一定会博取名望。"

12.21　樊迟从游于舞雩之下,曰:"敢问崇德,修慝①,辨惑。"子曰:"善哉问! 先事后得,非崇德与? 攻其恶,无攻人之恶,非修慝与? 一朝之忿,忘其身,以及其亲,非惑与?"

【注释】

① 修慝:修,修理,整理,清理,清算,修饰,修好,修治;按,"修"含义颇宽泛,既可修德、修好、修城、修垣(例多不举),又可"修怨"(《左传·隐公四年》《哀公元年》,清理清算旧怨之谓)。此处"修慝"的"修",是"修治"的意思,故译为"消除"。慝,音 tè,藏匿于心中的怨恨。

【译文】

　　樊迟陪同孔子在舞雩台下游玩,说:"请问怎样尊崇道德,怎样消除别人隐藏的怨恨,怎样辨别哪些是糊涂事?"孔子说:"问得好! 先劳动,而后收获,不是尊崇道德吗? 对于缺点错误,自我批评,而不批评别人,不就消除了隐藏的怨恨吗? 因为偶然的愤怒,便失去理智,甚至连累双亲,不是糊涂吗?"

12.22　樊迟问仁。子曰:"爱人。"问知。子曰:"知人。"

　　樊迟未达。子曰:"举直错诸枉①,能使枉者直。"

　　樊迟退,见子夏曰:"乡也吾见于夫子而问知②,子曰,'举直错诸枉,能使枉者直',何谓也?"

子夏曰:"富哉言乎! 舜有天下,选于众,举皋陶③,不仁者远矣。汤有天下④,选于众,举伊尹⑤,不仁者远矣。"

【注释】

① 举直错诸枉:错,安放,安置;诸,"之于"的合音字;枉,不正。
② 乡:同"向",刚才。
③ 皋陶:音 gāoyáo,舜的臣子。
④ 汤:商朝开国之君,名履,伐夏桀而得天下。
⑤ 伊尹:汤的辅相。

【译文】

樊迟问什么是仁。孔子说:"爱人。"又问什么是智,孔子说:"善于了解别人。"

樊迟还不理解。孔子说:"提拔正直的人,把他安置在不正直的人之上,能够使不正直的人正直。"

樊迟退了出来,找到子夏,说道:"刚才我去见老师,请教什么是智,他说:'提拔正直的人,把他安置在不正直的人之上,能够使不正直的人正直。'这是什么意思?"

子夏答道:"这话的意义多么丰富哇! 舜有了天下,在众人之中挑选,提拔了皋陶,坏人就被疏远了。汤有了天下,在众人之中挑选,提拔了伊尹,坏人就被疏远了。"

12.23 子贡问友。子曰:"忠告而善道之,不可则止,毋自辱焉。"

【译文】

子贡问如何对待朋友。孔子说:"忠心地劝告他,好好地引导他,他不听从,也就罢了,不要自取其辱。"

12.24 曾子曰:"君子以文会友,以友辅仁。"

【译文】

曾子说:"君子用文章学问来聚会朋友,用朋友来帮助自己培养仁德。"

导读:"信"是"孔门四教"之一。汉代大儒董仲舒将"信"与仁、义、礼、智并举,被后世称为"五常"。但在《论语》中,"信"还不是一个抽象的概念。孔子教授的"信",是教学生如何通过修养德行,锻炼与人相处的能力来获得他人的信任。"信"固然有言出必践、"守信"的意涵,比如在"忠信"连用的情况下。但更多是与朋友、民、政相关联,意思是讲诚信而被人信服。两者的使用,都是在与人交往的语境下,在孔子看来,"信"并不是一种对自己负责的内在的德目。对自己负责的道德律条有绝对性,比如"仁","造次必于是,颠沛必于是"(4.5)。与人交往的品质是外在的,视一定条件而定的,需要权变,不能死守。言出必践,恪守承诺固然可以如子路一样被人尊重(12.12、12.13),但如果不懂得割舍,为了追求外部的评价而绑架自身,就本末倒置了。因而孔子说"言必信,行必果"是小人所为(13.20)。被世人评价为正直守信的微生高,孔子就不承认他"直"(5.24)。孔子的评价是切中要害的。根据《庄子》的记载,微生高与女子相约桥下,女子没来,微生高苦等不肯离开,最后因为涨水被淹死了。孔子的观点在今天看来也是有借鉴意义的,任何协议的达成,都应当预留出调整和更改的空间,这本身是对个人意愿的尊重。子夏说,君子在大是大非上不含糊,在小细节上不用斤斤计较(19.11),这是对孔子观点的通俗表达。

"信"在社会政治层面十分重要。孔子提倡上行下效的德性政治,在这个目标下,当政者是否为民众所信任就极为关键。本篇第七章,孔子说一个政权要能运转,需要有财赋、有军备,更重要的是有百姓的信任。国家如果遇到问题,比如饥荒,首先要裁撤军队,这样可以减少开支,使其回归生产。如果还不行,就要减免税赋,乃至开仓赈民。粮食发放完了，横竖不过饿死；如果有粮不放，还整饬军队防止叛乱，那么老百姓就会对统治者失去信任，国家就要乱，后果不堪设想。此章与第九章"年饥，用不足"时孔子主张削减税赋，正是异曲同工。有的学者批评孔子，说孔子为了强调他所谓的道德，宁可让老百姓饿死，这是伦理异化。他们不了解孔子的思想性格，孔子从不蹈虚，总是就实际可能发生的情况而言，对去食、去兵、去信的理解也不是建立在抽象假设的基础之上。他们也不了解《论语》的语例，《论语》中凡问"政"或问"为政"，孔子的回答如果没有明确指代，都是以当政者为说话对象。去兵、去食都是就执政者而言，二者的对象相同，不是说去除百姓的口粮。

子路篇第十三 共三十章

13.1 子路问政。子曰:"先之劳之。"请益。曰:"无倦。"

【译文】

子路问执政之道。孔子说:"先给百姓做榜样,然后役使他们。"子路请求多讲一点。孔子又说:"兢兢业业地工作。"

13.2 仲弓为季氏宰,问政。子曰:"先有司,赦小过,举贤才。"

曰:"焉知贤才而举之?"子曰:"举尔所知;尔所不知,人其舍诸?"

【译文】

仲弓当了季氏的管家,向孔子问政治。孔子说:"给工作人员做榜样,原谅别人的小过失,推举贤能的人。"

仲弓说:"怎样去识别贤能的人并提拔他们呢?"孔子说:"推举你所知道的;你所不知道的,别人难道会舍弃他吗?"

13.3 子路曰:"卫君待子而为政①,子将奚先?"

子曰:"必也正名乎!"

子路曰:"有是哉,子之迂也!奚其正?"

子曰:"野哉,由也!君子于其所不知,盖阙如也。名不正,则言不顺;言不顺,则事不成;事不成,则礼乐不兴;礼乐不兴,则刑罚不中;刑罚不中,则民无所错手足②。故君子名之必可言也,言之必可行也。君子于其言,无所苟而已矣。"

【注释】

① 卫君:卫出公,名辄。
② 错:放置。

【译文】

子路对孔子说:"卫君等着您去治国理政,您准备首先干什么?"

孔子说："〔政事本来难分先后，〕如果非要先做某一项，那就是正名吧！"

子路说："您的迂腐竟到了如此地步吗！何必正什么名？"

孔子说："你怎么这样粗野！君子对于他所不懂的，大概采取保留态度〔而不会像你这样乱说〕。用词不当，言语就不能顺理成章；言语不顺理成章，工作就不能搞好；工作搞不好，国家的礼乐制度也就举办不起来；礼乐制度举办不起来，刑罚也就不会得当；刑罚不得当，百姓就会〔无所适从，〕连手脚都不晓得摆在哪里好。所以君子给某一事物命名，一定有可以这样说的理由；而这样说了，也一定要能行得通。君子对于他的措辞，要做到一点也不马虎才算完事。"

13.4 樊迟请学稼。子曰："吾不如老农。"请学为圃。曰："吾不如老圃。"

樊迟出。子曰："小人哉，樊须也①！上好礼，则民莫敢不敬；上好义，则民莫敢不服；上好信，则民莫敢不用情。夫如是，则四方之民襁负其子而至矣，焉用稼？"

【注释】

① 樊须：字子迟。

【译文】

樊迟请求学种庄稼。孔子说："我不如老农夫。"又请求学种蔬菜。孔子说："我不如老菜农。"

樊迟出去了。孔子说："樊须真是小人！居上者讲礼节，老百姓就没人敢不尊敬；居上者讲道理，老百姓就没人敢不服从；居上者讲信誉，老百姓就没人敢不说真话。能做到这样，四面八方的老百姓都会背负着小儿女来投靠，为什么要自己种地呢？"

13.5 子曰："诵《诗》三百，授之以政，不达；使于四方，不能专对①；虽多，亦奚以为②？"

【注释】

① 使于四方不能专对：古代使节，只接受使命，至于交涉应对，全靠随机应变，这就是"专对"。又，当时的外交酬酢和谈判，多以背诵《诗经》来表达己意。

② 亦奚以为：奚以，怎样，如何。为，做。

【译文】

孔子说："熟读《诗经》三百篇，让他处理政务，却不能顺畅通达；出使外国，又不能独立应对；即便读得多，又如何去做呢？"

13.6 子曰："其身正，不令而行；其身不正，虽令不从。"

【译文】

孔子说："当权者自己行得正，不发命令，政令也能贯彻。自己行为不检点，即使三令五申，老百姓也不会听从。"

13.7 子曰："鲁卫之政，兄弟也。"

【译文】

孔子说："鲁国和卫国的政治，像兄弟一般〔相差无几〕。"

13.8 子谓卫公子荆："善居室。始有，曰：'苟合矣①。'少有，曰：'苟完矣。'富有，曰：'苟美矣。'"

【注释】

① 苟合：差不多合适，基本上够了。详见本章【考证】。

【译文】

孔子谈到卫国的公子荆，说："他善于居家过日子。刚有一点，便说：'差不多合适了。'增加了一点，又说道：'差不多完备了。'多有一点，便说道：'差不多美轮美奂了。'"

【考证】

苟合：

俞樾《群经平议》说"苟"是"诚"的意思，与"苟有用我者""苟正其身矣"的"苟"义同。不确。当"苟"解作"诚"，也即我们通常所说的"真的"，作假设连词用时，它一定处于一个假设复句的首句。而本章"苟合矣""苟完矣""苟美矣"的 3 处"苟"都不符合条件。俞樾又说"合"通"洽"，举《孟子》"此心之所以合于王者何也"为例。但此句意为"我这种心情和王道相合，是什么道理呢"，与"洽"无涉。

同义词，只是甲词的某义位和乙词的某义位意义相近，换作甲词或乙词的另一义位就不相近了。例如"苟"的"如果"义和"诚"的"真的"（表假设）义相近，它俩都位于假设复句的首句。"苟合矣""苟完矣""苟美矣"的"苟"并不处在这个位置，当然也不会是那个意思。[88]

13.9 子适卫，冉有仆①。子曰："庶矣哉！"

冉有曰："既庶矣，又何加焉？"曰："富之。"

曰："既富矣，又何加焉？"曰："教之。"

【注释】

① 仆：动词，驾驭车马。

【译文】

孔子到卫国，冉有替他驾车子。孔子说："人真多呀！"

冉有说："人口已经众多了，又该干什么呢？"孔子说："让他们富起来。"

冉有说："已经富裕了，又该干什么呢？"孔子说："教育他们。"

13.10 子曰："苟有用我者，期月而已可也①，三年有成。"

【注释】

① 期月：一年；期，同"朞"，音 jī。

【译文】

孔子说:"如有用我主持国家政事的,一年也就差不多了,三年便会很有成绩。"

13.11 子曰:"'善人为邦百年,亦可以胜残去杀矣。'诚哉是言也!"

【译文】

孔子说:"'善人治理国家一百年,也可以克服残暴免除杀戮了。'这话说得真对呀!"

【考证】

胜残去杀:

何晏《集解》引王肃说:"胜残,胜残暴之人使不为恶也。去杀,不用刑杀也。"皇侃、朱熹之说类似;也即王、皇、朱都把"胜残""去杀"分为二事。俞樾认为"杀"与"虐"义同,"'胜残去杀'实止(只)一义,分而为二,非经旨。"他所理解的"去虐",只是消除一般的虐待,而不是消除置人于死地的虐待。我们认为,"杀"与"虐"义同,是因为"虐"的意义较宽泛,它包含、囊括了"杀"的意义;一般的虐待叫作"虐",虐待至死,所谓"虐杀",也叫作"虐"。《论语·尧曰》:"不教而杀谓之虐。"《左传·僖公十九年》:"宋公使邾文公用鄫子于次睢之社……司马子鱼曰:'古者六畜不相为用,小事不用大牲,而况敢用人乎?祭祀以为人也。民,神之主也。用人,其谁飨之?……今一会而虐二国之君。'"《昭公二十三年》:"莒子庚舆虐而好剑,苟铸剑,必试诸人。"因此,本章的"杀"不能理解为一般的"虐待","胜残去杀"也不是俞樾所说的"一事"。

这一则和上一则一样,也是讲的同义词辨析。[89]

13.12 子曰:"如有王者,必世而后仁①。"

【注释】

① 世：三十年为一世。

【译文】

　　孔子说："假如有王者兴起，一定需要三十年才能使仁政大行。"

13.13　子曰："苟正其身矣，于从政乎何有？不能正其身，如正人何？"

【注释】

① 何有：有什么困难。

【译文】

　　孔子说："假若端正了自己，治理国家还有什么困难呢？连本身都不能端正，又怎能端正别人呢？"

13.14　冉子退朝①。子曰："何晏也②？"对曰："有政。"子曰："其事也③。如有政，虽不吾以，吾其与闻之④。"

【注释】

① 朝：指季氏的私朝，不是国君之朝。冉有是季氏家臣，不能朝见国君。
② 晏：晚，迟。今长沙方言仍说迟为"晏"。
③ 政、事：军国大事叫作"政"。《左传·成公十三年》："国之大事，在祀与戎。"《论语·季氏》："季氏将有事于颛臾。"这等事就是"政"；一般性的事才叫作"事"。与现代汉语不同的是，极琐碎的小事不能叫作"事"。
④ 与闻：听到、知道军国大事、机密或一定级别才能听到的东西。与，音 yù，参与。详见本章【考证】。

【译文】

　　冉有下班回来。孔子说："今天为什么回得晚了呢？"答道："有政务。"孔子说："那只是事务罢了。如果有政务，虽然不用我了，我也会知道的。"

【考证】

与闻：

听到，知道。"与闻"不是一般的听到、知道，而是听到、知道军国大事、机密或一定级别才能听到的东西。与(yù)，参与。《左传·襄公四年》："三《夏》，天子所以享元侯也，使臣弗敢与闻。"意谓三《夏》是天子用来招待诸侯领袖的，使臣我是不敢听到的。《昭公二十五年》："臣与闻命矣，言若泄，臣不获死。"意谓下臣已经知道密令了，如果泄露，下臣我不得好死。本章所言《左传·哀公十一年》有载，季氏以用田赋的事征求孔子意见，并且说："子为国老，待子而行。"可见孔子"如有政，吾其与闻之"这话是有根据的。[90]

13.15　定公问："一言而可以兴邦，有诸？"

孔子对曰："言不可以若是其几也①。人之言曰：'为君难，为臣不易。'如知为君之难也，不几乎一言而兴邦乎？"

曰："一言而丧邦，有诸？"

孔子对曰："言不可以若是其几也。人之言曰：'予无乐乎为君，唯其言而莫予违也。'如其善而莫之违也，不亦善乎？如不善而莫之违也，不几乎一言而丧邦乎？"

【注释】

① 言不可以若是其几也："若是其"为当时习语，其后通常接形容词，表示"如此……""像这样地……"几，音 jī，近；这里可译为机械、拘泥、不留余地。详见本章【考证】。

【译文】

鲁定公问："一句话兴盛国家，有这事吗？"

孔子答道："说话不可以像这样地不留余地。不过，有道是'做君主很难，做臣子也不易。'如果知道做君主的艰难，不近于一句话便兴盛国家吗？"

定公又说："一句话丧失国家，有这事吗？"

孔子答道："说话不可以像这样地不留余地。不过，大家都说：'我做君主没有别的快乐，只是我说任何话都没人敢违抗。'如果说的话正确而没人敢违抗，不也好么？如果说的话不正确也没人敢违抗，这不就接近一句话便丧失国家了吗？"

【考证】

言不可以若是其几也：

按照孔安国注，应该断句为："言不可以若是，其几也。"许多《论语》注本采纳之。"若是其"为当时习语，其后通常接形容词，表示"如此……""像这样地……"，如《孟子·梁惠王上》："若是其甚与？"《梁惠王下》："若是其大乎？"《庄子·则阳》："其于人心者若是其远也。"《荀子·仲尼》："其事行也若是其险污淫汏也。"《王霸》："若是其固也。"《强国》："损已之所不足，以重己之所有余，若是其悖缪也。"《晏子春秋·内篇杂下》："晏子之家，若是其贫也。"《吕氏春秋·季秋纪》："贤固若是其苦邪？"因此我们认同朱熹所说"以'若是'绝句，恐不词也"。与"若是其"类似的，还有"如是其""若此其""如此其""如彼其""若彼之"。"几"训"近"：《尔雅·释诂》："几，近也。"这句话应当译为"说话不能像这样地不留余地"。下文"几乎"，训"近于"，与"言不可以若是其几也"相呼应。[91]

13.16 叶公问政。子曰："近者说，远者来①。"

【注释】

① 近者说，远者来：这两句话杨伯峻先生译为"境内的人使他高兴，境外的人使他来投奔"；孙钦善先生译为"境内的人使他们欢悦，远方的人使他们来归"。我们不取。因为，按《论语》的句法，如要这样翻译，应作"近者说之，远者来之"。我们认同皇侃《义疏》所说："言为政之道，若能使近民欢悦，则远人来至矣"。

【译文】

叶公问政治。孔子说:"只有境内的人欢悦,境外的人才会来归。"

13.17 子夏为莒父宰①,问政。子曰:"无欲速,无见小利。欲速,则不达;见小利,则大事不成②。"

【注释】

① 莒父:鲁国之一邑;莒,音 jǔ。
② 大事:指军国大事,详见本章【考证】。

【译文】

子夏做了莒父的行政首长,问政治。孔子说:"不要贪图速度,不要贪图小利。贪图速度,反而达不到目的;贪图小利,就误了军国大事。"

【考证】

大事:

我们在 13.14 注③中说:"军国大事叫作'政',《左传·成公十三年》:'国之大事,在祀与戎。'这等事就是'政';一般性的事才叫作'事'。与现代汉语不同的是,极琐碎的小事不能叫作'事'。"本章的"大事",尽管译为现代汉语的"大事"也不算错,但译为"军国大事"或"国家大事",则更贴切。例如:"君命大事:将有西师过轶我,击之,必大捷焉。"(《左传·僖公三十二年》)"'能行大事乎?'(商臣)曰:"能。"冬十月,以宫甲围成王……"(《文公元年》)"若之何其以病败君之大事也?擐甲执兵,固即死也。病未及死,吾子勉之!"(《成公二年》)以上几例,在当时,都称得上是"军国大事"或"国家大事"。在当时文献中,尚未见到反例。

"不好了!家里出大事了!"原来到了 6 点,小孩还没到家。这样的事儿,在上古绝对不能称为"大事"。参加 16.1【考证】。[92]

13.18 叶公语孔子曰:"吾党有直躬者①,其父攘羊②,而子证之③。"孔子曰:"吾党之直者异于是:父为子隐,子为父隐,直在其中矣④。"

【注释】

① 有直躬者：有名叫"直躬"的人。详见本章【考证】。
② 攘：《淮南子》高诱注："凡六畜自来而取者，曰'攘'也。"
③ 证：告发，检举。
④ 直在其中：孔子伦理哲学的基础就在于"孝"和"慈"，因之说父子相隐，直在其中。

【译文】

叶公告诉孔子说："我那里有个正直坦率的人，他父亲顺手牵羊，他便告发。"孔子说："我们那里正直坦率的人和你们的不同：父亲为儿子隐瞒，儿子为父亲隐瞒。正直就在这里面。"

【考证】

直躬：

有两说，一为何晏《集解》引孔安国说"直身而行"，以喻坦白直率。一为《经典释文》："直躬，郑本作'弓'，云：'直人名弓。'"黄怀信《论语汇校集释》："郑说非，若'弓'为人名，则不当有'者'字。"不确。《论语·雍也》："有颜回者好学，不迁怒，不贰过。"（又见《先进》）"有澹台灭明者，行不由径，非公事，未尝至于偃之室也。"（同上）"直躬"与其他人名并列者可间接说明"躬"也是人名："比干剖心，子胥抉眼，忠之祸也；直躬证父，尾生溺死，信之患也。"（《庄子·杂篇·盗跖》）经全面调查，有生名词"躬"，不受形容词修饰。如果"躬"为人名（专有名词），就可被形容词修饰。孔子回答叶公的话也可间接证明郑玄的"直人名弓"说。叶公说"吾党有直躬者"云云，孔子回答说"吾党之直者异于是"，"躬"字不见了。《淮南子·氾论》也如此。先说"直躬其父攘羊而子证之"，后说"直而证父"。"直身而行"说与人名说并不矛盾。《孟子·万章上》："或谓孔子于卫主痈疽，于齐主侍人瘠环，有诸乎？"春秋战国时有些人的名字和他的德业、身体的特征等相关。徐仁甫《广古书疑义举例》列有"人名之上加德业""以事名人""以形名人"诸例。[93]

13.19 樊迟问仁。子曰:"居处恭,执事敬,与人忠。虽之夷狄①,不可弃也。"

【注释】

① 之:到,往。

【译文】

樊迟问仁。孔子说:"平日容貌态度端正庄严,工作严肃认真,为别人忠心诚意。这几种品德,即便到了夷狄那里,也是不能废弃的。"

13.20 子贡问曰:"何如斯可谓之士矣?"子曰:"行己有耻①,使于四方,不辱君命,可谓士矣。"

曰:"敢问其次。"曰:"宗族称孝焉,乡党称弟焉。"

曰:"敢问其次。"曰:"言必信,行必果,硁硁然小人哉②!——抑亦可以为次矣。"

曰:"今之从政者何如?"子曰:"噫!斗筲之人③,何足算也?"

【注释】

① 行己:约束自己,持身。详见本章【考证】。
② 硁硁然:浅薄固执的样子。硁,音 kēng。
③ 斗筲之人:指气度狭小的人。筲,音 shāo,饭筐。

【译文】

子贡问道:"怎样才可以叫作'士'?"孔子说:"自己行为保持羞耻之心,出使各国,不负君主的使命,这就可以叫作'士'了。"

子贡说:"请问次一等的。"孔子说:"宗族称赞他孝顺父母,乡里称赞他恭敬兄长。"

子贡又说:"请问再次一等的。"孔子说:"言语一定信实,行为一定坚决,这是不问黑白而只管自己贯彻言行的小人哪!但也可以说是再次一等的'士'了。"

子贡说:"现在的执政诸公怎么样?"孔子说:"唉!这班小肚鸡肠的

人，哪值得拿来排等次？"

【考证】

行己：

犹言"持身"："子谓子产：'有君子之道四焉：其行己也恭，其事上也敬，其养民也惠，其使民也义。'"（《论语·公冶长》）"晏子相景公……行己而无私，直言而无讳。"（《晏子春秋·外篇上》）"人君行己体貌不恭，怠慢骄蹇，则不能敬万事。"（《汉书·五行志》）"（班）嗣报曰：'若夫严子者，绝圣弃智，修生保真，清虚澹泊，归之自然……'嗣之行己持论如此。"（《叙传》）持身，也即"规范自己""约束自己"；后来由褒义趋于中性，故可言"人君行己体貌不恭"。[94]

13.21 子曰："不得中行而与之，必也狂狷乎①！狂者进取，狷者有所不为也。"

【注释】

① 狷：音 juàn，洁身自好。

【译文】

孔子说："不能得到言行方正的人和他相交，又硬要交友的话，那总要交到狂放和狷介的人吧！狂放者敢于进取，狷介者还不至于做坏事。"

13.22 子曰："南人有言曰：'人而无恒，不可以作巫医①。'善夫！"

"不恒其德，或承之羞。"子曰："不占而已矣。"

【注释】

① 巫医：巫者和医师。详见本章【考证】。

【译文】

孔子说："南方人有句话说：'作为一个人，却没有操守，连巫者和医生都做不了。'说得好哇！"

《易经·恒卦》的爻辞说:"如果美德不能持守,或许有人施加羞辱。"孔子又说:"意思是叫没操守的人不必去占卦罢了。"

【考证】

(一)人而无恒:

即作为人而没有操守。《论语译注》译 7.26"得见有恒者""难乎有恒矣"为"能看见有一定操守的人""难于保持一定操守了"。《孟子·梁惠王上》"无恒产而有恒心",《孟子译注》:"没有固定的产业收入却有一定的道德观念和行为准则";译下文"则无恒产,因无恒心"为"如果没有一定的产业收入,便也没有一定的道德观念和行为准则"。操守义包含两个义素:"有道德+能坚持",而持久义只是"能坚持";如果说,本章"人而无恒"的"无恒"是"没有恒心",也即该"恒"为持久义,那么,必须有证据表明"恒"较早的操守义所包含的"有道德"义已经脱落磨损只剩下"持久义"了。这种证据难以找到。《孟子·滕文公上》:"民之为道也,有恒产者有恒心,无恒产者无恒心。苟无恒心,放辟邪侈,无不为已。"无恒,无恒心,显然是没有道德观念和行为准则,因而"放辟邪侈,无不为已"。[95]

(二)巫医:

《论语译注》:"'巫医'是一词,不应分为卜筮的'巫'和治病的'医'两种。"我们以为,上古汉语某一结构是词还是词组,要看它出现频率是高是低,形式是否固定。如果是词,出现频率相对较高,形式相对固定;词组则反之。《论语》《左传》时代,"医""巫"都出现多次,"巫医"却只出现在《论语》1 次。即使迟至汉代史书,也有时"巫医"连言,有时又"医巫"连言:"天子病鼎湖甚,巫医无所不致,不愈。游水发根乃言曰:'上郡有巫,病而鬼下之。'"(《史记·孝武本纪》)"为置医巫,以救疾病,以修祭祀。"(《汉书·爰盎晁错传》)可见本章"巫医"是词组,即巫者和医师。[96]

13.23 子曰:"君子和而不同,小人同而不和①。"

【注释】

① 和,同:春秋时代的两个常用术语。和,指多种事物的和谐相处,即

所谓相反相成。"和"表现在君臣关系上,就是臣子赞成君主的正确意见,而不赞成他的错误意见。同,则与之相反,只是一味地盲从,以求明哲保身。

【译文】

孔子说:"君子追求在正确前提下的和谐,却不肯盲从;小人只会盲从,却不肯坚持正确立场。"

13.24 子贡问曰:"乡人皆好之,何如?"子曰:"未可也。"

"乡人皆恶之,何如?"子曰:"未可也;不如乡人之善者好之,其不善者恶之。"

【译文】

子贡问道:"一乡的人都喜欢他,这个人怎么样?"孔子说:"还不行。"

子贡又说:"一乡的人都厌恶他,这个人怎么样?"孔子说:"还不行。最好一乡的好人都喜欢他,一乡的坏人都厌恶他。"

13.25 子曰:"君子易事而难说也①。说之不以道,不说也;及其使人也,器之。小人难事而易说也。说之虽不以道,说也;及其使人也,求备焉。"

【注释】

① 易事而难说:易事,容易共事;说,音 yuè,"悦"的古字。

【译文】

孔子说:"在君子手下工作容易,却难取悦于他。不用正当的方法取悦他,他是不会高兴的;等到他用人的时候,却能使人各得其所。在小人手下工作很难,取悦他却容易。用不正当的方法取悦他,他会高兴的;等到他用人的时候,却求全责备。"

13.26 子曰:"君子泰而不骄,小人骄而不泰①。"

【注释】

① 泰、骄:"泰"和"骄"是同义词,且都是贬义。其共同特点是看上去自高自大,严厉不好接近。但意义仍有所区别。

【译文】

孔子说:"君子自负,但不盛气凌人;小人盛气凌人,心中却未必自负。"

【考证】

泰、骄:

"泰"和"骄"是同义词,且都是贬义。其共同特点是看上去自高自大,严厉不好接近。"泰"是矜持自负之意。"骄"则不但自大,还盛气凌人,且显摆自己。此章实辨明君子的缺点和小人的做派是有本质区别的。"泰"我们不采取《论语译注》所译"安详舒泰",一是因为先秦文献中,无法找到先例;二是《论语》中所有"君子～而不～""小人～而不～"句式,实际上都是同义词辨析:"君子周而不比,小人比而不周。"(2.14)"君子和而不同,小人同而不和。"(13.23)"君子矜而不争,群而不党。"(15.22)"君子贞而不谅。"(15.37)

这一则辨析的是《论语》同义词在"君子～而不～""小人～而不～"格式中的意义。[97]

13.27 子曰:"刚、毅、木、讷近仁。"

【译文】

孔子说:"刚强、果断、质朴、说话谨慎,有这四种品德的人近于仁德。"

13.28 子路问曰:"何如斯可谓之士矣?"子曰:"切切偲偲①,怡怡如也②,可谓士矣。朋友切切偲偲,兄弟怡怡。"

【注释】

① 切切偲偲:互相批评,共同促进;偲,音 sī。
② 怡怡:和顺貌。

【译文】

子路问道:"怎么样才可以叫作'士'了呢?"孔子说:"互相批评,和睦相处,就可以叫作'士'了。朋友之间,互相批评;兄弟之间,和睦相处。"

13.29 子曰:"善人教民七年①,亦可以即戎矣②。"

【注释】

① 七年:约数,好几年。
② 即戎:即,就,往;戎,兵戎。

【译文】

孔子说:"善人教导人民七八年,也能够叫他们作战了。"

13.30 子曰:"以不教民战①,是谓弃之。"

【注释】

① 不教民:即"不教之民"。

【译文】

孔子说:"用未经训练的人民去作战,这等于糟蹋生命。"

导读:本篇讨论了"正名"和"直"。为何要"正名"(13.3)？和秩序井然的西周相比,孔子处在"礼崩乐坏"的时代,社会失去了固有的秩序。以"季氏旅于泰山"(3.6)为例,泰山是天下第一大山,是天子祭祀天地的地方,泰山虽然在鲁境,但也是因为鲁国是周公之后,所以才有资格祭祀。在孔子看来,季氏只是鲁国的大夫,没有权利在泰山行祭。如果季氏都能在泰山行祭,那么天子封禅还有什么威严可言呢,百姓如何还会敬畏呢。一定的权利需要匹配一定的名分,这样大家才会清楚明白,官员才会配合,百姓才会服从。名分是对实务的规定,一旦乱了,实务也会受到影响。"正名"之后,才可能协调各方;礼乐刑罚各得其正之后,老百姓才知道要如何行事。孔子主张"君君、臣臣、父父、子子"也是这个道理,如果君、父不按自己的身份(名分)来做事,那么臣子就不会把他们当做是君主、父亲,社会就会陷入无序,结果就是"虽有粟"不得而食(12.11)。归结到君子的言行上来,就是说话一定与实际行动相匹配。孔子以"文、行、忠、信"教授弟子,"文"与"行"相合,然后忠、信才成为可能,"言"属于"文",如果不能与"行"相匹配,忠、信就无从谈起。

本篇第十八章是孔子关于"直"的案例探讨。《论语》中的"直",在"正直"的义项下包括两层意涵,一是直率,二是正直。有的学者认为需要在具体的语境中区分这两层意涵,因为二者有较大差别,前者是性情的流露,没有明确的道德内涵;后者有理性色彩,是道德评判。由于在同一义项下,前后文条件(即语境)是相同的,且这是以现代人的观念强生区别,故既不可操作,也不可取。"直"兼有这两层意涵,是一种从本性出发,同时又符合道德的品质。儒家特别强调性情的陶冶,道德不是强制人性,而是顺乎人性。"仁"的根本是"爱人",首先是爱父母亲人,源于一种发自内心的道德情感。在儒家思想的语境中,良善的情感本就是道德的源头,情感流露和为人正直不是两回事。所以孔子一方面批评那种以狂妄、好逞口舌之快为"直"的论调(在道德上不善);另一方面又批评那种以拐弯抹角的方式做好事的行为(不是真性情)。

叶公认为儿子举报父亲是"直",但孔子却认为父子相互隐瞒罪过,才是"直"的表现。叶公的"直"也是兼有两层意涵的。从直率的层面考虑,儿子知道顺手牵羊是不对的,这是本能判断,因为做了坏事就应该接受惩罚,顺理成章。从正直的角度看,坚持正确的事情,捍卫国法,不徇私舞弊,似乎也合乎道德。但我们更深入的分析会发现,对错的观念以及法律意识都是后天教给的,人最本真的情感应该是爱自己的亲人,一个正直的人也应该孝敬父母。孔子的考虑正是从最本真的道德情感出发。亲子之情是一切善行的发端,如果一种道德伦理是以牺牲人与人之间最真挚的情感与最亲密的关系为基础的话,这种伦理本身就是病态的。儒家的仁爱不同于墨家的"兼爱",仁爱是一种差等之爱,爱父母与爱邻居不同,但是可以将对父母的爱扩展开来,进而爱他人,安定他人,爱天下人,安定天下人(14.42)。差等之爱正是建立在人自然的情感基础之上。差等不是以生存空间上的距离测算的,而是生活实践中的情感距离。孔子说"以直报怨,以德报德"(14.34),用道德的方式对待和以私怨的方式对待,在情感上有差等。孔子不主张一视同仁,而是要用"直"的方式对待私怨,比如诉诸法律。这里的"直"可以翻译为正直,并不是像某些公知说的那样"用大板砖拍他"。

"直"德,或者说"亲亲相隐"的观念被孟子继承和发扬。学生问孟子,如果舜的父亲瞽叟杀了人,皋陶要去抓他,舜该怎么办。圣人当然不能干预司法,也不能置父亲于不顾,这是一个道德的两难。孟子的回答是,舜会"窃负而逃",偷偷地背着父亲逃跑,过流亡的生活。因为"不在其位,不谋其政",舜视得天下若敝屣,自然也就摆脱了必须制裁瞽叟的困局,换来浪迹天涯,共享天伦之乐的机会。在孟子这里,罪过从攘羊上升到了杀人,尽孝也从隐瞒升级为"窃负而逃"。孟子在一种更为极端的情况下,肯定了亲情的优先性,这是对孔子"直"德的发展。在汉代,亲属间的容隐被写入法律;唐代容隐制更是从血亲扩展到了"同居"关系,并且从权利上升到了义务,这是孔子的"直"德在制度层面的落实。

从今天的视角来审视,孔子的"直"德也是有积极意义的。选择告发还是容隐实际上是选择人的自然属性还是社会属性的问题。有的学者说"亲亲相隐""窃负而逃"是把小家放到大家之上,是自私自利,是腐败。这实则是一种狭隘而平面的观点。这种观点的预设是社会比血亲更能保护每一个个体,但历史的教训恰恰是相反的。在个体(家庭)与社会一分子的身份对立上,孔子选择了个体(家庭)。因为个体、家庭在实际的关系上从来就比社会更亲近人性。人的社会属性会随着时代的变迁,政权的更迭而改变,但血缘亲情的纽带却是不变的,尤其在政治黑暗的时代,对血缘亲情的肯定更能保护个体免遭骨肉相残的灾难。有的学者说孔子的"直"德是中国特色,事实也并非如此。西方法律传统中就有容隐制,现代司法举证,亲属也有权回避。在与孔子相当的时代,柏拉图的《游叙弗伦篇》就记载了古希腊的传统,儿子告发父亲是不虔敬的。古希腊也有其他传统,在欧里庇得斯的戏剧《阿尔克提斯》里描绘了另一种道德的两难。国王阿尔克提斯将被神祇夺取性命,但如果有他人愿意替他去死就可以换他一命。阿尔克提斯向他的父母提出这一要求被拒绝,他因而十分愤怒。他的愤怒被观众所理解,是因为在城邦民主制发达的古希腊,公民的身份压过了个体的家庭角色。老人因为难以创造价值,被社会观念认为是无用的,他们一贯被轻视,代替年轻人去死理所当然。国王的父亲拒绝这一要求的理由也只是,作为自由人的他有权利选择不同意,他没有任何义务替儿子去死。老人地位低下是生产力不发达时代的常态。我们应当庆幸的是,在物质文明同样不发达的春秋时期,因为儒家学说的存在,我们的祖先接受到的不是那种不人性的观点。血缘亲情、家庭纽带除了为个人提供生活成长的空间外,也是保证社会有序与和谐的重要基石。亲情得不到保护,家庭被践踏,人的尊严也就不复存在,社会也就会变得冷漠可怕。

宪问篇第十四　共四十四章

14.1 宪问耻。子曰:"邦有道,谷;邦无道,谷,耻也。"①

"克、伐、怨、欲不行焉,可以为仁矣?"子曰:"可以为难矣,仁则吾不知也。"

【注释】

① 这一段应与 8.13 对照看。

【译文】

原宪问何为耻辱。孔子说:"国家政治清明,就从政领薪;国家政治黑暗,还从政领薪,这就是耻辱。"

原宪又说:"好胜、自夸、怨恨和贪心都不曾表现过,这可以算具有仁德了吗?"孔子说:"可以算是难能可贵了,有没有仁德,我可不知道。"

14.2 子曰:"士而怀居①,不足以为士矣。"

【注释】

① 士而怀居:士,不能简单等同于"读书人"。春秋时代的"士",是能文能武的。俄国废除农奴制较晚,是故托尔斯泰《战争与和平》中的士人如安德烈等人,都是文武双全的。所以,"士"不作今译。怀,留恋;居,安居。

【译文】

孔子说:"作为一个士人,却留恋安居,便不配做士人了。"

14.3 子曰:"邦有道,危言危行①;邦无道,危行言孙②。"

【注释】

① 危:高,高论,耿介拔俗。
② 孙:同"逊"。

【译文】

孔子说:"政治清明,言语行为都耿介拔俗;政治黑暗,行为耿介拔俗,言语却谦逊谨慎。"

14.4 子曰:"有德者必有言,有言者不必有德。仁者必有勇,勇者不必有仁。"

【译文】

孔子说:"有德者定有至理名言,但有名言者却不一定有德。仁人定有大勇,但有大勇者却不一定仁。"

14.5 南宫适问于孔子曰①:"羿善射②,奡荡舟③,俱不得其死然。禹、稷躬稼而有天下。"夫子不答。

南宫适出,子曰:"君子哉若人!尚德哉若人!"

【注释】

① 南宫适:孔子学生南容。适,音 kuò。
② 羿:音 yì,夏代有穷国君主,射箭能手。
③ 奡荡舟:奡,音 ào,夏代寒浞的儿子,字又作"浇"。荡舟,摇动船。详见本章【考证】。

【译文】

南宫适问孔子:"羿擅长射箭,奡擅长驾船,都没有得到好死。禹和稷自己下地种田,却得到了天下。〔怎样理解这些历史?〕"孔子没有答复。

南宫适退出去后,孔子说:"这个人,好一个君子!这个人,多么崇尚道德!"

【考证】

奡荡舟:

《日知录》说是"覆舟";又说:"古人以左右冲杀为'荡'。陈其锐卒,谓之'跳荡';别帅谓之'荡主'。'荡舟'盖兼此义。"不确。"跳荡"始见于《旧唐书》,"荡主"始见于《宋书》,均晚起文献,未足采信。"荡"意为摇动，动荡：《左传·僖公三年》："齐侯与蔡姬乘舟于囿，荡公。公惧，变色。"《庄公四年》："楚武王荆尸，授师孑焉，以伐随。将齐，入告夫人邓曼曰：'余心荡。'"《成公十三年》："康公，我之自出，又欲阙翦我公室，倾覆我社稷，帅我蝥贼，以来荡摇我边疆。"《庄子·外篇·天地》："大圣之治天下也，摇荡民心。"

明清人别出心裁之说，往往不太可信，选择时要慎重。[98]

14.6 子曰："君子而不仁者有矣夫，未有小人而仁者也。"

【译文】

孔子说："作为一个君子却不仁的，是有的吧？从来没有是个小人却有仁德的。"

14.7 子曰："爱之，能勿劳乎？忠焉①，能勿诲乎？"

【注释】

① 忠焉：孔子时代，"忠"可以指对朋友，甚至对晚辈的负责。

【译文】

孔子说："爱他，能不磨砺他吗？忠于他，能不教诲他吗？"

14.8 子曰："为命①，裨谌草创之②，世叔讨论之③，行人子羽修饰之④，东里子产润色之⑤。"

【注释】

① 为命：据《左传》，这里的"命"为外交辞令。
② 裨谌：音 píchén，郑国大夫。
③ 世叔讨论之：世叔，即《左传》的子太叔（古"太"与"世"通），名游吉；讨论，一个人研究而后提意见。
④ 行人子羽：行人，外交官；子羽，公孙挥的字。
⑤ 东里：地名，在今郑州市，子产所居。

【译文】

孔子说:"郑国外交辞令的撰写过程,由裨谌打草稿,世叔提意见,外交官子羽修改,东里的子产作文辞上的加工。"

14.9　或问子产。子曰:"惠人也。"

问子西①。曰:"彼哉!彼哉②!"

问管仲。曰:"人也。夺伯氏骈邑三百③,饭疏食,没齿无怨言④。"

【注释】

① 子西:子产的兄弟公孙夏。
② 彼哉,彼哉:当时表示轻蔑的惯用语;彼,指示代词,那,那人。
③ 伯氏骈邑:伯氏,齐国大夫;骈邑,地名,在山东临朐的柳山寨。
④ 齿:人的寿命。

【译文】

有人向孔子问子产是怎样的人物。孔子说:"他是宽厚慈惠的人。"

又问到子西。孔子说:"那个人哪,那个人哪!"

又问到管仲。孔子说:"是个人物。剥夺了伯氏骈邑三百户的封地,使他只能吃粗粮,却到死也没有怨言。"

14.10　子曰:"贫而无怨难,富而无骄易。"

【译文】

孔子说:"贫穷却没有怨恨,很难;富贵却不骄傲,倒容易做到。"

14.11　子曰:"孟公绰为赵魏老则优①,不可以为滕薛大夫②。"

【注释】

① 孟公绰为赵魏老则优:孟公绰,鲁国大夫;老,大夫的家臣;优,优裕,优游。

② 滕、薛：鲁国附近的小国。

【译文】

孔子说："孟公绰，让他做晋国卿大夫赵氏、魏氏的家臣，是能胜任愉快的，但没有能力做滕、薛这类小国的大夫。"

14.12　子路问成人。子曰："若臧武仲之知①，公绰之不欲，卞庄子之勇②，冉求之艺，文之以礼乐，亦可以为成人矣。"曰："今之成人者何必然？见利思义，见危授命，久要不忘平生之言③，亦可以为成人矣。"

【注释】

① 臧武仲：鲁国大夫臧孙纥。他很聪明，能预见齐庄公被杀而设法辞去庄公给他的田。
② 卞庄子：鲁国的勇士。
③ 要：通"约"，穷困。

【译文】

子路问如何做个完美的人。孔子说："像臧武仲那样睿智，像孟公绰那样淡泊，像卞庄子那样勇敢，像冉求那样多才，再用礼乐来提高修养，也可以说是完美的人了。"又说："现如今完美的人何必如此？见到利益能够想起道义，遇到危险敢于付出生命，长期艰难困顿也不忘记平日许下的诺言，也可以算是完美的人了。"

14.13　子问公叔文子于公明贾曰①："信乎，夫子不言，不笑，不取乎？"

公明贾对曰："以告者过也②。夫子时然后言，人不厌其言；乐然后笑，人不厌其笑；义然后取，人不厌其取。"子曰："其然？岂其然乎？"

【注释】

① 子问公叔文子于公明贾：公叔文子，卫国大夫；公明贾，卫人；贾，音 jiǎ。

② 以告者过也：这是由于传话者的错误所致。有些注本说这一"以"读作"此"，不确。这是一个判断句（上古判断句如：陈胜，阳城人也。现代汉语判断句如：陈胜是阳城人），只是判断句的主语没有说出来罢了。

【译文】

孔子问公明贾公叔文子如何，说："他老人家不说话，不笑，不拿，是真的吗？"

公明贾答道："是由于传话的人说错了。他老人家该说的时候才说，别人便不讨厌他的话；快乐了才笑，别人便不讨厌他的笑；该拿才拿，别人便不讨厌他的拿。"孔子说："是这样吗？难道真是这样吗？"

14.14 子曰："臧武仲以防求为后于鲁①，虽曰不要君②，吾不信也。"

【注释】

① 臧武仲以防求为后于鲁：此事见《左传·襄公二十三年》；防，臧武仲的封地，离齐国很近。

② 要：音 yāo，要挟。

【译文】

孔子说："臧武仲〔逃到齐国之前，〕凭借着他的封地防城请求立其子弟继他为鲁国卿大夫，即便有人说他这不是要挟，但我是不信的。"

14.15 子曰："晋文公谲而不正，齐桓公正而不谲①。"

【注释】

① 晋文公谲而不正，齐桓公正而不谲：晋文公，名重耳；齐桓公，名小

白。他俩是春秋五霸中最有名声的两个霸主。谲,音 jué,欺诈,玩弄权术阴谋。

【译文】

孔子说:"晋文公好玩手段且不正派,齐桓公正派而不好玩手段。

14.16 子路曰:"桓公杀公子纠,召忽死之,管仲不死①。"曰:"未仁乎?"子曰:"桓公九合诸侯②,不以兵车,管仲之力也。如其仁③!如其仁!"

【注释】

① 管仲不死:小白和公子纠都是齐襄公的弟弟。襄公无道,小白便由鲍叔牙侍奉逃到莒(jǔ)国,公子纠也由管仲和召忽侍奉逃往鲁国。后襄公被杀,小白先入齐国为君,是为桓公。兴兵伐鲁,逼鲁杀公子纠,召忽自杀以殉,管仲却做了桓公的宰相。
② 九合:齐桓公纠合诸侯共十一次,"九"是虚数。
③ 如其仁:合于"仁",符合"仁"。详见本章【考证】。

【译文】

子路说:"齐桓公杀了公子纠,〔公子纠的师傅〕召忽因此自杀,〔但是他的另一师傅〕管仲却活着。"接着又说:"管仲怕是不仁吧?"孔子说:"齐桓公多次主持诸侯间的盟会,消弭了战祸,这都是管仲的力量。〔他这样做,〕符合仁德呀,符合仁德!"

【考证】

如其仁:

王引之说:"如,犹'乃'也。"杨伯峻先生从之,译为"这就是管仲的仁德"。此说不确。王引之解"如"犹"乃",释《诗经·常武》"如震如怒"为"乃震乃怒",不妨多引一点:"如雷如霆,徐方震惊。王奋厥武,如震如怒。……王旅啴啴,如飞如翰,如江如汉。如山之苞;如川之流,绵绵翼翼。"显然,这首诗的所有"如~如~"都是"像~那样,像~那样"的意思。"如其"和"如"一样,可译为"合于""符合"。例如:"唯所纳之,无不如志。"(《左传·僖公十五年》,沈玉成《左传译文》译后句为:"没有不如意的",也即"没有不合于心意的"。)"观瞻曰:'如志。'"(《哀公十八年》,沈译:"符合你的意愿")"如其人"即"合于仁""符合仁"。[99]

14.17 子贡曰:"管仲非仁者与?桓公杀公子纠,不能死,又相之。"子曰:"管仲相桓公,霸诸侯,一匡天下,民到于今受其赐。微管仲①,吾其被发左衽矣②。岂若匹夫匹妇之为谅也③,自经于沟渎而莫之知也④?"

【注释】

① 微:非,没有。
② 吾其被发左衽矣:被,同"披";左衽,当时夷狄衣襟朝左边开。
③ 谅:小信,无原则地守信。
④ 自经于沟渎:自经,自尽;渎,音 dú,沟。详见本章【考证】。此句何晏《集解》、皇侃《义疏》都认为指的是召忽。

【译文】

子贡说:"管仲该不是仁人吧,桓公杀了公子纠,他不但不能以身殉难,还去辅助他。"孔子说:"管仲辅助桓公,称霸诸侯,使普天之下都得以匡正,人民到如今还受到他的恩赐。如果没有管仲,我们都会披散着头发,衣襟向左边开着〔,沦落为夷狄了〕。他难道要像普通男女的守信那样,在水沟里自杀,还没人知道吗?"

【考证】

自经于沟渎而莫之知:

自经,自缢。沟渎,河沟。王夫之《四书稗疏》认为"沟渎"是地名,就是《左传》的"句渎",《史记》的"笙渎",不确。"沟渎"是普通名词而非专有名词。例如:"夫周,高山、广川、大薮也,故能生是良材,而幽王荡以为魁陵、粪土、沟渎。"(《国语·周语下》)"诸距阜、山林、沟渎、丘陵、阡陌、郭门若阎术,可要塞及为微职。"(《墨子·杂守》)"决水潦,通沟渎,修障防,安水藏,使时水虽过度,无害于五谷。"(《管子·立政》)"坎为水,为沟渎,为隐伏,为矫揉,为弓轮。"(《周易·说卦》)[100]

14.18 公叔文子之臣大夫僎与文子同升诸公①。子闻之,曰:"可以为'文'矣。"

【注释】

① 诸:用法约同"于"。

【译文】

公叔文子的家臣大夫僎,和文子一道升为国家的大臣。孔子听说了这事,便说:"〔公叔文子〕足以谥为'文'了。"

14.19 子言卫灵公之无道也,康子曰:"夫如是,奚而不丧①?"孔子曰:"仲叔圉治宾客①,祝鮀治宗庙,王孙贾治军旅。夫如是,奚其丧?"

【注释】

① 奚:为什么。详见本章【考证】。
② 仲叔圉(yǔ):即孔文子,卫国大夫;圉,音 yǔ。

【译文】

孔子说到卫灵公的荒淫无道,康子说:"既然如此,为什么却不败亡?"孔子说:"他有仲叔圉接待宾客,祝鮀管理祭祀,王孙贾统率军队,既如此,为什么会败亡?"

【考证】

奚而:

俞樾说"奚而"即"奚为",《论语》注本多从之。《论语》中"奚"11见,除此例外,10例中有 6 例可译为"为何"。例如:"子奚不为政?"(《为政》)"由之瑟,奚为于丘之门?"(《先进》)"女奚不曰,其为人也,发愤忘食,乐以忘忧,不知老之将至云尔。"(《述而》)"由之瑟,奚为于丘之门?"(《先进》)"有是哉,子之迂也!奚其正?"(《子路》)"夫如是,奚其丧?"(《宪问》)《左传》中也不乏其例:"费曰:'我奚御哉!'袒而示之背,信之。"(《庄公八年》)至于"而",在此仍为连词。[101]

14.20 子曰:"其言之不怍①,则为之也难。"

【注释】

① 怍:音 zuò,惭愧。

【译文】

孔子说:"如果那人大言不惭,实行起来就难了。"

14.21 陈成子弑简公①。孔子沐浴而朝②,告于哀公曰:"陈恒弑其君,请讨之。"公曰:"告夫三子!"

孔子曰③:"以吾从大夫之后,不敢不告也。君曰'告夫三子'者!"

之三子告,不可。孔子曰:"以吾从大夫之后,不敢不告也。"

【注释】

① 陈成子弑简公:陈成子,就是陈恒;简公,齐简公,名壬。
② 沐浴而朝:这时孔子已告老还家,特为这事来朝见鲁君。
③ 孔子曰:这是孔子退朝后的话。

【译文】

陈恒杀了齐简公。孔子斋戒沐浴后朝见鲁哀公,报告说:"陈恒杀了他的君主,请您出兵讨伐他。"哀公说:"报告那三位先生吧!"

孔子〔退出以后,〕说:"因为我曾忝列大夫,不敢不来报告,君主竟然说,'报告那三位先生吧'!"

又到三位大臣那儿报告,不同意出兵。孔子说:"因为我曾忝列大夫,不敢不报告。"

14.22 子路问事君。子曰:"勿欺也,而犯之。"

【译文】

子路问怎样服事人君。孔子说:"不要欺骗他,却可以顶撞他。"

【考证】

而犯之:

俞樾《群经平议》说,而、能古时通用,"疑作'能犯之'。"因为"此章之旨,盖皆'信而后谏'之意。未信则以为谤己,故惟勿欺者能犯之也。"王力先生说:"所谓'一声之转',其实这种证据的力量是很微弱的。""双声叠韵的证明力量是有限的。""无论在何种情况之下,双声叠韵只能做次要的证据。""试把最常用的二三千字捻成纸团,放在碗里搞乱了,随便拈出两个字来,大约每十次总有五六次遇着双声叠韵,或古双声,旁纽双声,旁转,对转。拿这种偶然的现象去证明历史上的事实,这是多么危险的事!"(《双声叠韵的应用及其流弊》)至于揣度古人心思的做法,其证明力量就更弱了。"如果先主观地肯定了古人应该说什么,就会想尽办法把语言了解为表达了那种思想,这有牵强附会的危险;如果先细心地看清了古人实际上说了什么,再来体会他的思想,这个程式就是比较科学的。所得的结论也是比较可靠的。"(《训诂学上的一些问题·从思想上去体会还是从语言上去说明》)

其实那时类似句子极多:"孔子时其亡也,而往拜之。"(《论语·阳货》)"滔滔者天下皆是也,而谁以易之?"(《微子》)"可胜也,而弗能居也。"(《左传·哀公十三年》)将"而"换成"能"后,类似句子就极为罕见了。[102]

14.23 子曰:"君子上达,小人下达①。"

【注释】

① 上达下达:古今众说纷纭,今暂从《淮南子·主术》之说:"士处卑隐,欲上达,必先反诸己。上达有道,名誉不起,而不能上达矣;取誉有道,不信于友,不能得誉;信于友有道,事亲不说,不信于友;说亲有道,修身不诚,不能事亲矣;诚身有道,心不专一,不能专诚。"

【译文】

孔子说:"君子不断充实完善自己,小人则堕落沉沦。"

14.24 子曰:"古之学者为己,今之学者为人。"

【译文】

孔子说:"古代学者是为了提高自己的道德文章做学问,现代学者做学问却是为了装门面给人家看。"

14.25 蘧伯玉使人于孔子①。孔子与之坐而问焉②,曰:"夫子何为?"对曰:"夫子欲寡其过而未能也③。"

使者出。子曰:"使乎! 使乎!"

【注释】

① 蘧伯玉:卫国大夫,名瑗。孔子曾住他家。
② 孔子与之坐:孔子和他一道坐下。详见本章【考证】。
③ 夫子欲寡其过而未能也:《淮南子·原道》:"蘧伯玉年五十而知四十九年非。"

【译文】

蘧伯玉派一位使者访问孔子。孔子和他一道坐下,而后问道:"他老人家干些什么?"使者答道:"他老人家想减少过错却还没能做到。"

使者出去后,孔子说:"好一位使者! 好一位使者!"

【考证】

孔子与之坐:

此句"与"为介词;不当解为动词,释为"给"。从先秦"与……坐"的文例看,"坐"是谓语动词,不是意为"座位"的名词:"晋人使与邾大夫坐。叔孙曰:'列国之卿,当小国之君,固周制也。邾又夷也。寡君之命介子服回在,请使当之,不敢废周制故也。'乃不果坐。"(《左传·昭公二十三年》)"既食,使坐。"(《昭公二十八年》)义为"座位"的最早一例大约是《韩非子·外储说左上》的"郑人有欲买履者,先自度其足而置之其坐"。[103]

14.26 子曰:"不在其位,不谋其政①。"
曾子曰:"君子思不出其位。"

【注释】

① 这段话又见《泰伯篇》。

【译文】

孔子说:"不处在那个职位,就不操心它的政务。"
曾子说:"君子所考虑的不超出自己的职位。"

14.27 子曰:"君子耻其言而过其行。"

【译文】

孔子说:"君子以为可耻的是,说的超过做的。"

14.28 子曰:"君子道者三,我无能焉:仁者不忧,知者不惑,勇者不惧。"子贡曰:"夫子自道也。"

【译文】

孔子说:"君子之道有三,我都没能做到:仁者常乐天,智者不疑惑,勇者大无畏。"子贡说:"这正是他老人家的自我刻画。"

14.29 子贡方人①。子曰:"赐也贤乎哉?夫我则不暇。"

【注释】

① 方:谤,诽谤。详见本章【考证】。

【译文】

子贡讥评别人。孔子对他说:"你就很好吗?我却没这闲工夫。"

【考证】

方人：

何晏《集解》引孔安国说："比方人也。"《经典释文》："郑本作'谤'，谓言人之过恶。"卢文弨《经典释文考证》："古《论》'谤'字作'方'，盖以声近通借。"（转引自刘宝楠《正义》）古无轻唇音，"方"与"谤"音同。"谤"带人物宾语常见："未信，则以为谤己也。"（《论语·子张》）"郑子产作丘赋，国人谤之。"（《左传·昭公四年》）"进胙者莫不谤令尹。"（《昭公二十七年》）"厉王虐，国人谤王。"（《国语·周语上》）"左史倚相廷见申公子亹，子亹不出，左史谤之，举伯以告。子亹怒而出，曰：'女无亦谓我老耄而舍我，而又谤我！'"（《楚语上》）相反，"方"的比拟义则书证较少，且未见带人物宾语者；在《论语》《孟子》《左传》《国语》四部古籍中未见"方"用为比拟义者，故取郑说。[104]

14.30　子曰："不患人之不己知，患其不能也。"

【译文】

孔子说："我不愁别人不了解我，我愁的是自己没能力。"

14.31　子曰："不逆诈，不亿不信，抑亦先觉者，是贤乎！"

【译文】

孔子说："不先入为主怀疑别人是在欺诈，也不臆测别人不信实，〔而一旦欺诈和不信实的事发生，〕却能及早发觉，这样的人该是贤者吧！"

14.32　微生亩谓孔子曰："丘何为是栖栖者与①？无乃为佞乎？"孔子曰："非敢为佞也，疾固也。"

【注释】

① 是：如此，这样。

【译文】

微生亩对孔子说:"你为什么要这样忙忙碌碌呢?难道要逞口舌之快吗?"孔子说:"不敢逞口舌,只是讨厌那些顽固不化的人。"

14.33 子曰:"骥不称其力,称其德也。"

【译文】

孔子说:"称千里马为'骥',不是称赞它的力气,而是称赞它的品质。"

14.34 或曰:"以德报怨①,何如?"子曰:"何以报德?以直报怨,以德报德。"

【注释】

① 以德报怨:当时的成语。

【译文】

有人对孔子说:"拿恩德来回答怨恨,怎么样?"孔子说:"那拿什么回报恩德呢?该拿正直回报怨恨,拿恩德回报恩德。"

14.35 子曰:"莫我知也夫!"子贡曰:"何为其莫知子也?"子曰:"不怨天,不尤人,下学而上达,知我者其天乎!"

【译文】

孔子叹道:"怕是没有人了解我了吧!"子贡说:"为什么没有人了解您呢?"孔子说:"不怨恨天,不责备人,学习些日常的技能,却充实完善自己到很高的境界。了解我的,大概只有老天吧!"

14.36 公伯寮诉子路于季孙①。子服景伯以告②,曰:"夫子固有惑志;于公伯寮,吾力犹能肆诸市朝③。"

子曰:"道之将行也与,命也;道之将废也与,命也。公伯寮其如命何?"

【注释】

① 公伯寮诉子路：公伯寮，《史记》作"公伯僚"，字子周；诉，诽谤。
② 子服景伯：鲁大夫，名何。
③ 夫子固有惑志……肆诸市朝：他老人家固然有糊涂想法，但对于公伯寮，我的力量还能把他的尸首在街头示众。惑志，糊涂的想法。肆，陈尸示众；诸，之于；市朝，集市和朝廷。详见本章【考证】。

【译文】

公伯寮在季孙那里污蔑子路。子服景伯告诉孔子，并且说："他老人家固然有些糊涂想法；但对于公伯寮，我的力量还足以将他的尸首示众街头。"

孔子说："我的主张将实现吗，全听凭命运哪！我的主张将永不实现吗，也听凭命运哪！公伯寮能奈何我的命运吗？"

【考证】

夫子固有惑志……肆诸市朝：

好些《论语》注本，都这样标点："夫子固有惑志于公伯寮，吾力犹能肆诸市朝。"我们认为当断为"夫子固有惑志；于公伯寮，吾力犹能肆诸市朝"。（1）《史记·仲尼弟子列传》作"夫子固有惑志，缭也，吾力犹能肆诸市朝"。不但在"固有惑志"后点断，且可明显看出，"缭也"正是"于公伯寮"的改写。（2）"诸"为"之于"二字的合音字，而代词"之"一般不指代谓语后的"于"字介宾结构的宾语。如果读作"夫子固有惑志于公伯寮，吾力犹能肆诸（之于）市朝"，那么，从语感上，"之"只能是指前句的"夫子"；而如果断作"夫子固有惑志；于公伯寮，吾力犹能肆诸（之于）市朝"，由于"于"字介宾结构前置"大都出现在表示强调的句子中"（何乐士先生《左传虚词研究》），"之"便可以指代它的宾语。[105]

14.37 子曰："贤者辟世①，其次辟地，其次辟色，其次辟言。"
子曰："作者七人矣。"

【注释】

① 辟:"避"的古字。

【译文】

　　孔子说:"有些贤者逃避乱世而隐居,次一等的择地而处,再次一等的避免不好的脸色,再次一等的躲避恶言。"

　　孔子又说:"这样的人出现过七位了。"

14.38　子路宿于石门①。晨门曰:"奚自?"子路曰:"自孔氏。"曰:"是知其不可而为之者与?"

【注释】

① 石门:鲁都曲阜城门。

【译文】

　　子路在石门住了一晚,〔第二天清早进城,〕管城门的说:"打哪儿来?"子路说:"从孔家来。"司门者说:"就是那个知道做不到却偏要去做的人吗?"

14.39　子击磬于卫,有荷蒉而过孔氏之门者,曰:"有心哉,击磬乎!"既而曰:"鄙哉,硁硁乎!莫己知也,斯己而已矣。深则厉,浅则揭①。"

　　子曰:"果哉!末之难矣。"

【注释】

① 深厉浅揭:这两句诗见《诗经·邶风·匏有苦叶》。水深比喻社会黑暗,只得听之任之;水浅比喻社会黑暗程度不深,便无妨撩起衣裳,免得浸湿。

【译文】

　　孔子在卫国,一天正敲着磬,有一个挑着草筐的汉子路过门前,说:"意味深长啊,这个敲磬!"待会又说:"磬声铿铿的,可鄙呀!没人了解自己,就撂挑子好了。'水深,索性连衣裳走过去;水浅,不妨撩起裙角走过去。'"

孔子说:"好坚决!没有什么可以说服他了。"

14.40 子张曰:"《书》云:'高宗谅阴①,三年不言。'何谓也?"子曰:"何必高宗,古之人皆然。君薨,百官总己以听于冢宰三年。"

【注释】

① 谅阴:居丧时所住的房子,又叫"凶庐"。所引两句见《尚书·无逸》。

【译文】

子张说:"《尚书》说,殷高宗'住在凶庐,三年不说话。'什么意思?"孔子说:"不仅仅高宗,古人都是这样。君主死了,继承的君主三年不问政事,各部门的官员听命于宰相。"

14.41 子曰:"上好礼,则民易使也。"

【译文】

孔子说:"居上位者喜好依礼行事,老百姓就易于使唤。"

14.42 子路问君子。子曰:"修己以敬。"

曰:"如斯而已乎?"曰:"修己以安人①。"

曰:"如斯而已乎?"曰:"修己以安百姓。修己以安百姓,尧舜其犹病诸?"

【注释】

① 人:别人,他人。赵纪彬《论语新探》说《论语》中的"人"指奴隶主,"民"指奴隶。杨伯峻先生《论语译注》受其影响,说"修己以安人"的"人"指"上层人物"。我们已详证赵说之误,指出"人"指个体的人,"民"指群体的人;"民"与"君"相对而言,却不与"人"相对而言;"人"

也指别人、他人。详见本书《附录》之《也谈〈论语〉中的"人"与"民"》。

【译文】

子路问怎样做君子。孔子说:"通过修养自己,来严肃认真对待一切。"

子路说:"这样就行了吗?"孔子说:"修养自己来安定别人。"

子路说:"这样就行了吗?"孔子说:"修养自己来安定众人。修养自己来安定众人,尧舜还为此大伤脑筋呢!"

14.43 原壤夷俟①。子曰:"幼而不孙弟②,长而无述焉,老而不死,是为贼。"以杖叩其胫。

【注释】

① 原壤夷俟:原壤,孔子的老朋友,他母亲死的时候,孔子去帮助他治丧,他却站在棺材上唱起歌来。夷,箕踞,张开腿坐在地上。俟,等待。
② 孙弟:同"逊悌"。

【译文】

原壤两腿张开平坐在地上,等着孔子。孔子说:"小时候不懂礼貌,长大了毫无成就,命倒是老长,这就叫害人精。"用拐杖敲他小腿。

14.44 阙党童子将命①。或问之曰:"益者与?"子曰:"吾见其居于位也②,见其与先生并行也③。非求益者也,欲速成者也。"

【注释】

① 阙党童子将命:将命,持命,传达消息;阙党,孔子故里。
② 吾见其居于位:《礼记·玉藻》:"童子无事则立主人之北,南面。"可见"居于位"是不合当时礼节的。
③ 见其与先生并行:春秋时礼节,童子不能和成人并行。

【译文】

阙党的一个少年来给孔子带口信。有人问起他,说:"是个好孩子吗?"孔子说:"我看见他坐座位上,又看见他与长辈并肩而行。不是个肯求上进的人哪,是个急于求成的人。"

【考证】

或问之曰:

《论语译注》:"有人问孔子道……",《论语新解》:"有人问道",金良年《论语译注》:"有人问孔子说",《论语本解》:"有人问起他"。作为翻译,以上译文都不算错,因为这里"问"的对象确实是孔子。细究之,《论语》中,如要引出"问"的对象,"问"后要出现介词"于"。如:"有鄙夫问于我。"(《子罕》)"季康子患盗,问于孔子。"(《颜渊》)"问于桀溺。"(《微子》)"于"的宾语如果是"之","于之"用"焉"表示:"蘧伯玉使人于孔子,孔子与之坐而问焉。"(《宪问》)如要引出"问"的内容,分为直接引出和间接引出两种。直接引出,既可用"问曰"格式,"曰"后出现问的内容:"哀公问曰:'何为则民服?'"(《为政》)也可用"S问于O曰"格式,"曰"后同样出现问的内容:"陈亢问于伯鱼曰:'子亦有异闻乎?'"(《季氏》)间接引出,"问"后的内容无需介词引介:"孟武伯问孝。"(《为政》)"林放问礼之本。"(《八佾》)上引《颜渊》"季康子患盗,问于孔子",可变换为:"季康子问盗于孔子"。本章"或问之曰",由于"问"与"之"之间没有"于","之"当然是"问"的内容:"或问子产……问子西。曰……问管仲。曰……"(《宪问》)子产、子西、管仲都不在世了,当然是所问的内容。[106]

导读:本篇涉及"勇""贫富"以及"无为而治"。勇,即勇气,周秦文献多所提及,意义与现代汉语无大差异。《论语》中的"勇"取俗义,可以解释为一种本真的生命力,用以突破内在或外在的险阻。其意义与后儒所说的"气"相近,故而在后世里"勇""气"连用成词。生命力本身是质朴的,没有善恶之别;生命力也是必需的,必须予以肯定。孔子肯定勇气,但是十分注意勇气的使用。孔子主张"文质彬彬,然后君子"(6.18),"勇"属于"质"的一方面,必须"文之以礼乐"(14.12)。他反对不经思考的爆发式的勇气,反对将勇气用在不恰当的地方,反对以恶德驱使勇气。子路问孔子,"君子尚勇乎?"孔子说,"君子义以为上,君子有勇而无义为乱,小人有勇而无义为盗。"(17.23)他赞许的是义理感召下的勇气,是见义勇为的勇气。本篇第五章,羿与奡都勇力过人,但却不得好死;大禹和后稷却靠辛劳赢得天下。孔子说"仁者必有勇,勇者不必有仁"(14.4),大禹出仁入圣,三过家门而不入,难道不需要勇气吗?这是一种道德感召下的勇气,是可浩大可持久的,孟子称之为"浩然之气"。爆发式的勇气固然也有价值,但义理坚守下的勇气却更为难得。本篇第十七章,学生认为管仲不肯殉职,算不上仁者。自杀当然需要勇气,一了百了,痛快直接,但那是匹夫之勇,不是仁者之勇。管仲委曲求全,坚持理想,实则需要更大的勇气。《赵氏孤儿》故事中,程婴对公孙杵臼说,一死难,还是抚养孤儿难?这是慷慨赴死抑或从容就义的两难选择,程婴毅然选择了后者。孔子总是指给我们一条更为崎岖坎坷的道路,因为世事本来艰辛,一锤子买卖很少能够解决问题。亲近现实,以实践为本,是孔子思想的真精神。

孔子的时代是贵族政治日渐式微的时代,这时财富与地位正逐渐分离,贫富问题已经脱离了有位无位的问题而独立存在。在那一时代,想要实现政治理想,还是需要以"位"为基础的,贫富只是个人生活的物质条件,与道德理想无关。对"富"或者"利",孔子是持宽容态度的,他说富贵是所有人都想要的,贫贱是所有人都不喜的(4.5),如果财富可以(道德允许)获得,那么就算是在集贸市场当个维持秩序的小卒,我也愿意(7.12)。孔子特别戒惧的是以不道德的方式获得财富,以及为了获得财富而耽误道德学问的提升。

贫富被孔子用来检验君子的品格。本篇第一章与《泰伯篇》第十三章意思相近,孔子说如果国家政治清明,一个人穷得叮当响,这就说明他没本事或者人品有问题,这是可耻的;如果国家政治黑暗,这个人当官赚大钱,这说明他在发国难财,人品也是有问题的,照样可耻。财富只有通过合乎道德的方式获得才值得肯定。外部条件如果不允许,就应该安于贫贱,如果因此牢骚满腹,觉得羞耻,那就算不得正人君子(4.9)。当孔子之世,各国普遍政治混乱,颜回"箪食瓢饮""不改其乐"(6.11),子路"衣敝缊袍,与衣狐貉者立而不耻"(9.27),便为孔子所称许。人在富贵的条件下容易产生骄奢的情绪,这时他如果还能保持谦逊俭朴便是难能可贵的;如果他能把钱用在礼乐等该用的地方,那就能为孔子所称道了(1.15)。

以上都是从君子的修养角度来说的。从执政者治民的方面看,孔子主张"庶、富、教"(13.9)的养民步骤,"富"是仁政的根本,如果老百姓贫穷饥馑,那就是执政者失职,礼乐教化都无从谈起。

本篇第十九章、四十章大致反映了孔子理想政体的一个方面。孔子主张"无为而治"(15.5),但孔子的无为而治不同于老子的无为而治,不是不治,而是政不自君主出。在孔子的理想中,君主作为国家元首是国家形象的象征,是道德的楷模,是权力的来源,但不必是决策的制定者。具体的行政事务应该由专门的大臣负责,并在"冢宰"(宰相)处汇总。孔子特别推崇虞舜的执政理念,"恭己正南面"(15.5),然后"修己以安百姓"(14.42),达到上行下效的理想效果,具体事务则交给皋陶、大禹等贤臣。

在这种政体下,即使是后世家天下的君主道德才智低下,国家也能够得到有效的治理。商高宗和卫灵公都不是有道之君,但因为"冢宰"执事,百官听命,所以国家"不丧"。孔子说这种政体是"古之人皆然"也不是没有根据。据《史记·殷本纪》记载,商汤用贤臣伊尹为"冢宰",商汤薨后几年他的孙子太甲当了天子。太甲胡作非为,伊尹屡劝不止,于是就把太甲流放到商汤的墓地软禁起来,让他闭门反省。三年之后,太甲改过迁善,伊尹又把太甲迎了回来。太甲不在的三年,政事全由伊尹做主,政局由乱返治。

曾子把孔子对君主"无为而治"的理想联系到君子修养上来,认为君子端正品貌就够了,具体的事务自有专人负责。这是对孔子思想的继承与发展,但也因此把儒家思想讲得过于内向了,容易导致忽视才能,轻视实务的流弊。

卫灵公篇第十五

共四十二章

15.1 卫灵公问陈于孔子①。孔子对曰:"俎豆之事②,则尝闻之矣;军旅之事,未之学也。"明日遂行。

【注释】

① 陈:就是现在的"阵"字。
② 俎豆之事:礼仪之事;俎豆,古代祭器。

【译文】

卫灵公问孔子军队如何布阵。孔子答道:"礼仪的事情,我曾经听到过;军队的事情,却从没学过。"第二天便离开了卫国。

15.2 在陈绝粮,从者病,莫能兴。子路愠见,曰:"君子亦有穷乎?"子曰:"君子固穷①,小人穷,斯滥矣。"

【注释】

① 固穷:固然有穷愁潦倒的时候。详见本章【考证】。

【译文】

孔子在陈国断绝了粮食供应,跟随的人都饿病了,爬不起来。子路拉长了脸来见孔子,说:"难道君子也有一筹莫展的时候吗?"孔子说:"君子固然有穷愁潦倒的时候;不过小人穷愁潦倒的时候,就无所不为了。"

【考证】

固穷:

何晏《集解》:"君子固亦有穷时,但不如小人穷则滥溢为非。"朱熹《集注》同意何说,却又说:"程子曰:'固穷者,固守其穷。'亦通。"现代《论语》注本多采后一解。《论语》时代,"固"作谓语时多表示"(使)巩固",未见"固守"用例,也不带"穷"这类表示抽象意义的宾语;而作副词表"固然"者则极为常见:"固天纵之将圣,又多能也。"(《子罕》)[107]

15.3 子曰:"赐也,女以予为多学而识之者与?"对曰:"然,非与?"曰:"非也,予一以贯之①。"

【注释】

① 一以贯之：这和《里仁篇》"夫子之道,忠恕而已矣"的"一贯"相同。子贡他们所重视的,是孔子的博学多才,而孔子自己所重视的,则在于他的以忠恕之道贯穿于其整个学行之中。

【译文】

孔子说："赐啊,你以为我是学得多又记得住的人吗？"子贡答道："对呀,难道不是这样的吗？"孔子说："不是的,我有个观念贯穿始终。"

15.4 子曰："由！知德者鲜矣。"

【译文】

孔子对子路说："由！了解'德'的人可不多啦。"

15.5 子曰："无为而治者其舜也与？夫何为哉？恭己正南面而已矣。"

【译文】

孔子说："不必劳苦受累而让天下大治的人,大概只有舜吧？他干了什么呢？庄重地坐在朝堂之上罢了。"

15.6 子张问行。子曰："言忠信,行笃敬,虽蛮貊之邦,行矣。言不忠信,行不笃敬,虽州里,行乎哉？立则见其参于前也①,在舆则见其倚于衡也,夫然后行②。"子张书诸绅③。

【注释】

① 参于前：仿佛看见"言忠信,行笃敬"在左前、右前与"前"并列而三。参,同"叁"。详见本章【考证】。

② 夫：远指代词,那,那样。

③ 绅：古代士大夫束在腰上的大带子。

【译文】

子张问怎样才能行得通。孔子说:"言语忠诚老实,行为忠厚严肃,即使到蛮貊的国度,也行得通。言语不忠诚老实,行为不忠厚严肃,即使在本乡本土,能行得通吗?站立时,看见"忠诚老实忠厚严肃"几个字在面前晃着;在车里,看见它刻在前面的横木上;那样才能到处行得通。"子张把这些话写在大带上。

【考证】

参于前:

这句"参",有"森""直""厽"(累)等多种解释,在句中做谓语。据我们考察,《论语》成书及稍后的时期,做谓语的几乎只有读为 sān 的数词"参"(叁):"民参其力,二入于公,而衣食其一。"(《左传·昭公三年》)《襄公七年》"恤民为德,正直为正,正曲为直,参和为仁"杜预注:"德、正、直三者备乃为仁。""参"有与他物并列而三的意思:"有无弃之言者。必参于天地也。"(《管子·形势》)"圣人参于天地。"(《宙合》)"法天合德,象法无亲,参于日月,伍于四时。"(《版法》)这里是说"言忠信""行笃敬"在左前、右前与"前"并列而三。[108]

15.7 子曰:"直哉史鱼①!邦有道,如矢;邦无道,如矢。君子哉蘧伯玉!邦有道,则仕;邦无道,则可卷而怀之。"

【注释】

① 史鱼:卫国大夫史鲩,字子鱼。他临死时嘱咐儿子说:"我在卫国朝廷,不能进用蘧伯玉,斥退弥子瑕,这说明我作为臣子不能帮助君上正直。活着不能帮助君上正直,那么死了也不能采用与大臣相称的葬礼。我死之后,你把我的遗体放置在窗下。"他儿子照做了。卫灵公来吊唁,感到奇怪。其子据实以告。灵公愕然变色,说:"这都是我的错呀!"于是下令将史鱼遗体"殡于客位"(古礼:出殡之前,遗体应放置在客位),并进用蘧伯玉,斥退弥子瑕,古人称这种行为为"尸谏"。

【译文】

孔子说:"好一个刚直不阿的史鱼!政治清明,他像箭一般直,政治黑暗,他也像箭一般直。好一个君子蘧伯玉!政治清明就出来做官,政治黑暗就可把自己的本领收藏起来。"

15.8 子曰:"可与言而不与之言,失人;不可与言而与之言,失言①。知者不失人,亦不失言。"②

【注释】

① 失言:说错话。详见本章【考证】。
② 介词"与"的宾语可以省略,在这一章表现得淋漓尽致;因为有比较才有鉴别:"可与(之)言而不与之言。"

【译文】

孔子说:"可以跟他说,却不跟他说,这会错失人才;不可以跟他说,却去跟他说,这是说错了话。聪明人既不错失人才,也不说错话。"

【考证】

失言:

《论语》时代的"失言",都是说错话的意思。《国语·晋语二》:"申生甚好信而强,又失言于众矣,虽欲有退,众将责焉。"《晏子春秋·外篇下》:"仲尼曰:'吾闻晏子事三君而顺焉,吾疑其为人。'晏子闻之,曰:'……婴闻之,以一心事三君者,所以顺焉;以三心事一君者,不顺焉。……'仲尼闻之曰:'……今丘失言于夫子,夫子讥之,是吾师也。'"《慎子逸文》:"昔者,天子手能衣,而宰夫设服;足能行,而相者导进;口能言,而行人称辞。故无失言失礼也。"《战国策·魏策四》:"缩高闻之曰:'信陵君为人悍而自用也。此辞反,必为国祸。吾已全己无为人臣之义矣,岂可使吾君有魏患也。'乃之使者之舍,刎颈而死。信陵君闻缩高死,素服缟素辟舍,使使者谢安陵君曰:'无忌,小人也,困于思虑,失言于君,敢再拜释罪。'"

本章"失言"有诸多解释,用语言的社会性这镜子一照,是真是假就原形毕露了。[109]

15.9 子曰:"志士仁人,无求生以害仁,有杀身以成仁。"

【译文】

孔子说:"志士仁人,没有贪生怕死而损害仁德的,只有牺牲自己来成全仁德的。"

15.10 子贡问为仁。子曰:"工欲善其事,必先利其器。居是邦也,事其大夫之贤者,友其士之仁者①。"

【注释】

① 士:有时指有一定修养的人,如"士志于道"(4.9);这里指有一定社会地位的人。

【译文】

子贡问如何成就仁德。孔子说:"工匠要把事情干好,一定先要完善他的工具。我们住在某国,就要侍奉该国大夫中的贤人,结交该国士人中的仁人。"

15.11 颜渊问为邦。子曰:"行夏之时①,乘殷之辂②,服周之冕③,乐则《韶》《舞》④。放郑声,远佞人。郑声淫,佞人殆。"

【注释】

① 行夏之时:夏朝用自然历(相当于今之农历),较合乎自然现象。
② 辂:音lù,商代的车子,较为质朴。
③ 服周之冕:周代礼帽比较华美,孔子是赞同礼服华美的。
④《韶》《舞》:《韶》是舜时的音乐;《舞》同《武》,是周武王时乐曲。

【译文】

颜渊问如何治理国家。孔子说:"用夏朝的历法,坐殷朝的车子,戴周朝的礼帽,音乐就用《韶》和《武》。放弃郑国的乐曲,斥退小人。郑国的乐曲淫秽,小人危险。"

15.12 子曰:"人无远虑,必有近忧。"

【译文】

孔子说:"一个人没有长远的考虑,忧患必定近在眼前。"

15.13 子曰:"已矣乎!吾未见好德如好色者也①。"

【注释】

① 可参 9.18。

【译文】

孔子说:"完了吧,我还从没见过喜欢美德如同喜欢美貌一样的呢!"

15.14 子曰:"臧文仲其窃位者与①!知柳下惠之贤而不与立也②。"

【注释】

① 臧文仲:鲁国大夫臧孙辰。可参《公冶长篇》"臧文仲居蔡"章。
② 知柳下惠之贤而不与立:柳下惠,鲁国贤者,本名展获,字禽,又名展季;不与立,不与他做盟友,也即不与之并立于朝。详见本章【考证】。

【译文】

孔子说:"臧文仲大概是个尸位素餐的人,明知柳下惠贤良,却不与他同朝共事。"

【考证】

知柳下惠之贤而不与立:

《论语译注》注:"立,同'位',说详俞樾《群经平议》。"俞说不确。周秦典籍中未见一例"与位",却数见"与立":"国于天地,有与立焉。不数世淫,弗能毙也。"(《左传·昭公元年》)"鲁虽无与立,必有与毙。"(《哀公八年》)"立"与"毙"(仆倒)是反义词,"与立"大约相当于同盟、盟友,"与毙"则是共患难者。"不与立",不与他做盟友,也即不与之并立于朝。《子罕》:"可与共学,未可与适道;可与适道,未可与立;可与立,未可与权。"(9.30)这里的"与立"大约也是成为盟友或挚友的意思。"与立"即"与之立","立"是谓词性的,而"与位"的"位"是体词性的,不能处在这一位置。[110]

15.15　子曰:"躬自厚而薄责于人①,则远怨矣。"

【注释】

① 躬自厚:即"躬自厚责",责字探下而省,严于律己的意思。

【译文】

　　孔子说:"多责备自己而少责备别人,便不会招致怨恨了。"

15.16　子曰:"不曰'如之何,如之何'者,吾末如之何也已矣。"

【译文】

　　孔子说:"不常自问'怎么办,怎么办'的人,我拿这种人也不知道怎么办了。"

15.17　子曰:"群居终日,言不及义,好行小慧,难矣哉!"

【译文】

　　孔子说:"一帮人整天混在一块,说的又毫不涉及道义,只喜欢卖弄小聪明,这些人难有所成啊!"

15.18　子曰:"君子义以为质,礼以行之,孙以出之①,信以成之。君子哉!"

【注释】

① 孙以出之:孙,同"逊";出,出言,讲话。

【译文】

孔子说:"君子以义为本质,依礼行事,言语谦虚,靠诚信取得成功。这才是君子啊!"

15.19 子曰:"君子病无能焉,不病人之不己知也。"

【译文】

孔子说:"君子只惭愧自己没有能力,不怨恨别人不了解自己。"

15.20 子曰:"君子疾没世而名不称焉。"

【译文】

孔子说:"君子深感遗憾的是到死而名字不被人家称道。"

15.21 子曰:"君子求诸己,小人求诸人。"

【译文】

孔子说:"君子严格要求自己,小人苛刻要求别人。"

15.22 子曰:"君子矜而不争,群而不党。"

【译文】

孔子说:"君子保持尊严,但不争执;合群,但不结党营私。"

15.23 子曰:"君子不以言举人,不以人废言。"

【译文】

孔子说:"君子不因为别人话说得好就提拔他,也不因为他是坏人而废弃他的好话。"

15.24 子贡问曰:"有一言而可以终身行之者乎?"子曰:"其恕乎!己所不欲,勿施于人。"

【译文】

　　子贡问道:"有一个字可以终身奉行的吗?"孔子说:"大约是'恕'吧! 自己不想要的东西,不要强加给别人。"

15.25　子曰:"吾之于人也,谁毁谁誉? 如有所誉者,其有所试矣。斯民也,三代之所以直道而行也。"

【译文】

　　孔子说:"我对于别人,诋毁了谁? 称赞了谁? 如果对谁有称赞,一定是有所考验的。夏、商、周三代的人都是这样做的,所以那时能直道而行。"

15.26　子曰:"吾犹及史之阙文也,有马者借人乘之。今亡矣夫①。"

【注释】

① 吾犹及……今亡矣夫:何晏《集解》引包咸说:"古之良史于书字有疑,则阙之以待知者也;有马不能调良,则借人乘习之。孔子自谓及见其人如此,至今无有矣。""吾犹及史之阙文也,有马者借人乘之"可以理解为"吾犹及史之阙文也,史之阙文,如有马者借人乘之"。参见杨树达先生《古书疑义举例续补·省句例》(载《古书疑义举例五种》,中华书局 1956 年)及 8.17 注①。

【译文】

　　孔子说:"我还能够看到史书中有存疑以待后人的地方,如同有马自己不会调教而先借给别人使用一样。今天恐怕没人这样做了吧!"

15.27　子曰:"巧言乱德。小不忍①,则乱大谋。"

【注释】

① 忍:忍心。

【译文】

孔子说:"花言巧语足以败坏道德。小小的不忍心,便会败坏大事情。"

【考证】

小不忍:

一般《论语》注本常把这句的"忍"解为"忍耐"。据全面统计,从《论语》《左传》时代到战国末年,"不忍"不带宾语时,都是"不忍心"的意思。意思是对巧言乱德之人稍有仁慈,则足以败坏大事:"寡君不忍,使群臣请于大国,无令舆师淹于君地。"(《左传·成公二年》)"观从谓子干曰:'不杀弃疾,虽得国,犹受祸也。'子干曰:'余不忍也。'"(《昭公十三年》)"臣固知王之不忍也。"(《孟子·梁惠王上》)"人皆有所不忍,达之于其所忍,仁也。"(《尽心下》)"与人之兄居而杀其弟,与人之父居而杀其子,吾不忍也。"(《庄子·杂篇·让王》)"吾秉君以杀大子,吾不忍。"(《国语·晋语二》)汉代人也确实是这样理解的。《史记·梁孝王世家》:"袁盎等入见太后:'太后言欲立梁王,梁王即终,欲谁立?'太后曰:'吾复立帝子。'袁盎等以宋宣公不立正,生祸,祸乱后五世不绝,小不忍害大义状报太后。太后乃解说,即使梁王归就国。"

"'不忍'不带宾语时,都是'不忍心'的意思",这是语言系统内部证据,是主要的,不可或缺的;"汉代人也确实是这样理解的",这是语言系统外部证据,是次要的,有它固然好,没有也没多大关系。[111]

15.28 子曰:"众恶之,必察焉;众好之,必察焉①。"

【注释】

① 此章当与13.24共读。

【译文】

孔子说:"众人厌恶他,一定要考察;众人喜爱他,也一定要考察。"

15.29 子曰:"人能弘道,非道弘人。"

【译文】

孔子说:"人能够把道发扬光大,而不是用道来光大人。"

15.30 子曰:"过而不改,是谓过矣。"

【译文】

孔子说:"有错误而不改正,这本身就是一个错误!"

15.31 子曰:"吾尝终日不食,终夜不寝,以思,无益,不如学也。"

【译文】

孔子说:"我曾经整天不吃,整夜不睡,用来思考,没用,不如去学习。"

15.32 子曰:"君子谋道不谋食。耕也,馁在其中矣;学也,禄在其中矣。君子忧道不忧贫。"①

【注释】

① 这一章可与 13.4 结合着看。

【译文】

孔子说:"君子谋划仁道,不谋划衣食。耕种,也免不了饿肚子;学习仁道,也能得到俸禄。君子忧虑仁道不推行,不忧虑衣食无着。"

15.33 子曰:"知及之,仁不能守之,虽得之,必失之。知及之,仁能守之,不庄以莅之①,则民不敬。知及之,仁能守之,庄以莅之,动之不以礼,未善也。"

【注释】

① 莅:音 lì,临近。

【译文】

　　孔子说:"你的聪明才智足以得到它,但你的仁德不足以保持它;即使得到,必定失去。聪明才智足以得到它,仁德足以保持它,不态度严肃地对待它,百姓也不会严肃认真。聪明才智足以得到它,仁德足以保持它,也能态度严肃地对待它,假如不用礼去启动它,也不算尽善尽美。"

15.34　子曰:"君子不可小知而可大受也,小人不可大受而可小知也。"

【译文】

　　孔子说:"君子往往在小事上不甚了了,却可以接受重大考验;小人经不起重大考验,却往往在小事上精明得很。"

15.35　子曰:"民之于仁也,甚于水火①。水火,吾见蹈而死者矣,未见蹈仁而死者也。"

【注释】

① 甚于水火:(恐惧程度)超过恐惧水和火。详见本章【考证】。

【译文】

　　孔子说:"百姓害怕'仁',超过害怕水火。水火,我看见进去便死了的,却从没见过实践仁德而死的。"

【考证】

　　甚于水火:

　　有歧义。何晏《集解》引马融说:"水火与仁皆民所仰而生者,仁最为甚。"《论语译注》从之,译为:"百姓需要仁德,更急于需要水火。"而皇侃《义疏》引王弼说:"民之远于仁,甚于远水火也。"我们认同后者。因为,(1)《论语》时代,"甚"作为动词,多为"过分""严重"的意思。该词用作谓语时,通常用于描述一些不好的、恶劣的事物:"甚矣吾衰也!"(《论语·述而》)"纣之不善,不如是之甚也。"(《子张》)当其后接"于"字介宾结构,一般用于比较两个较为不好的事物:"防民之口,甚于防川。"(《国语·周语上》)"子常为政,而无礼不顾甚于成、灵。"(《楚语下》)"民之憔悴于虐政,未有甚于此时者也。"(《孟子·公孙丑上》)(2)《论语》时代的典籍中,"水火"通常代表可怕的、容易伤害人的事物:"众怒如水火焉,不可为谋。"(《左传·昭公十三年》)"水火之所犯,犹不可救,而况天乎?"(《国语·周语下》)"天下之百姓,皆以水火、毒药相亏害。"(《墨子·尚同上》)[112]

15.36 子曰:"当仁,不让于师①。"

【注释】

① 当仁,不让于师:与孔子同一时代的古希腊哲人亚里士多德有言:"吾爱吾师,吾尤爱真理。"与此章相通。

【译文】

孔子说:"仁德当前,义无反顾;即便是老师,也不谦让。"

15.37 子曰:"君子贞而不谅。"

【译文】

孔子说:"君子追求真理一往无前,却未必在小事上处处守信。"

15.38 子曰:"事君,敬其事而后其食。"

【译文】

孔子说:"对待君上,认真工作,把拿俸禄的事放在后面。"

15.39 子曰:"有教无类①。"

【注释】

① 有教无类:"有……无……"乃是《论语》时代的语言中的常见句式,我们至今常说的"有备无患"即属这一句式。类,类别。"有教无类"

即"人人我都教育,没有〔贫富、地域等等〕区别"。详见本章【考证】。

【译文】

孔子说:"人人我都教育,没有〔贫富、地域等等〕区别。"

【考证】

有教无类:

赵纪彬《论语新探》读"有教无类"为"域教无类",说:"总而言之,《论语》'有教无类'的'教'字,乃是奴隶主贵族对于所域之民施行的教化,发布的教令,以及军事技能的强制性教练。"此说不可取。(1)"教"的宾语经常是国君、贵族:"梁惠王曰:'寡人愿安承教。'"(《孟子·梁惠王上》)"王曰:'吾昏,不能进于是矣。愿夫子辅吾志,明以教我。'"(同上)(2)"有……无……"乃是《论语》时代的语言中的常见句式,如"有备无患""有基无坏""有常刑无赦"。因此,"有教无类"当然如同杨伯峻先生所译"人人我都教育,没有〔贫富、地域等等〕区别"。

赵纪彬《论语新探》因其举证颇多,曾对《论语》注本产生过深远而持久的影响。但其说多不可信。详见本书附录之《也谈〈论语〉中的"人"与"民"》。[113]

15.40 子曰:"道不同,不相为谋。"

【译文】

孔子说:"主张不同,不互相商议。"

15.41 子曰:"辞达而已矣。"

【译文】

孔子说:"言辞,足以表达想说的就够了。"

15.42 师冕见①,及阶,子曰:"阶也。"及席,子曰:"席也。"皆坐,子告之曰:"某在斯,某在斯。"

师冕出，子张问曰："与师言之道与？"子曰："然，固相师之道也。"

【注释】

① 师冕：师，乐师，一般是盲人；冕，人名。

【译文】

师冕来见孔子，走到阶梯边，孔子便说："这是阶梯呀。"走到坐席旁，孔子说："这是坐席呀。"都坐定了，孔子告诉他说："某人在这里，某人在这里。"

师冕辞了出来。子张问道："这是同盲人说话的方式吗？"

孔子说："对的；这本来是帮助盲人的方式。"

导读：中国传统文化推崇谦虚，有轻视"名"的一面，许多人以为是孔子的主张，那是对《论语》的误读。"名"有善名，有恶名；有符实之名，有不符实之名；有治世之名，有乱世之名。不加以辨析就一概贬斥，那是主张超越精神的道家思想，不是孔子的思想性格。

本篇第二十章，孔子说君子会因一辈子不为人所知而痛心疾首。不为人所知，就难以为君所用，政治理想无从谈起；不为人所知，就难以传播好的影响，学术理想也不可能实现。所以君子"求为可知"(4.14)。但君子求名，不是到处推销自己，而是"求诸己"(15.21)，在自己的品德、能力上下功夫，并做到谨言慎行，仪容神色端正，自然而然的让人敬重和信任。君子为人正直，讲原则，难免得罪人，在清明的政治环境下能够获得理解与重用，但在昏暗的政治生态中就难免遭受诋毁甚至迫害。所以君子要有"卷而怀之"(15.7)的智慧，要懂得"辟"和"隐"，这时他的名声不显是正当的，不必抱怨没人知道自己。天下之大，总有能够施展才华的地方，但人难免眷念乡土，君子既然有志于道，就要克服"怀土"(4.11)"怀居"(14.2)的贪图安逸，为道德理想奔走。

同时，"名"也是考察他人的依据。对于近距离的人，人们可以"视其所以，观其所由，察其所安"(2.10)。但了解一个人是需要时间的，尤其对于远距离的人,最先接触到的就是这个人的口碑。口碑的形成原因复杂,未必见得人品好口碑就好,人品差口碑就差。孔子对此也十分慎重,自己评论他人就秉承"有所试"(15.25)的原则,不考察清楚不轻易张口。孔子也深知,任何人都不完美,坚持操守,奉行善道难免得罪人。反而是那些好好先生,无原则地迎合他人,反倒饱受赞誉。孔子最反感的就是这类好好先生,称之为"德之贼"(17.13),因为这些人的存在会左右世人的评价,反而在舆情上凌驾于君子,让君子处世变得困难重重。本篇第二十八章,"众恶之,必察焉;众好之,必察焉",就是要防备这类人裹挟民意乘势而起。正人君子一定不是所有人都喜欢的,而是"善者好之""不善者恶之"(13.24)。好人都喜欢他,坏人都讨厌他,这样的人才是真有道德的人。

季氏篇第十六　共十四章

16.1　季氏将伐颛臾①。冉有、季路见于孔子曰："季氏将有事于颛臾②。"

孔子曰："求！无乃尔是过与③？夫颛臾，昔者先王以为东蒙主④，且在邦域之中矣，是社稷之臣也⑤，何以伐为？"

冉有曰："夫子欲之，吾二臣者皆不欲也。"

孔子曰："求！周任有言曰⑥：'陈力就列，不能者止⑦。'危而不持，颠而不扶，则将焉用彼相矣？且尔言过矣，虎兕出于柙，龟玉毁于椟中，是谁之过与？"

【注释】

① 颛臾：音 zhuānyú，鲁国的附庸国，在今山东费县西北。
② 有事：《左传》："国之大事，在祀与戎。""有事于＋某地"，即某地将发生战事。详见本章【考证】（一）。从这一段到"而在萧墙之内也"为一章，今为阅读方便，分为二节。
③ 尔是过："尔"是"过"的宾语，可理解为"过尔"，"责备你"的意思。
④ 东蒙：即蒙山，在今山东蒙阴县南，接费县境。
⑤ 社稷之臣：某国安危所倚重的重臣。详见本章【考证】（二）。
⑥ 周任：古代史官。
⑦ 陈力就列，不能者止：将自己的能力显示出来，然后到与这种能力相称的岗位上工作；感觉自己能力不够时，就辞职不干了。

【译文】

季氏将要攻打颛臾。冉有、子路两人谒见孔子，说："季氏将要对颛臾下手了。"

孔子说："冉求，难道不该责备你吗？那颛臾，先王授权他主持东蒙山的祭祀，而且它就在国境之中，这正像和鲁国安危与共的重臣，为什么要去攻打它呢？"

冉有说："季孙他老人家要这样干，我们两个臣子都是不愿意的。"

孔子说："冉求！周任说过这样的话：'掂量掂量自己的能力，觉得行，就干;不行的话,就放手。'好比瞎子遇到危险,不去扶持;将要摔倒了,不去挽扶,又何必用那助手呢?况且你的话大错特错——老虎犀牛逃出囚笼,龟壳美玉毁坏在盒子里,这是谁的过错?"

【考证】

(一) 有事于颛臾:

《左传·成公十三年》:"国之大事,在祀与戎。"遍搜《左传》《国语》"有事于……",都是为某先王、某山川举行的国家大祭典,或对某国发动战争(或应战)等大事:"王使宰孔赐齐侯胙,曰:'天子有事于文武,使孔赐伯舅胙。'"(《左传·僖公九年》,沈玉成《左传译文》:"……天子祭祀文王武王……")"有事于大庙,襄仲卒而绎,非礼也。"(《宣公八年》,沈译:"在太庙举行禘祭……")"巫曰:'今兹主必死,若有事于东方,则可以逞。'"(《襄公十八年》,沈译:"……如果在东边有战事……")"鲁有事于小邾,不敢问故,死其城下可也。"(《哀公十四年》,沈译:"鲁国如果和小邾发生战事,我不敢询问曲直,战死在城下就行了。")"有事于+某地",是为战事:"有事于东方""有事于小邾"。故本章"季氏将有事于颛臾",当译为"季氏要对颛臾下手了"。

参见 13.17【考证】。[114]

(二) 社稷之臣:

某国安危所倚重的重臣。《左传·成公十六年》:"夫二人者,鲁国社稷之臣也。若朝亡之,鲁必夕亡。"《晏子春秋·内篇杂上》:"晏子侍于景公,朝寒,公曰:'请进暖食。'晏子对曰:'婴非君奉馈之臣也,敢辞。'公曰:'请进服裘。'对曰:'婴非君茵席之臣也,敢辞。'公曰:'然夫子之于寡人何为者也?'对曰:'婴,社稷之臣也。'公曰:'何谓社稷之臣?'对曰:'夫社稷之臣,能立社稷,别上下之义,使当其理;制百官之序,使得其宜;作为辞令,可分布于四方。'自是之后,君不以礼不见晏子。"《荀子·臣道》:"谏、争、辅、拂之人,社稷之臣也,国君之宝也,明君所尊厚也,而暗主惑君以为己贼也。"《礼记·檀弓下》:"卫有大史曰柳庄,寝疾。公曰:'若疾革,虽当祭必告。'公再拜稽首请于尸曰:'有臣柳庄也者,非寡人之臣,社稷之臣也,闻之死,请往。'"

国难思良将,板荡识忠臣。信哉![115]

冉有曰:"今夫颛臾,固而近于费①。今不取,后世必为子孙忧。"

孔子曰:"求!君子疾夫舍曰欲之而必为之辞。丘也闻有国有家者,不患寡而患不均,不患贫而患不安。盖均无贫,和无寡,安无倾。夫如是,故远人不服,则修文德以来之。既来之,则安之。今由与求也,相夫子,远人不服,而不能来也;邦分崩离析,而不能守也;而谋动干戈于邦内。吾恐季孙之忧,不在颛臾,而在萧墙之内也②。"

【注释】

① 费:音 bì,鲁国季氏采邑,在今山东费县西南。
② 萧墙之内:萧墙,鲁君所用的屏风;萧墙之内,暗指鲁君。当时季孙把持鲁国朝政,怕鲁君起兵收回主权时,颛臾凭借有利地势帮忙,于是要先下手为强。

【译文】

冉有说:"当今那颛臾,城墙既坚牢,而且离费很近,如今不去拿下,后世定然遗祸子孙。"

孔子说:"冉求!君子就讨厌那种不说自己贪得无厌却一定找些说辞的做派。我听说过:有国家或有封地的人,不必担心衣食太少,只须担心不平均;不必担心贫困,只须担心不安定。因为如果平均了,就没有所谓贫穷;社会和谐,就不会缺衣少食;和平安定,社稷就不会倾危。这些都做到了,远方的人还不归服,再修明文教礼乐来招致他们。招来了他们,就要使他们安心。如今仲由和冉求两人辅佐季孙他老人家,远方之人不归服,却不能招致;国家土崩瓦解,却不能保全;反而想在国境之内大动干戈。我怕的是,季孙忧虑的不是颛臾,却是宫里那人哪。"

【考证】

不患寡而患不均,不患贫而患不安:

各《论语》注本都认为这两句当作"不患贫而患不均,不患寡而患不安",其说来自俞樾《群经平议》,不可信。俞氏之不如高邮王氏甚远,在于其论证多缺乏书证。以其证据而言,所谓"'寡'以人言""'不均'以财言",当时语言中,"寡"谓寡少,并非限于"以人言":"多闻阙疑,慎言其余,则寡尤;多见阙殆,慎行其余,则寡悔。言寡尤,行寡悔,禄在其中矣。"(《论语·为政》)"以能问于不能,以多问于寡。"(《泰伯》)"夫子欲寡其过而未能也。"(《宪问》)"不均"谓不平均,不公平,并非限于"以财言":"忠所以分也……忠分则均……分均无怨。"(《国语·周语上》)"昔我先王之有天下也,规方千里以为甸服……其余以均分公侯伯子男。"(《周语中》)"布德于民而平均其政事。"(《鲁语上》)"陵、阜、陆、墐、井、田、畴均,则民不憾。"(《齐语》)[116]

16.2 孔子曰:"天下有道,则礼乐征伐自天子出;天下无道,则礼乐征伐自诸侯出。自诸侯出,盖十世希不失矣;自大夫出,五世希不失矣;陪臣执国命,三世希不失矣①。天下有道,则政不在大夫。天下有道,则庶人不议。"

【注释】

① 孔子这段话可能是考察历史得出的结论。从齐桓公始,"礼乐征伐自诸侯出",至简公为陈恒所杀,共历十代;鲁自季友专政,至季桓子为阳虎所执,共历五代;而季氏家臣南蒯、公山弗扰、阳虎之流都当身而败,不曾三世。愈近变动年代,权力再分配的斗争便愈加激烈。

【译文】

孔子说:"天下太平,制礼作乐以及出兵都由天子决定;天下混乱,制礼作乐以及出兵便由诸侯决定了。由诸侯决定,大约传到十代还能维持的,就很少了;由大夫决定,传到五代还能维持的,就很少了;若是由大夫的家臣操纵国家命运,传到三代便很少还能维持。天下太平,国家的最高政治权力就不会由大夫掌握。天下太平,老百姓就不会议论纷纷。"

16.3 孔子曰:"禄之去公室五世矣,政逮于大夫四世矣,故夫三桓之子孙微矣①。"

【注释】

① 三桓:鲁国的三卿,仲孙(即孟孙)、叔孙、季孙都出于鲁桓公,故称"三桓"。

【译文】

孔子说:"国家政权离开了鲁君,已经五代了;政权到了大夫手里,已经四代了,所以那桓公的三房子孙现在也衰微了。"

16.4 孔子曰:"益者三友,损者三友。友直,友谅,友多闻,益矣。友便辟,友善柔,友便佞,损矣。"

【译文】

孔子说:"有益的朋友有三种,有害的朋友有三种。同正直的人交友,同信实的人交友,同见多识广的人交友,便有益了。同阿谀奉承的人交友,同口蜜腹剑的人交友,同夸夸其谈的人交友,便有害了。"

16.5 孔子曰:"益者三乐,损者三乐。乐节礼乐,乐道人之善,乐多贤友,益矣。乐骄乐,乐佚游,乐晏乐,损矣。"

【译文】

孔子说:"有益的快乐有三种,有害的快乐有三种。以得到礼乐的调节为快乐,以揄扬他人的优点为快乐,以有许多善良能干的朋友为快乐,就有益了。以显摆身份为快乐,以整天闲逛为快乐,以吃喝玩乐为快乐,就有害了。"

16.6 孔子曰:"侍于君子有三愆①:言未及之而言谓之躁,言及之而不言谓之隐,未见颜色而言谓之瞽。"

【注释】

① 愆:音 qiān,过失。

【译文】

孔子说:"陪同君子容易有三种过失:还不该他说却说了,叫作急躁;该他说了却不说,叫作隐瞒;不察言观色张口就说,叫作瞎了眼。"

16.7 孔子曰:"君子有三戒:少之时,血气未定,戒之在色;及其壮也,血气方刚,戒之在斗;及其老也,血气既衰,戒之在得。"

【译文】

孔子说:"君子有三件事要戒备:年轻时,身体心理尚未健全,要戒备迷恋女色;到了壮年,气血正旺盛,要戒备争强好胜;等到年老了,血气已经衰弱,要戒备贪得无厌。"

16.8 孔子曰:"君子有三畏:畏天命,畏大人①,畏圣人之言。小人不知天命而不畏也,狎大人,侮圣人之言。"

【注释】

① 大人:指在高位的人。

【译文】

孔子说:"君子敬畏三件事:敬畏天命,敬畏大人物,敬畏圣人的话。小人不懂得天命,因而不知敬畏;对待大人物举止轻佻,轻侮圣人的话。"

16.9 孔子曰:"生而知之者上也,学而知之者次也;困而学之,又其次也;困而不学,民斯为下矣。"

【译文】

孔子说:"天生聪明智慧的,是第一等;学习后聪明智慧的,是第二等;困境中再去学的,又降低一等;遇见困难都不学,芸芸众生才沦为这最下等的呀。"

16.10 孔子曰:"君子有九思:视思明,听思聪,色思温,貌思恭,言思忠,事思敬,疑思问,忿思难,见得思义。"

【译文】

孔子说:"君子有九处用心思:看要注意看清楚;听要注意听明白;脸色要注意温和;容貌要注意端庄;言语要注意忠实;工作要注意认真;有疑要注意请教;生气要注意后患;有利可图,要注意该不该得。"

16.11 孔子曰:"见善如不及,见不善如探汤,吾见其人矣,吾闻其语矣。隐居以求其志,行义以达其道,吾闻其语矣,未见其人也。"

【译文】

孔子说:"遇见善良,好像赶不上趟似的紧追不舍;遇见邪恶,好比手就要挨到沸水般赶紧避开,我见过这样的人,还听过这样的话。避世隐居以求保全初衷,依义而行以求贯彻主张,我听过这样的话,却还没见过这样的人。"

16.12 齐景公有马千驷①,死之日,民无德而称焉②;伯夷叔齐饿于首阳之下,民到于今称之。其斯之谓与③?

【注释】

① 千驷:古代一般用四匹马驾一辆车,一驷就是四匹马。
② 民无德而称焉:同 8.1"民无得而称焉",可参 8.1 注②。
③ 其斯之谓与:从这一句和此章没有"子曰"来看,可能前面有阙文。

【译文】

　　齐景公有马四千匹,死了以后,老百姓没有谁称颂他;伯夷叔齐在首阳山下饥肠辘辘,老百姓直到现在还称颂他们。大概就是说的这个吧!

16.13　陈亢问于伯鱼曰①:"子亦有异闻乎?"

　　对曰:"未也。尝独立,鲤趋而过庭。曰:'学诗乎?'对曰:'未也。''不学诗,无以言。'鲤退而学诗。他日,又独立,鲤趋而过庭。曰:'学礼乎?'对曰:'未也。''不学礼,无以立。'鲤退而学礼。闻斯二者。"

　　陈亢退而喜曰:"问一得三,闻诗,闻礼,又闻君子之远其子也。"

【注释】

① 陈亢:即陈子禽;亢,音 gāng。

【译文】

　　陈亢问伯鱼说:"您在老师那儿,也有与众不同的闻见吗?"

　　答道:"没有。他曾经独自站在庭中,我恭敬地走过。他问我:'学诗没有?'我说:'还没呢。'他便说:'不学诗,没法说话。'我退下后就开始学诗。过了几天,他又独自站在庭中,我又恭敬地走过。他问:'学礼没有?'我说:'还没呢。'他说:'不学礼,没法立足社会。'我退下后就开始学礼。就只听到这两件。"

　　陈亢回去后高兴地说:"我问一而了解了三:了解了诗,了解了礼,又了解君子是如何不给儿子开小灶的。"

16.14　邦君之妻,君称之曰夫人,夫人自称曰小童;邦人称之曰君夫人,称诸异邦曰寡小君;异邦人称之亦曰君夫人①。

【注释】

① 这章可能也是孔子所言,却遗落了"子曰"两字。

【译文】

国君的妻子,国君称她为"夫人",夫人自称为"小童";国人称她为"君夫人",对外国人则称她为"寡小君";外国人称她也为"君夫人"。

【考证】

夫人:

"夫"字《论语》成书时代为远指代词:"有恸乎?非夫人之为恸而谁为?"(《论语·先进》)"夫人不言,言必有中。"(同上)"子路使子羔为费宰。子曰:'贼夫人之子。'"(同上)"不可。微夫人力不及此。"(《左传·僖公三十年》)"民死亡者,非其父兄,即其子弟,夫人愁痛,不知所庇。"(《襄公八年》)"夫人朝夕退而游焉,以议执政之善否。"(《襄公三十一年》)以上各例"夫人"均为"那人""那些人"之意,疑意为"邦君之妻"的"夫人"最初也是"那人"之意。董秀芳《词汇化——汉语双音词的衍生和发展》(商务印书馆 2011 年)认为"先秦汉语中还未有由指示性定语与中心语黏合成的定中式双音词"(153 页),如果"夫人"最终能证明属于"指示性定语与中心语黏合成的定中式双音词",在语言学史上还是有意义的。又"夫子"一词,原指"那位先生""那位君子"(刘殿爵亦有说,见《采掇英华——刘殿爵教授论著中译集》),故初起只能用于背称。[117]

导读:季氏源于鲁桓公之子季友。季友正直贤能,时值鲁国公室内乱,季友戡定叛乱,拥立鲁僖公有功,被封为上卿,采邑在费地。他的子孙世袭罔替,与鲁桓公另外两个儿子的后裔并称"三桓",季氏为"三桓"之首。《论语》中"三思而后行"的季文子是季友的孙子,那时鲁国的朝政掌握在鲁僖公的儿子东门氏手里,孟孙氏、叔孙氏与东门氏抗争,都吃了大亏。季文子低调谨慎,等到东门氏失道寡助时一鸣惊人,驱逐了东门氏,夺回实权。季文子生季武子,季武子生季平子。季氏的权势在武子、平子的时候达到鼎盛。季平子专横跋扈,鲁昭公带兵讨伐季平子,兵败出逃,从此季平子权势更盛,一时鲁人不知有鲁君,但知有季氏。因为齐国和晋国的干预,季平子不得不迎回鲁昭公,但昭公在回国的路上病逝,鲁定公即位。季桓子是季平子的儿子,桓子贪好美色荒疏朝政,鲁国和季氏的权柄日益到了季氏家臣阳货手中。季桓子与家臣发生矛盾,被阳货、公山弗扰抓住,签订城下之盟后获释。季桓子逃脱后联合孟孙氏、叔孙氏击败了阳货。孔子担任大司寇时,摄行相事,鲁国政局转向清明。孔子主张"隳三都"(依照礼制拆除"三桓"逾制的城墙),季桓子想起之前阳货和公山弗扰叛乱,自己因为封邑费地(由公山弗扰控制)城高难攻所以吃了亏,于是支持孔子。在拆毁了叔孙氏的郈邑城墙后,季氏家臣公山弗扰率费人攻打国都。都城被攻破后,定公躲入季氏宫中,孔子指挥军队击败了叛军,而后拆除了季孙氏的城墙。"三都"城墙已隳其二,但郕邑邑宰坚决反对,适逢齐军压境,只能不了了之。之后"三桓"联合逐走了孔子,但季氏的实力已大受影响。季桓子死后他的儿子继任,就是屡屡向孔子请教的季康子,康子继任后迎回了已入暮年的孔子。

以季氏为首的"三桓"几代把持朝政,政令不自鲁君出,甚至季氏家臣阳货也能专权擅政,绑架鲁君,这是孔子最不愿意看到的,但孔子想在鲁国实现政治理想,又不得不与季氏虚与委蛇。鲁哀公(6.3)和季康子(11.7)都曾问孔子哪个学生最好学,孔子答曰颜回,但和哀公说得细致,和康子说得粗略,可见孔子对季氏的态度。

本篇第二章说礼乐征伐的权力不在天子,下放到诸侯,国命难有十代,大夫难有五代,陪臣难有三代,都不是危言耸听,而是基于历史观察总结出来的,注释中有简要说明。第三章说"禄之去公室五世",是指从宣公失权到当时的定公,经历成公、襄公、昭公共五代君主。"政逮于大夫四世"是从季文子夺回权力到季桓子,经历武子、平子共四代。根据第二章总结的经验,孔子认为"三桓"把持政权的日子不会太久了。历史的发展大抵不出孔子所料,虽然在季桓子时季氏的权势已不如前,但"三桓"在苦撑几代之后,到战国早期鲁穆公时才被完全削平了。

阳货篇第十七　共二十六章

17.1 阳货欲见孔子①,孔子不见,归孔子豚②。

孔子时其亡也,而往拜之,遇诸途。

谓孔子曰:"来! 予与尔言。"曰:"怀其宝而迷其邦,可谓仁乎?"曰:"不可! 好从事而亟失时③,可谓知乎?"曰:"不可! 日月逝矣④,岁不我与。"

孔子曰:"诺,吾将仕矣⑤。"

【注释】

① 阳货:即阳虎,季氏的家臣,此时他正权倾朝野,炙手可热。
② 归:通"馈",赠送。
③ 亟:音 qì,屡屡。
④ 日月逝矣:太阳月亮升起又落下。详见本章【考证】。
⑤ 吾将仕矣:孔子于阳货当权时,并未出仕。

【译文】

阳货想要孔子来拜会他,孔子不去,他便派人送给孔子一个〔蒸熟了的〕小猪〔,想让孔子到他家来道谢〕。

孔子打听到他不在家的时候,去拜谢,两人在路上相遇。

他对孔子叫道:"来! 我要和你说话。"〔孔子走了过去。〕他又说:"怀有一身本领,却听任国事混乱不堪,这可以叫作仁爱吗?"〔孔子不作声。〕他又接着说:"不可以! 一个人喜欢做官,却屡屡错过机会,这可以叫作聪明吗?"〔孔子仍不作声。〕他又一次接着说:"不可以! 太阳月亮升起又落下,岁月可不饶人哪!"

孔子这才说:"好吧,我打算做官了。"

【考证】

日月逝矣:

《论语译注》译"日月逝矣,岁不我与"为"时光一去,就不再回来了呀"。《论语》时代的典籍中,"日月"一般都指太阳月亮,极少例外:"君子之过也,如日月之食焉。"(《论语·子张》)"仲尼,日月也,无得而逾焉。人虽自绝,其何伤于日月乎?"(同上)又太阳月亮的升起落下,循环往复,代表时间的消逝:"日月之行,则有冬有夏。"(《尚书·洪范》)"日往则月来,月往则日来,日月相推而明生焉。寒往则暑来,暑往则寒来,寒暑相推而岁成焉。"(《周易·系辞下》)且"逝"的主语或逝去的多为具体事物或人物,未见表示时间这类抽象概念的名词:"君子可逝也,不可陷也。"(《论语·雍也》)"子在川上曰:'逝者如斯夫,不舍昼夜。'"(《子罕》)"(鱼)少则洋洋焉,攸然而逝。"(《孟子·万章上》)因此这里的"日月"是指太阳月亮,而非指时间。

只有极少数做状语的"日月"是时间词:"回也,其心三月不违仁,其馀则日月至焉而已矣。"(《论语·雍也》)"我先君共王,引领北望,日月以冀。"(《左传·昭公七年》)"知虑取舍,稽之以成;日月积久,校之以功。"(《荀子·君道》)[118]

17.2 子曰:"性相近也,习相远也。"

【译文】

孔子说:"各人的本性都相差不远,只因所受的影响不同,才拉开了距离。"

17.3 子曰:"唯上知与下愚不移①。"

【注释】

① 此章当与16.9合看。

【译文】

孔子说:"只有上等的智者和下等的愚人是没法改变的。"

17.4 子之武城,闻弦歌之声。夫子莞尔而笑①,曰:"割鸡焉用牛刀?"

子游对曰:"昔者偃也闻诸夫子曰:'君子学道则爱人,小人学道则易使也。'"

子曰:"二三子,偃之言是也!前言戏之耳。"

【注释】

① 莞尔:微笑貌;莞,音 wǎn。

【译文】

孔子到了〔子游当政的〕武城,听到了弹琴唱歌的声音。孔子微微一笑,说道:"杀鸡,哪里用得着宰牛的刀?"

子游答道:"以前我听老师说过,做官的学习了,就会爱护他人;老百姓学习了,就容易使唤。〔可见教育总是有用的。〕"

孔子说:"同学们,言偃的话是对的!我刚才的话不过是和他开玩笑罢了。"

17.5 公山弗扰以费畔①,召,子欲往。

子路不说,曰:"末之也已②,何必公山氏之之也③?"

子曰:"夫召我者,而岂徒哉④?如有用我者,吾其为东周乎⑤?"

【注释】

① 公山弗扰以费畔:公山弗扰,又名公山不狃(niǔ),字子泄,鲁国大夫季孙氏的家臣。畔,反叛。
② 末之也已:句式同 9.11"末由也已";"也已"为复合语气词。武亿《经读考异》读作"末之也,已。"不可据。
③ 何必公山氏之之也:即"何必之公山氏也"。第一"之",用于复指宾语"公山氏"的代词,第二"之",动词,往。
④ 而岂徒哉:这句话说完整是"而岂徒召我哉"。
⑤ 如有用我者,吾其为东周乎:

【译文】

公山弗扰盘踞费邑准备造反,叫孔子去,孔子准备去。

子路很不高兴,说:"没有地方去了吗?为什么一定要去公山氏那里呢?"

孔子说:"那个叫我去的人,难道是白白召我吗?假若有人用我,我大概会让周文王周武王之道在东方复兴吧?"

【考证】

如有用我者,吾其为东周乎:

有两解。何晏《集解》说("兴周道于东方,故曰'东周'。"),是用疑问语气表示肯定,当直译为"我这儿大约就是东方之周吧?"据戴望、刘宝楠说("如有用我者,当继文武之治,岂犹为东周乎?")则是用反问表示否定,应直译为"我难道只是复兴一个东周吗?"前说为确论,因为先秦"其为……乎"句式都是用疑问语气表示肯定,表示"该会是……吧"。例如:"越十年生聚,而十年教训,二十年之外,吴其为沼乎!"(《左传·哀公元年》)——沈玉成《左传译文》:"二十年以后,吴国的宫殿恐怕要成为池沼了。"试比较:"晏子对曰:'此季世也,吾弗知齐其为田氏乎?'"(《晏子春秋·内篇问下》)"晏子曰:'此季世也,吾弗知齐其为陈氏矣!'"(《左传·昭公三年》)杨伯峻先生《论语译注》:"假若有人用我,我将使周文王、武王之道在东方复兴。"至确。

疑问句表肯定,和反问句表否定,有不同的句式,用不同的语气词。掌握这些,对于读古书很有用。[119]

17.6　子张问仁于孔子。孔子曰:"能行五者于天下为仁矣。"

"请问之。"曰:"恭、宽、信、敏、惠。恭则不侮,宽则得众,信则人任焉,敏则有功,惠则足以使人。"

【译文】

子张向孔子问仁。孔子说:"能够处处实行五种品德,便是仁人了。"

子张说:"请问哪五种?"孔子说:"庄重、宽厚、诚实、勤敏、慈惠。庄重就不遭致侮辱,宽厚就能得到拥戴,诚实就被别人任用,勤敏就有大的贡献,慈惠就足以让人为你出力。"

17.7 佛肸召^①,子欲往。

子路曰:"昔者由也闻诸夫子曰:'亲于其身为不善者,君子不入也。'佛肸以中牟畔,子之往也,如之何?"

子曰:"然,有是言也。不曰坚乎,磨而不磷^②;不曰白乎,涅而不缁^③。吾岂匏瓜也哉^④?焉能系而不食?"

【注释】

① 佛肸:晋国范中行的家臣,为中牟(晋邑,故址在今河北邢台、邯郸间)行政长官。赵简子攻打范中行,佛肸据中牟抗拒赵;肸,音 xī。
② 磷:音 lìn,薄。
③ 涅而不缁:涅,音 niè,染黑;缁,黑。
④ 匏瓜:匏,音 páo,即葫芦,可系于腰凫水。

【译文】

佛肸叫孔子去,孔子打算动身。

子路说:"从前我听老师说过'亲自做坏事的人那里,君子是不去的'。如今佛肸盘踞中牟谋反,您却要去,如何解释?"

孔子说:"对,我说过这话。都说那坚硬的东西呀,磨也磨不薄;都说那洁白的东西呀,染也染不黑。我难道是个匏瓜,只是挂在那里一动不动而不须四处奔波找饭吃吗?"

【考证】

吾岂匏瓜也哉?焉能系而不食:

有两种解释,前一种解释是从何晏《集解》到朱熹一致认同的。后一种解释是晚了朱熹半世纪名气远逊于前者的南宋饶鲁所说。奇怪的是,现代注家一致采用后者。前者可译为:"我难道是个匏瓜,我只是待在那里一动不动而不须四处奔波找饭吃吗?"后者可译为:"我难道是个匏瓜,只能够挂在那里而不给人吃吗?"经全面研究,应采第一解。一是,"焉能"前未出现主语时,其未出现的主语都是上一句的主语,这是由"话题的延续性"造成的。因此,这两句当读为"吾岂匏瓜也哉?(吾)

焉能系而不食"。如:"夫差先自败也已,(夫差)焉能败人?"(《国语·楚语下》)二是,"焉能"修饰的谓语动词,其施事主语必须是人;或人的集合体——国家。施事性的典型特征有:人＞有生物＞无生物＞抽象物;高自主＞低自主＞非自主;强支配＞弱支配＞非支配。而人(包括人的集合体)处在以上3组序列的左端,是最典型的施事。因此,只能"我焉能系而不食",不能"匏瓜焉能系而不被食"。三是,与第二点相关,考察《论语》(10,本例除外)、《墨子》(5)、《孟子》(6)、《左传》(11)、《国语》(4)等5部典籍中的全部36例"不食",没有1例是表示"不被吃"的。四是,迄今没有证据表明,当时典籍中,当以"匏"字出现的时候,是可以吃的。

现代注家一致采用饶鲁所说,不奇怪吗?其中必有缘故,值得探讨。[120]

17.8 子曰:"由也!女闻六言六蔽矣乎①?"对曰:"未也。"

"居!吾语女。好仁不好学,其蔽也愚;好知不好学,其蔽也荡;好信不好学,其蔽也贼;好直不好学,其蔽也绞②;好勇不好学,其蔽也乱;好刚不好学,其蔽也狂。"

【注释】

① 言:这里指字;六言,即仁、知、信、直、勇、刚六字。
② 绞:尖刻刺人。

【译文】

孔子说:"仲由哇,你听过那六字真言也会有六种弊病吗?"子路答道:"没有。"

孔子说:"坐下!我告诉你。爱仁德,而不爱学问,它的弊病就是愚蠢;爱玩弄小聪明,而不爱学问,它的弊病就是博闻而不精专;爱诚实,而不爱学问,它的弊病就是容易伤害他人;爱直率,而不爱学问,它的弊病就是出言尖刻刺人;爱勇敢,而不爱学问,它的弊病就是捣乱闯祸;爱刚强,而不爱学问,它的弊病就是容易与人冲突。"

17.9 子曰:"小子何莫学夫诗①?诗,可以兴②,可以观,可以群,可以怨③。迩之事父④,远之事君;多识于鸟兽草木之名。"

【注释】

① 莫:没有人。
② 可以:可以用它。可,可以;以,用。"以"的宾语没有出现。
③ 兴、观、群、怨:何晏《集解》引孔安国说:"兴,引譬连类。"引郑玄说:"观风俗之盛衰。"引孔安国说:"群居相切磋。怨,刺上政。"
④ 迩:音ěr,近。

【译文】

孔子说:"学生们为什么没人学那诗歌?读诗,可以用它借景抒情,可以用它观察世俗,可以用它相互切磋,可以用它抨击时政。近呢,靠它事奉父母;远呢,靠它服事君上;还可多多记住鸟兽草木的名称。"

17.10 子谓伯鱼曰:"女为《周南》《召南》矣乎①?人而不为《周南》《召南》,其犹正墙面而立也与②?"

【注释】

①《周南》《召南》:《诗经·国风》排在最前面的两个部分,《周南》有11首诗,《召南》有14首。
② 正墙面而立:意思是说虽近在咫尺,却不能见,不能行。

【译文】

孔子对伯鱼说:"你学《周南》《召南》了吗?作为一个人,却不学《周南》《召南》,就好比面朝墙壁而站着吧!"

17.11 子曰:"礼云礼云,玉帛云乎哉?乐云乐云,钟鼓云乎哉?"

【译文】

孔子说:"礼呀礼呀,仅仅是指玉帛吗?乐呀乐呀,仅仅是指钟鼓吗?"

17.12 子曰:"色厉而内荏,譬诸小人,其犹穿窬之盗也与①?"

【注释】

① 穿窬:穿,在墙上打洞;窬,音 yú,翻墙。

【译文】

孔子说:"某些人脸色严厉,内心怯弱,怕像个挖洞跳墙的小偷吧!"

17.13 子曰:"乡愿,德之贼也。"

【译文】

孔子说:"不分是非的好好先生是足以败坏道德的小人。"

17.14 子曰:"道听而途说,德之弃也。"

【译文】

孔子说:"听到小道消息就四处传播,这为有德者所不齿。"

17.15 子曰:"鄙夫可与事君也与哉?其未得之也,患得之。既得之,患失之。苟患失之,无所不至矣。"

【译文】

孔子说:"乡巴佬,难道能同他一道侍奉君主吗?当他没得到的时候,害怕会得到;已经得到,又害怕会失去。假如总担心失去,就什么事都做得出来了。"

【考证】

(一) 可与事君:

王引之《经传释词》谓"可与"即"可以",误。与,介词,其宾语"之"未出现。介词"与"后的宾语常常不出现,特别是当它的宾语在前文出现过时。类似句子如:"晋未可与争。"(《左传·成公三年》)"鸟兽不可与同群。"(《论语·微子》)"自暴者不可与有言也,自弃者不可与有为也。"(《孟子·离娄上》)可与事君,即可与他一道侍奉君主。杨伯峻先生注曰:"可与,王引之《释词》谓即'可以',今不取。"至确。[121]

(二)患得之:

古今诸多学者认为"患得之"上脱去一"不"字,此说俨然已成定论。但未必如此。(1)迄至战国晚期,文献中未见"不得之"。当"得"为"获得""取得"义时,"得之"的否定形式都是"不得";也即当时语言中不会出现"不得之":"心之官则思,思则得之,不思则不得也。"(《孟子·告子上》)(2)连词"既"两边的成分具有一致性。既然后句为"既得之",前句就不可能是"患不得之",而只能是"患得之":"子曰:'庶矣哉!'冉有曰:'既庶矣,又何加焉?'曰:'富之。'曰:'既富矣,又何加焉?'曰:'教之。'"(《论语·子路》)"夫如是,故远人不服,则修文德以来之;既来之,则安之。"(《季氏》)(3)《老子·十三章》:"得之若惊,失之若惊,是谓宠辱若惊。"可知当时语言中有着与"患得患失"类似的说法。

一些已然成为"定论"之说,仔细考察,也还是不一定的。[122]

17.16 子曰:"古者民有三疾,今也或是之亡也,古之狂也肆,今之狂也荡;古之矜也廉①,今之矜也忿戾;古之愚也直,今之愚也诈而已矣。"

【注释】

① 廉:本义是器物的棱角,引申为行为方正有威。

【译文】

孔子说:"古代的人民还有三种〔可贵的〕毛病,现在呢,或许连这些也没有了。古代的狂人放言无忌,现在的狂人只是放荡无羁;古代矜持的人凛然不可冒犯,现在矜持的人却一味恼羞成怒;古代的愚人还直率,现在的愚人只是耍耍欺诈手段罢了。"

17.17 子曰:"巧言令色,鲜矣仁!"①

【注释】

① 此章与1.3重复。

【译文】

孔子说:"花言巧语,满脸堆笑,这种人,是没有多少仁德的。"

17.18 子曰:"恶紫之夺朱也①,恶郑声之乱雅乐也,恶利口之覆邦家者。"

【注释】

① 紫之夺朱:春秋时,紫色已逐渐取代朱色的正色地位了。

【译文】

孔子说:"我憎恶紫色夺去了大红色的光彩和地位,憎恶郑国的乐曲破坏了典雅的乐曲,憎恶伶牙俐齿颠覆国家的人。"

17.19 子曰:"予欲无言。"子贡曰:"子如不言,则小子何述焉?"子曰:"天何言哉?四时行焉,百物生焉,天何言哉?"

【译文】

孔子说:"我想不说话了。"子贡说:"您假如不说话,那我们传述什么呢?"孔子说:"天说了什么呢,四季还是照样运行,万物还是照样生长,天说了什么呢?"

17.20 孺悲欲见孔子①,孔子辞以疾。将命者出户②,取瑟而歌,使之闻之③。

【注释】

① 孺悲:鲁国人。
② 将命者:孺悲派来的表达孺悲想见孔子的人。
③ 据孟子所说,这样做也是"教"的一种方法。

【译文】

孺悲要会晤孔子,孔子托言有病推辞。传命的人刚出房门,孔子便取下瑟边弹边唱,故意让他听见。

17.21 宰我问:"三年之丧,期已久矣。君子三年不为礼,礼必坏;三年不为乐,乐必崩。旧谷既没,新谷既升,钻燧改火①,期可已矣②。"

子曰:"食夫稻③,衣夫锦,于女安乎?"曰:"安。"

"女安,则为之! 夫君子之居丧,食旨不甘,闻乐不乐,居处不安④,故不为也。今女安,则为之!"

宰我出,子曰:"予之不仁也! 子生三年⑤,然后免于父母之怀。夫三年之丧,天下之通丧也,予也有三年之爱于其父母乎?"

【注释】

① 钻燧改火:古代钻木取火,被钻的木,四季不同,一年一轮回。
② 期:音 jī,一年。
③ 稻:古代北方稻的耕种面积很小,稻米自是珍品。程悦认为,"'稻'一般是公赐食与大夫的情况……'食稻'应非自食,而是拜会诸侯国君,由国君所赐。"故该"食"字音 sì,让……吃。下句"衣夫锦"也是"给……衣穿",音 yì。(见北大中文系《语言学微刊》)《经典释文》也说这一"食"字"音嗣","衣"为"于既反"。
④ 居处不安:古代孝子要住在草棚里,睡草垫子,用土块做枕头。这里"居处"是指平日的居住生活。
⑤ 三年:三个年头。

【译文】

宰我问道:"父母死了,守孝三年,也似乎太久了。君子三年不习礼仪,礼仪一定会毁坏;三年不奏音乐,音乐一定会崩塌。陈谷已经吃光,新谷又已成熟;打火的燧木都轮换了一回,一周年也就够了。"

孔子说:"让你吃着白米饭,让你穿着花缎衣,你就心安理得吗?"宰我说:"心安。"

"你觉得心安,你就这样做吧!君子守孝,吃美味不觉甘甜,听音乐也不快乐,住在家里不以为舒适,才不这样做。如今你既然心安理得,就去这样做好了。"

宰我退出去后,孔子说:"宰予真不仁哪!儿女生下来三个年头,才能脱离父母的怀抱。替父母守孝三年,天下都是这样的。宰予难道就没有从他父母那里得到三年怀抱的呵护吗?"

17.22 子曰:"饱食终日,无所用心,难矣哉!不有博弈者乎①?为之,犹贤乎已②。"

【注释】

① 博弈:博,《说文》作"簙",古代的一种棋局,后世才泛指赌博。弈,围棋。但训诂"浑言无别,析言则异",故译之为"各种玩棋的游戏"。
② 已:不动。

【译文】

孔子说:"整天吃饱了撑着,凡事不操心,不行的呀!不是有各种玩棋的游戏吗?干干也比闲着好。"

17.23 子路曰:"君子尚勇乎?"子曰:"君子义以为上①,君子有勇而无义为乱,小人有勇而无义为盗。"

【注释】

① 尚、上:"尚勇"的"尚"和"上"相同,但用作动词。

【译文】

子路问道:"君子尊尚勇敢吗?"孔子说:"君子认为义是最值得尊尚的,君子只有勇,没有义,就会捣乱造反;小人只有勇,没有义,就会做土匪强盗。"

17.24 子贡曰:"君子亦有恶乎①?"子曰:"有恶:恶称人之恶者,恶居下流而讪上者②,恶勇而无礼者,恶果敢而窒者。"

曰:"赐也亦有恶乎?""恶徼以为知者③,恶不孙以为勇者,恶讦以为直者④。"

【注释】

① 恶:音 wù,厌恶,憎恶。
② 居下流而讪上:流,晚唐以前的《论语》文本无此字,可见为衍文;讪,音 shàn,诋毁。
③ 徼:音 jiāo,徼袭,抄袭,据为己有。
④ 讦:音 jié,揭别人隐私。

【译文】

子贡说:"君子也有所憎恶的事吗?"孔子说:"有憎恶的事:憎恶专讲别人缺点的人,憎恶在下位而诋毁上级的人,憎恶勇敢却不懂礼节的人,憎恶勇于贯彻自己的主张,却顽固不化,一条道走到黑的人。"

孔子又说:"赐,你也有所憎恶的事吗?"子贡随即答道:"我憎恶抄袭别人的成果还自以为得计的人,憎恶毫不谦虚却自以为勇敢的人,憎恶揭发别人隐私却自以为直率的人。"

17.25 子曰:"唯女子与小人为难养也,近之则不孙,远之则怨。"

【译文】

孔子说:"只有女子和小人是难得打交道的,亲近了,他便无礼;疏远了,他又怨恨。"

【考证】

女子:

据我们从《左传》《论语》中全面调查,这一时代"女子"含义和当今该词含义大致相当。《左传》中,"女子"既指老年的哀姜:(僖公元年),

又指刚出生"赤而毛"的女婴(襄公二十六年),还指年轻的季芈(定公四年)和中年的辟司徒之妻(成公二年),其实就是女性的意思,可不必今译。有的文章说"女子"意为"你的儿子""你这位先生",大误。杨树达先生说:"前人于训诂之学有一大病焉,则不审句例是也。"这些文章,是"不审句例"的典型。试对解"女子"为"您这位先生"之说稍加分析,该文读"唯"为"堆",进而读作"对";解"女子"为"您这位先生";读"与"为"欤"。"唯女子与"解作"对!您(这位)先生(说的是对的)啊"。"唯……与……VP"都是"只有……和……VP"的意思:"用之则行,舍之则藏,惟我与尔有是夫!"(《述而》)"唯上知与下愚不移。"(《阳货》)"唯器与名不可以假人。"(《左传·成公二年》)

"女子"作何解释,说法极多。没办法,还是运用语言的社会性原则去考察一下吧![123]

17.26 子曰:"年四十而见恶焉,其终也已。"

【译文】

孔子说:"到了四十岁还被人厌恶,这个人的一生啊就算完了。"

导读:《诗》是周代王公贵族奏乐时用的歌词。诗的体例有《风》《雅》《颂》,《风》是各诸侯国的地方诗歌,主要通过乐官采诗和地方献诗的途径收录;《雅》是王畿的诗歌,其中《大雅》主要为朝会、宴饮的歌词,《小雅》为贵族创作的诗歌;《颂》为祭祀用的歌词。今天我们看到的《诗经》,十五《国风》在章法体例上大体一致,这可能是周代乐官整理编修的结果,也可能是孔子的编撰所致。《汉书》记载"孔子删诗","删"是选编的意思。春秋末期,周王室东迁已久,礼崩乐坏,诗文散佚。《史记》记载孔子接触到的诗歌大约有三千首,孔子去其重复,选择那些思想纯正有利于实行礼教的诗文编撰成集,即所谓"诗三百,一言以蔽之曰,思无邪"(2.2),数目正合于今天传世的《诗经》三百零五篇。未被选入的诗文即为"逸诗",先秦文献中多有引用。

"采诗"的本意是记录风俗民情,编排成曲,供朝堂听闻,也用以教授贵族子弟。《诗经》所涉及的内容十分广博,包括史事、政事、战争、朝会以及民间生活的方方面面。《诗》的社会功能极为丰富,孔子总结出《诗》的作用有四种,即兴、观、群、怨(17.9)。"兴"是指赋《诗》调动情绪,抒发志向;"观"是指可以通过学习诗歌掌握知识,了解为人处世的道理;"群"是指诗歌可以用于社交场合;"怨"是指诗歌的内容可以用以讽刺现实,批判现实政治的黑暗。学《诗》可以广博见识,所以孔子说"多识于鸟兽草木之名"。《诗》中多有先圣先贤之事,故而可以知"事父""事君"的道理。《诗》在周代被使用得十分广泛,贵族社交常常引《诗》赋《诗》。《诗》在外交场合也十分有用,赋《诗》是外交礼仪的一部分,可以将己方意愿委婉暗示出来,不至于碰硬钉子下不来台。根据《左传》记载,郑国欲请鲁国出面协调与晋国的关系,郑大夫赋《小雅·鸿雁》,暗示郑国有难,盼望鲁国援助。鲁大夫季文子赋《小雅·四月》以示婉拒。郑大夫又赋《鄘风·载驰》再次恳求。季文子赋《小雅·采薇》表示愿意奔走。因为《诗》在社交场合有如此作用,所以孔子说"不学《诗》,无以言"(16.13)。

孔子教授《诗》一方面用它熏陶学生的性情,即"兴于诗"(8.8)。更重要的一方面是使用它的社会功能,强调如何活学活用,不限于诗文的本意。所以孔子说,一个人如果能够把"诗三百"背得烂熟,让他从政却干不来;让他出使外邦却说不好话,那又有什么用呢(13.5)。孔子与门弟子交流,也常常引《诗》。比如子贡引"如切如磋,如琢如磨"(1.15)意指砥砺人格;孔子用"绘事后素"来点评子夏引的《卫风·硕人》"巧笑倩兮,美目盼兮,素以为绚兮"(3.8),暗示子夏,接受礼仪的教化首先要有敦厚的品行。《诗》能够帮助在这个文化语境中的人更清楚地表达自己的思想。事实上《诗》是那个时代的文化母本之一,可以给人提供取之不尽用之不竭的智慧和启迪。

微子篇第十八　共十一章

18.1 微子去之①,箕子为之奴②,比干谏而死③。孔子曰:"殷有三仁焉。"

【注释】
① 微子去之:微子,名启,纣王兄。之,指商纣王。
② 箕子:纣叔父,数谏纣王,不听,佯狂为奴。
③ 比干:纣叔父,力谏纣王,被剖心致死。

【译文】
〔纣王荒淫残暴,〕微子便离开了他,箕子做了他的奴隶,比干进谏而被杀。孔子说:"殷朝有三位仁人。"

18.2 柳下惠为士师,三黜。人曰:"子未可以去乎?"曰:"直道而事人,焉往而不三黜? 枉道而事人,何必去父母之邦?"

【译文】
柳下惠当法官,多次被撤职。有人对他说:"您不可以离开鲁国吗?"他说:"正直地工作,到哪里去不多次被撤职? 不正直地工作,用得着离开祖国吗?"

18.3 齐景公待孔子曰:"若季氏,则吾不能;以季孟之间待之。"曰:"吾老矣,不能用也①。"孔子行。

【注释】
① 曰:"吾老矣,不能用也":这话是齐景公说自己已经无所作为了。
详见本章【考证】。

【译文】
齐景公讲到怎样对待孔子时说:"用鲁君对待季氏的规格,那我做不到;我要给他次于季氏而高于孟氏的待遇。"又说:"我老了,没什么作为了。"孔子便离开了齐国。

323

【考证】

曰:"吾老矣,不能用也。"

这两句话是齐景公说的,还是孔子说的,有不同解释;如果是齐景公说的,是景公说自己"不能用",还是说不能用孔子,也有不同解释。首先,是齐景公说的。因为,一是,如果是孔子所说,根据《论语》句例,作为主语的"子"或"孔子"必须在"曰"前出现。此处没有出现,所以,"吾老矣,不能用也"只能是前文出现的主语"齐景公"说的。二是,"吾老矣,不能用也"的下文"孔子行"也说明这句话不是孔子说的;否则,依《论语》句例,"孔子"不必出现:"齐人归女乐,季桓子受之,三日不朝,孔子行。"(《微子》)"楚狂接舆歌而过孔子曰:'凤兮凤兮,何德之衰?往者不可谏,来者犹可追。已而,已而!今之从政者殆而!'孔子下,欲与之言。"(同上)与之相关,本章"曰"之前没有出现的主语若是孔子,依当时句例,应当不是"孔子行",而是"遂行"或"乃行":"卫灵公问陈于孔子。孔子对曰:'俎豆之事,则尝闻之矣;军旅之事,未之学也。'明日遂行。"(《卫灵公》)"(大叔文子)对曰:'臣知罪矣!臣不佞不能负羁绁以从扞牧圉,臣之罪一也。有出者,有居者。臣不能贰,通外内之言以事君,臣之罪二也。有二罪,敢忘其死?'乃行,从近关出。"(《左传·襄公二十六年》)

其次,我们认为是齐景公说自己"不能用"。当时语言中,如果是景公说不能用孔子,则"用"之后要带宾语;否则,则是说上文出现的某人或某些人"不能用"。这里上文是"吾",也就是齐景公。

这一研究已经超出复句而属于篇章语法研究的范畴了。[124]

18.4 齐人归女乐①,季桓子受之②,三日不朝,孔子行。

【注释】

① 归:通"馈"。
② 季桓子:即季孙斯,时为掌握鲁国权柄的执政上卿。

【译文】

齐国送了许多歌姬舞女给楚国,季桓子接受了,三天不问政事,孔子就离职走了。

18.5 楚狂接舆歌而过孔子曰①:"凤兮凤兮!何德之衰?往者不可谏,来者犹可追②。已而,已而!今之从政者殆而!"

孔子下,欲与之言。趋而辟之,不得与之言。

【注释】

① 接舆:《论语》所记隐士皆非真名。如司门者谓之"晨门",持杖者谓之"丈人",被问津者谓之"沮""溺",接(靠近)孔子之舆(车子)者谓之"接舆"。
② 犹可追:赶得上,来得及的意思。

【译文】

楚国的狂人接舆一边走过孔子车旁,一边唱着歌:"凤凰啊凤凰,你的德行已经衰微。过去的不可劝止,未来的还可追回。罢手吧,罢手吧!如今的执政者岌岌可危!"

孔子下车,想和他谈谈,他却连忙躲开,孔子没和他谈成。

18.6 长沮、桀溺耦而耕①,孔子过之,使子路问津焉。

长沮曰:"夫执舆者为谁②?"

子路曰:"为孔丘。"

曰:"是鲁孔丘与?"

曰:"是也。"

曰:"是知津矣。"

问于桀溺。

桀溺曰:"子为谁?"

曰:"为仲由。"

曰:"是鲁孔丘之徒与?"

对曰:"然。"

【注释】

① 耦而耕：古代一种人力耕田法，但春秋时已普及牛耕，这里的"耦耕"不过是二人做庄稼活罢了。从这一段到"丘不与易也"为一章，今为阅读方便，分为二节。
② 执舆：驾车；因子路已下车，所以孔子代为驾驭。

【译文】

长沮、桀溺两人一同耕田，孔子从那儿路过，让子路去问渡口。

长沮问子路："那位驾车子的是谁？"

子路说："是孔丘。"

他又说："是鲁国的孔丘吗？"

子路说："对呀。"

长沮说："他嘛，早晓得渡口在哪儿了。"

又去问桀溺。

桀溺说："您是谁？"

子路说："我是仲由。"

桀溺说："您是鲁国孔丘的门徒吗？"

答道："是的。"

曰："滔滔者天下皆是也，而谁以易之①？且而与其从辟人之士也②，岂若从辟世之士哉？"耰而不辍③。

子路行以告。

夫子怃然曰④："鸟兽不可与同群，吾非斯人之徒与而谁与⑤？天下有道，丘不与易也。"

【注释】

① 谁以易之：凭谁去改变它呢。以，介词，表凭借；谁以，凭谁。易，改易，变易。详见本章【考证】（一）。
② 而与其从辟人之士：而，同"尔"；辟，同"避"。
③ 耰：音 yōu，即播种之后，再以土覆之。

④ 怃然：怅惘失意貌；怃，音wǔ。
⑤ 与：句末语气词，即后来的"欤"；不是动词。详见本章【考证】（二）。

【译文】

桀溺便说："洪水猛兽遍天下，你们同谁去改革它呢？你与其跟着逃避坏人的人，为什么不跟着逃避人类社会的人呢？"说完，仍旧不停地干农活。

子路回来把这些报告给孔子。

孔子很失望地说："我们既然不可以同鸟兽合群共处，若不同人类打交道，又同什么去打交道呢？如果天下太平，我就不会和你们一道来从事改革了。"

【考证】

（一）而谁以易之：

王引之《经传释词》："以，与也……《论语·微子篇》曰：'而谁以易之。'"杨伯峻《论语译注》："以，与也。和下文'不可与同群''斯人之徒与而谁与''丘不与易也'诸'与'字同义。""斯人之徒与而谁与"见下一【考证】。"而谁以易之"之"以"意谓"用谁的力量去改变它呢？""凭谁的力量去改变它呢？"何乐士等《古代汉语虚词词典》："介词，介绍动作实施时的工具、凭借、身份、计数单位等，可译为'用''凭借''按照''根据'等。"王力主编《古代汉语》："表示行为以某物为工具或凭借，在意义上虽可译为现在的'用'或'拿'，但是它具有更纯粹的介词性质。'以'的宾语所表示的事物，可以是具体的，也可以是比较抽象的。""谁以易之"格式和"何以易之"相同。"谁""何""孰"都是疑问代词，因而宾语前置："既以非之，何以易之？子墨子言曰：以兼相爱、交相利之法易之。"（《墨子·兼爱中》）"公曰：'然，何以易之？'对曰：'易之以善政。'"（《晏子春秋·内篇谏下》）《墨子·鲁问》："我有二子，一人者好学，一人者好分人财，孰以为太子而可？""谁以易之"的"以"正是"表示凭借"。"以"的宾语所表示的事物可以是比较抽象的，它又可以以疑问代词"何""孰"为前置宾语，还可以带人物宾语："天将以夫子为木铎"（《论语·八佾》),那么,它以"谁"为前置宾语,也就没有问题了。[125]

(二)吾非斯人之徒与而谁与:

有的注本认为该句两个"与"是动词,俞樾《群经平议》认为是读"余"的"语词",即后来写作"欤"的句末语气词。我们采俞说。如果"与"为动词,则"吾非斯人之徒与"可变换为"吾非与斯人之徒",但在先秦典籍中,却难找到一例"非与 1"。"非与"连文的"与"要么是与 2:"子曰:'赐也,女以予为多学而识之者与?'对曰:'然,非与?'"(《论语·卫灵公》)要么是介词:"子墨子曰:'吾非与之并世同时,亲闻其声,见其色也。'"(《墨子·兼爱下》)这因为否定副词"非"是对客观事实的否定,而否定副词"不"可表示主观意愿:"暴虎冯河,死而无悔者,吾不与也。"(《论语·述而》)这是何以未见"非与 1"连文的道理所在。"吾非斯人之徒与 2 而谁与 2"在那时语言中却是文从字顺的:"管仲非仁者与?"(《宪问》)"君治而国安,欲作乱者,谁与?"(《国语·晋语八》)[126]

18.7 子路从而后①,遇丈人,以杖荷蓧②。

子路问曰:"子见夫子乎?"丈人曰:"四体不勤,五谷不分,孰为夫子?"植其杖而芸。子路拱而立。

止子路宿,杀鸡为黍而食之,见其二子焉。

【注释】

① 从"子路从而后"到"道之不行,已知之矣"为一章,今分为二节。
② 蓧:音 diào,古代除草用的农具。

【译文】

子路跟随着孔子,掉了队,碰到一个老头儿,用拐杖挑着除草用的工具。

子路问道:"您看见了我的老师吗?"老头儿道:"〔有一帮人打这路过,〕四肢不劳动,五谷不认识,其中谁是你老师呢?"说完,便扶着拐杖去除草。

子路拱着手恭敬地站着。

老头儿便留子路到他家住宿,杀鸡、做饭给子路吃,又叫他两个儿子出来相见。

明日,子路行以告。

子曰:"隐者也。"使子路反见之。至,则行矣。

子路曰:"不仕无义。长幼之节,不可废也;君臣之义,如之何其废之?欲洁其身,而乱大伦。君子之仕也,行其义也;道之不行,已知之矣。"

【译文】

第二天,子路追上孔子,报告了这件事。

孔子说:"这是位隐士。"叫子路返回去再看看他。子路到了那里,他却走开了。

子路便说:"不做官是不对的。长幼间的人伦,是不可能废弃的;君臣间的大义,怎么能不管呢?你原想洁身自好,却不知这样做便违反了君臣之间的大伦常。君子出来做官,只是为了尽应尽之责;至于我们的政治主张行不通,早就知道了。"

【考证】

孰为夫子:

"'孰'字主要用于选择。"(王力《汉语史稿》第三十六节)"孰为夫子"意谓在一帮四体不勤五谷不分的人中,谁是你的老师呢。例如:"弟子孰为好学?"(《论语·雍也》《先进》)"东方之士,孰为愈?"(《国语·晋语九》)"天下之害,孰为大?"(《墨子·兼爱下》)"为义,孰为大务?"(《耕柱》)"事,孰为大?事亲为大。守,孰为大?守身为大。"(《孟子·离娄上》)

"孰"字主要用于选择,是它与"谁"的区别;换言之,当用于选择时,用"孰"不用"谁"。[127]

18.8 逸民①:伯夷、叔齐、虞仲、夷逸、朱张、柳下惠、少连②。子曰:"不降其志,不辱其身,伯夷、叔齐与!"谓:"柳下惠、少连,降志辱身矣,言中伦,行中虑,其斯而已矣。"谓:"虞仲、夷逸,隐居放言,身中清,废中权。我则异于是,无可无不可。"

【注释】

① 逸民:隐逸之民。详见本章【考证】。
② 虞仲、夷逸、朱张、少连:四人言行多已不可考。

【译文】

古今隐逸不仕的贤人有伯夷、叔齐、虞仲、夷逸、朱张、柳下惠、少连。孔子说:"不动摇自己意志,不辱没自己身份的,是伯夷、叔齐吧!"又说:"柳下惠、少连降低自己意志,辱没自己身份了,可是言语合乎法度,行为经过思虑,那也不过如此罢了。"又说:"虞仲、夷逸避世隐居,放肆直言。行为廉洁,被废弃的是他的权术。我就和他们这些人不同,没有什么可以,也没有什么不可以。"

【考证】

逸民:

即隐逸之民。何晏《集解》:"逸民者,节行超逸也。"皇侃《义疏》:"逸民者,谓民中节行超逸不拘于世者也。"我们不取此说,终先秦之世,未见"逸"表"超逸"者。"逸"有"安逸"义,似乎与"超逸"义近,但多含贬义:"不谷即位,于今五年,师徒不出,人其以不谷为自逸,而忘先君之业矣。"(《左传·襄公十八年》)《论语》时代"逸"最为常见的义位是"逃逸",进而引申出"隐逸"义。而伯夷、叔齐、柳下惠诸人均隐逸不仕者。上文的长沮、桀溺就是所谓"逸民"。[128]

18.9 大师挚适齐①,亚饭干适楚②,三饭缭适蔡③,四饭缺适秦,鼓方叔入于河,播鼗武入于汉④,少师阳、击磬襄入于海⑤。

【注释】

① 大师挚:可能是《泰伯》中的"师挚"(8.15),即鲁国太师。如果这样,下文的各人也都是鲁国乐官。

② 亚饭：古代天子诸侯用饭要奏乐，所以乐官有"亚饭""三饭""四饭"之名。
③ 缭：音liáo。
④ 鼗：音táo，有柄的小鼓。
⑤ 磬：音qìng，石制的乐器，形状似矩。

【译文】

太师挚逃到了齐国，亚饭乐师干逃到了楚国，三饭乐师缭逃到了蔡国，四饭乐师缺逃到了秦国，打鼓的方叔入居黄河之滨，摇小鼓的武居汉水之涯，少师阳和击磬的襄入居海边。

18.10 周公谓鲁公曰①："君子不施其亲②，不使大臣怨乎不以。故旧无大故③，则不弃也。无求备于一人。"

【注释】
① 鲁公：周公旦的儿子伯禽。
② 施：通"弛"。
③ 大故：孔安国说："大故，谓恶逆之事也。"即不忠不孝之事。

【译文】

周公对鲁公说道："君子不怠慢他的亲族，不让大臣抱怨没被信用。老臣故人没有不忠不孝，就不抛弃他。不要对某一人求全责备！"

18.11 周有八士："伯达、伯适、仲突、仲忽、叔夜、叔夏、季随、季騧①。"

【注释】
① 此八人已无可考；騧，音guā。

【译文】

周朝有八个有教养的人："伯达、伯适、仲突、仲忽、叔夜、叔夏、季随、季騧。"

导读：本篇主要记录孔子对"逸民"的看法以及与"逸民"接触的事迹。"逸民"即隐士，孔子对逸民的态度总体上说是推崇的，每每听闻有"逸民"在左近，总是想去见上一面，但往往不可得。《尧曰篇》记录的周初的诰文有"举逸民"一说，让隐居的贤者出山从政是政治清明的象征。

本篇第八章孔子总结出三种"逸民"，其实也是君子行乎乱世的三种处世方式。其一是坚持自身道德操守，洁身自好，不曲意逢迎；其二是在坚持道德底线的基础上尽可能地适应时局，不同流合污，但是难免遭致羞辱；其三是隐居世外，畅快逍遥。伯夷、叔齐即为隐士。本篇第一章中的箕子、比干近于第一种，差别是他们是在位者，结果是一囚一死。孔子的学生冉有近乎第二种，因为过度迎合季氏为孔子所不喜。本篇提到的楚狂接舆、长沮、桀溺与"丈人"是第三种，孔子对他们一方面向往，但始终"异于是"。相比于三者，孔子的境界更加高明，他始终是在仕与不仕之间，根据具体情况作出选择。三者都未臻善境，原因在于他们不能做到"毋意，毋必，毋固，毋我"(9.4)，觉得自己是某一类人，必须要做或者必须不做某一类事，往往就使得自己陷入两难，只能以殉道或者遁世等极端的方式回应。从更高的层面看，其实孔子也有"意必"，即"知其不可而为之"(14.38)，坚守道义也是一种"意必"。但孔子的"意必"不是他个人的"意必"，而是任何一个有限的个体面对无限的外部环境与无限的理想事业之间不可调和的矛盾。孔子正是直面了这种矛盾：一方面坚持理想，一方面不因理想难以实现而惶惶不可终日，反倒是享受"饭疏食饮水，曲肱而枕之"(7.16)的义理之乐。这正是孔子超脱于凡人的地方，孟子感叹"自生民以来未有夫子也"(《孟子·公孙丑上》)，也是因为此。

孔子总结君子躲避污浊外部环境的四种层次，即"辟世""辟地""辟色""辟言"(14.37)。这四者看似有贤愚之别，其实不然。本篇第六章，桀溺对子路说，你跟着一个躲着人的人，还不如跟着我们这些躲避社会的人。躲着人并不就比躲着社会境界低，"辟"或者"隐"不是孔子的价值追求，而是保全自身的权宜之策。孔子主张的是一种中庸的处世智慧，在"枉"与"直"之间进退有度，在"仕"与"隐"之间自处从容。

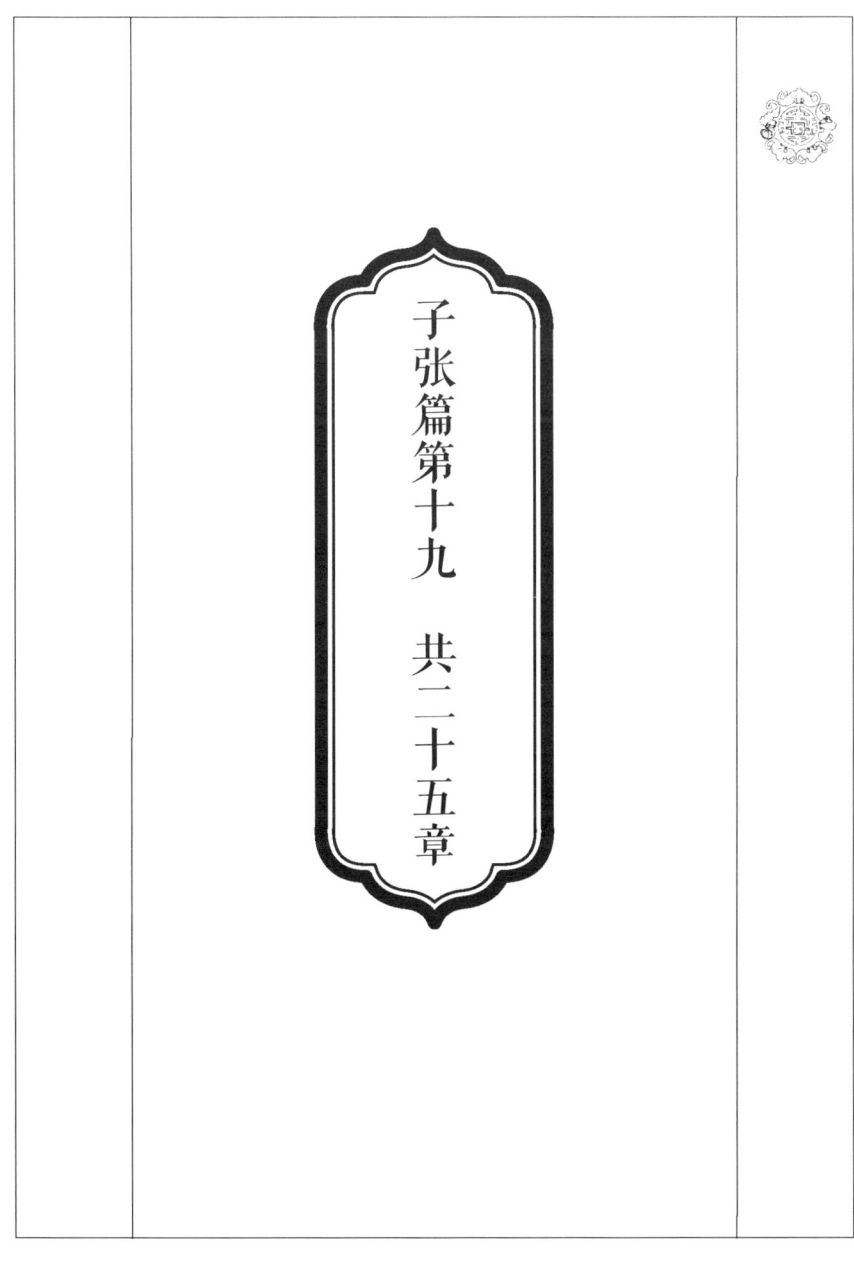

子張篇第十九　共二十五章

19.1 子张曰:"士见危致命,见得思义,祭思敬,丧思哀,其可已矣。"

【译文】

子张说:"士人看见危险便肯献出生命,在利益面前考虑是否该得,祭祀时想到要严肃恭敬,居丧时记着要悲痛哀伤,那也就可以了。"

19.2 子张曰:"执德不弘①,信道不笃,焉能为有?焉能为亡?"

【注释】

① 弘:大。用以表程度。有人说这里应该用"强"而不该用"大"来表程度,这是用现代汉语的语言表达习惯去解释古汉语,当然不对;但翻译为"强"是可以的。

【译文】

子张说:"对德行的秉持不坚定,对道义的信守不执着,〔这种人,〕有他也可,无他也可。"

19.3 子夏之门人问交于子张。子张曰:"子夏云何?"

对曰:"子夏曰:'可者与之,其不可者拒之。'"

子张曰:"异乎吾所闻:君子尊贤而容众,嘉善而矜不能。我之大贤与,于人何所不容?我之不贤与,人将拒我,如之何其拒人也?"

【译文】

子夏的学生向子张请教怎样交朋友。子张说:"子夏说了些什么?"

答道:"子夏说,可以交的结交他,不可以交的拒绝他。"

子张说:"这不同于我所听到的:君子尊敬贤人,也容纳普通人;鼓励好人,可怜无能的人。我是大好人吗,什么人容不下呢?我是坏人吗,别人将拒绝我,我还如何去拒绝别人呢?"

19.4 子夏曰:"虽小道,必有可观者焉;致远恐泥,是以君子不为也。"

【译文】

子夏说:"即便是小技艺,也一定有可取之处;恐怕它影响远大目标,所以君子不去从事。"

19.5 子夏曰:"日知其所亡,月无忘其所能,可谓好学也已矣。"

【译文】

子夏说:"每天学习所未知的,每月复习所掌握的,就可以说是好学了。"

19.6 子夏曰:"博学而笃志①,切问而近思,仁在其中矣。"

【注释】

① 笃志:笃于其志,坚守自己的志向。详见本章【考证】。

【译文】

子夏说:"广泛地学习,坚守自己的志向;恳切地发问,多考虑当前的问题,仁德就在这中间了。"

【考证】

笃志:

笃于其志,坚守自己的志向。《荀子·修身》:"好法而行,士也;笃志而体,君子也;齐明而不竭,圣人也。"王念孙《读书杂志》曰:"笃志而体,谓固其志而履道。"《左传·昭公十三年》言重耳:"亡十九年,守志弥笃。""守志笃"即"笃志",也即"笃于其志"。杨伯峻先生注:"孔注以为'志'与'识'同,那么,'博学笃志'便是'博闻强记'之意,说虽可通,但不及译文所解恰切。"其译文"坚守自己志趣"就是"笃于其志"。

蒋绍愚《论语研读·句子的理解》说:"古人行文,主要看重表面结构相同……而不看重内部句法结构的相同。这样的情况多得很。""博学""笃志""切问""近思"都是"修饰语＋中心语"结构,这就是所谓"表面结构",至于其内部是"定语＋体词性中心语"还是"状语＋谓词性中心语",古人就不大管了。[129]

19.7 子夏曰:"百工居肆以成其事,君子学以致其道。"

【译文】

子夏说:"工匠们在工棚里完成他们的任务,君子则通过学习来求得真理。"

19.8 子夏曰:"小人之过也必文。"

【译文】

子夏说:"小人对于错误必加掩饰。"

19.9 子夏曰:"君子有三变:望之俨然,即之也温,听其言也厉。"

【译文】

子夏说:"君子有三变:远望着庄严令人敬畏;走近又显得和蔼可亲;听他说话,则严厉不苟。"

19.10 子夏曰:"君子信而后劳其民;未信,则以为厉己也。信而后谏;未信,则以为谤己也。"

【译文】

子夏说:"君子得到信任后才劳役人民;得不到信任,会以为你在折磨他们。也必须得到信任后才劝告父母或君上;得不到信任,会以为你在诽谤他。"

19.11 子夏曰:"大德不逾闲①,小德出入可也。"

【注释】

① 闲：栅栏，此指一定的范围。

【译文】

子夏说："人的重大节操不能逾越界限，生活小节上稍微放松一点是可以的。"

19.12 子游曰："子夏之门人小子，当洒扫应对进退，则可矣——抑末也，本之则无。如之何？"

子夏闻之，曰："噫！言游过矣！君子之道，孰先传焉？孰后倦焉？譬诸草木，区以别矣。君子之道，焉可诬也？有始有卒者，其惟圣人乎！"

【译文】

子游说："子夏的学生，叫他们做做打扫、接待客人、应对进退的工作，是可以的；不过这都只是末节，学术的根本他们却缺乏。这怎么可以呢？"

子夏听了这话，便说："嗨！言游说错了！君子的学术，哪一项先传授，那一项后讲述呢？学术好比草木，是要区别为各种各类的。君子的学术，如何可以歪曲？〔按部就班，循序渐进传授学术而〕有始有终的，大概只有圣人吧！"

【考证】

门人小子：

此四字古来连读。清代武亿、潘维城等认为："'小子'即'门人'，经文复出，无谓矣。"程树德也说："此小子即门人也。古人无此累坠重复文法。"他们都主张在"小子"后点断，作"子夏之门人，小子当洒扫应对进退"。按，古人有此文法，且并非"累坠重复"，而是一种修辞手法，可加强表达效果。相关书证不少："志士仁人，无求生以害仁，有杀身以成仁。"（《论语·卫灵公》）"凶年饥岁，君之民老弱转乎沟壑，壮者散而之四方者,几千人矣。"(《孟子·梁惠王下》)"尔为尔,我为我,虽袒裼裸裎于我侧,尔焉能浼我哉?"(《公孙丑上》,又《万章下》)"夫为弟子后生,其师必修其言,法其行。"(《墨子·非儒下》)[130]

19.13 子夏曰:"仕而优则学①,学而优则仕。"

【注释】

① 优:优游,得闲,得空。

【译文】

子夏说:"做官了,有空闲便去学习;学习了,有空闲便去做官。"

19.14 子游曰:"丧致乎哀而止。"

【译文】

子游说:"居丧,真正做到了哀伤也就够了。"

19.15 子游曰:"吾友张也为难能也,然而未仁。"

【译文】

子游说:"我的朋友子张是难能可贵的了,然而还算不上仁。"

19.16 曾子曰:"堂堂乎张也,难与并为仁矣。"

【译文】

曾子说:"子张真够得上是威仪堂堂了,难以携带别人一同进入仁德。"

19.17 曾子曰:"吾闻诸夫子:人未有自致者也①,必也亲丧乎!"

【注释】

① 自致:竭尽自我、竭尽全力、尽心竭力的意思。

【译文】

曾子说:"我听老师说过,一个人即使〔平常〕没有尽心竭力办事,在他父母去世〔办丧事〕的时候,也一定会尽心竭力的。"

19.18 曾子曰:"吾闻诸夫子:孟庄子之孝也①,其他可能也;其不改父之臣与父之政,是难能也。"

【注释】

① 孟庄子:鲁大夫孟献子仲孙蔑之子,名速。这一章当与"三年无改于父之道,可谓孝矣"(1.11)结合着看。

【译文】

曾子说:"我听老师说过:孟庄子的孝,别的都容易做到;而他留用父亲的旧臣,保持父亲的旧政,这是难以做到的。"

19.19 孟氏使阳肤为士师①,问于曾子。曾子曰:"上失其道,民散久矣②。如得其情③,则哀矜而勿喜!"

【注释】

① 阳肤:曾子的弟子。
② 民散:与"民处""民聚"意义相反,指人民流离失所。详见本章【考证】。
③ 情:实情,真实情形。

【译文】

孟氏任命阳肤为法官,阳肤向曾子求教。曾子说:"在上位的人胡作非为,百姓早就流离失所了。你如果能够审出罪犯的真实情形,便应该抱着同情的态度,千万别以此为乐!"

【考证】

民散:

与"民处""民聚"意义相反,指人民流离失所。《孟子·梁惠王上》:"凶年饥岁,子之民老羸转于沟壑,壮者散而之四方者,几千人矣。"《管子·七法》："百姓不安其居则轻民处而重民散。轻民处,重民散,则地不辟。"《礼记·大学》："是故财聚则民散,财散则民聚。"刘宝楠《正义》解释马融所说:"民之离散,为轻漂犯法,乃上之所为,非民之过,当哀矜之,勿自喜能得其情也"为:"'离散'谓民心畔离。"未得其旨。马融是说,百姓流离失所,才一时失去约束违反了法律;这是统治者导致的,不是百姓的过错。应当同情他们,不要因为破了案而沾沾自喜。[131]

19.20 子贡曰:"纣之不善①,不如是之甚也。是以君子恶居下流,天下之恶皆归焉。"

【注释】

① 纣:即帝辛,殷商最末之君,为周武王所伐,自焚死。

【译文】

　　子贡说:"商纣的坏,不像现在传说的这么厉害。所以君子憎恶居于下流,一居下流,天下的坏事都归结于他了。"

19.21 子贡曰:"君子之过也,如日月之食焉:过也,人皆见之;更也,人皆仰之。"

【译文】

　　子贡说:"君子的过失好比日食月食:犯错的时候,人们都能看见;改正的时候,人们都很敬仰。"

19.22 卫公孙朝问于子贡曰①:"仲尼焉学?"子贡曰:"文武之道,未坠于地,在人。贤者识其大者,不贤者识其小者。莫不有文武之道焉。夫子焉不学,而亦何常师之有?"

【注释】

① 卫公孙朝:公孙朝,人名;言卫公孙朝者,以别于鲁、楚、郑诸国之公孙朝也。

【译文】

　　卫国的公孙朝向子贡问道:"孔仲尼的学问是从哪里学来的?"子贡说:"周文王周武王的道,并没有失传,散在人间。贤能的人便抓住大处,不贤能的人只抓些末节。文王武王之道无处不在。我的老师何处不学,又为什么要有一定的老师、专门的传授呢?"

19.23　叔孙武叔语大夫于朝曰①:"子贡贤于仲尼。"

　　子服景伯以告子贡。

　　子贡曰:"譬之宫墙②,赐之墙也及肩,窥见室家之好。夫子之墙数仞③,不得其门而入,不见宗庙之美,百官之富④。得其门者或寡矣。夫子之云,不亦宜乎!"

【注释】

① 叔孙武叔:鲁大夫,名州仇。
② 宫墙:围墙。
③ 仞:七尺。
④ 官:办事机关,官府。

【译文】

　　叔孙武叔在朝堂之上对众官员说:"子贡比仲尼还要强些。"
　　子服景伯便把这话告诉了子贡。
　　子贡说:"把这事儿比做围墙吧:我家的围墙只能齐肩,谁都能一望而知房屋的美好。我老师的围墙高达数丈,找不到大门进去,就看不到那宗庙的雄伟,官府的富丽。能够找到大门的人或许不多吧,那么,武叔他老人家说这话,不是很自然吗?"

19.24　叔孙武叔毁仲尼。子贡曰:"无以为也!仲尼不可毁也。他人之贤者,丘陵也,犹可逾也;仲尼,日月也,无得而逾焉。人虽欲自绝,其何伤于日月乎?多见其不知量也①。"

【注释】

① 多：程度副词，与"多行不义必自毙"的"多"用法一样；可翻译为"足以""确实"。详见本章【考证】。

【译文】

叔孙武叔毁谤仲尼。子贡说："不要这样做！仲尼是骂不倒的。别人的贤能，好比山丘，还可以越过去；仲尼，简直是太阳和月亮，是不可逾越的。一个人纵然要自绝于太阳月亮，那对太阳月亮有什么损害呢，足以显示他不自量罢了。"

【考证】

多见其不知量：

多，程度副词，与"多行不义必自毙"的"多"用法一样；可翻译为"足以""确实"。王引之《经传释词》说这一"多"表示"只"，恐不确。形容词"多"作状语由表示数量多进而表程度高，其词义的引申是完整而一贯的。当主语、宾语为可数的个体时，"多"表示"大多""很多"，如："大夫多笑之，唯晏子信之。"（《左传·昭公二年》）"诸侯多谋伐寡人者。"（《孟子·梁惠王下》）当"多"修饰的成分比较抽象时，它便表示频度的经常和程度的高、深，如："多行不义必自毙，子姑待之。"（《左传·隐公元年》）"尔不可使多蓄憾。"（《文公十四年》）"多行无礼，弗能在矣！"（《文公十五年》）"多见其不知量"的"多"与上举数例的"多"，无论词性词义其实都一样。

词义引申完整而一贯，很重要。不能简单地说某字有某义。古人这样说，不能苛责；今人却不能满足于此。[132]

19.25　陈子禽谓子贡曰："子为恭也，仲尼岂贤于子乎？"

子贡曰："君子一言以为知，一言以为不知，言不可不慎也。夫子之不可及也，犹天之不可阶而升也。夫子之得邦家者，所谓立之斯立，道之斯行，绥之斯来，动之斯和。其生也荣，其死也哀，如之何其可及也。"

【译文】

陈子禽对子贡说:"您太谦虚了,仲尼难道比您还强吗?"

子贡说:"有身份的人可以因一句话表现出他的智慧,也可因一句话表现出他的无知,所以说话不可不谨慎。他老人家的遥不可及,好比不可以踏着台阶上青天。他老人家若能君临一方,有所树立必能卓然而立,有所引导必能闻风而行,有所安抚必能扶老携幼而至,有所役使必能协力同心而为;活着时万民拥戴,逝去了四海悲哀,又如何能赶得上呢?"

导读: 本篇主要记载孔子身后几位重要弟子的言行。

通观《论语》,多有弟子问学事,但散见于各处,又缺少上下文参考,所以读者对于孔门弟子的行状学问往往不甚了了。本篇应当是《论语》的编撰者刻意汇集拢来,希望读者对孔子门下影响最大的几位弟子有所了解,有所评判。

通篇最有趣的当是子张、子夏、子游、曾子关于为人治学的不同主张。子张批评子夏与人结交过于自我。子游批评子夏授徒过于细碎,缺乏一以贯之的主旨。子游、曾子批评子张未至于仁德,也无益于他人提升品格。从这些往来中我们大致可以看出来子张是一个善于与人相处的人,曾子说"堂堂乎张也",大约是他做到了诸如"君子不重则不威"一类端正仪容色貌的事情,很有君子风度,但在"躬行君子"(7.33)方面做得不够,可能学问也一般。孔子说"师也辟"(11.18),意思是子张注重外在容止,在正心诚意方面有所欠缺。从《论语》记录的子张向孔子的提问中也可以看出来,他问的多是事务性的问题,而孔子总是从"反求诸己"的方面回答(12.15)(2.18)(12.21),大概是看到了子张的不足,有意引导他多在自身德业上下功夫。子张一派在战国时期有一定影响,荀子在《非十二子》文末(子张、子夏、子游三派无资格列入"十二子",只是顺带着批评),批子张一派为"贱儒",说他们只学到了圣人的表象,只懂得在外貌上下功夫。

子夏和子游都被列入了"孔门十贤",是文学科的代表。从子张对子夏的批评来看,子夏大概有些类似于今天的书呆子、工科男,不大懂得与人打交道,比较木讷。他问孔子的问题也多与学术有关,樊迟问他"举直错诸枉,能使枉者直"是什么意思,他以舜举皋陶的典故来解释,可见子夏既博学,且崇尚知识。子游对子夏的批评应该也是到位的,子夏可能缺乏夫子"一以贯之"之道,博而不通。孔子提醒子夏"无为小人儒",意思是,你别做个只知道寻章摘句的书呆子。《史记·仲尼弟子列传》记载子夏因为儿子亡故,悲伤过度哭瞎了双眼,可能在自身修养上确有不足。

子游在《论语》里出场不多,相关史料也缺乏,从他批评子夏看来,可能较子夏而言多务于"通"的一方面,这与荀子的评价相合。子夏、子游也都是荀子口中的"贱儒",荀子批评子夏一派只知道在细枝末节上下功夫,连话都说不好;批评子游一派不重视实务,懒惰而讲究,品行不佳。从荀子的批评来看,子夏可能学到的是孔子"刚、毅、木、讷近仁"(13.27)的一面;而子游学到的是"君子多乎哉?不多也"(9.6)的一面。孟子的评论则远较荀子宽厚,他说子夏、子游、子张都具备了孔子一个方面的品质,而冉伯牛、闵子骞和颜回(此三人都属于德行科)则具备了圣人的大概,只不过规模小些罢了(《公孙丑上》)。

曾子是孔子学生中对后世影响最大的。《论语》中孔子的学生都以字来记录,唯独曾子和有子以姓加"子"来记录,可见《论语》的编撰者最为推崇曾子与有子。《史记·仲尼弟子列传》记载有子因为貌似孔子,所以孔门弟子以师礼事之。曾子以孝行名世,孔子命他研究孝道,著有《孝经》。《礼记·大学》据说也是曾子的作品。曾子还是孔子的孙子孔伋的老师。孔伋就是子思子,根据《荀子·非十二子》记载,子思著有《五行篇》(1993年湖北荆门出土的郭店楚简中有此篇。"五行"即五种德行:仁、义、礼、智、圣。子思还注意区分了"行"和"德之行",认为是道德规范的两种层次),他的思想为孟子所继承。孔子说"参也鲁"(11.18),但曾子善于反省,宋明儒特别推崇曾子"反求诸己"的精神,认为他才是最得孔子真传的弟子。《论语》记录的曾子语录都极为精彩,不看章首只看语录,难以区分是孔子语还是曾子语,读者可试为之。

本篇末四章是子贡追誉孔子的语录。子贡是晚于孔子辞世的学生中跟老师感情最深的,《史记·孔子世家》记载,孔子辞世,弟子守孝三年,子贡守孝六年。子贡是孔子学生中能力最强,事业最大的。他善于经商,财力雄厚;精于从政,官至鲁相。子贡口才极佳,是外交领域的天才。《仲尼弟子列传》记载,齐国加兵于鲁,子贡欲救鲁国于将亡。他先是入齐军,以私利说服将军田恒按兵不动,等待吴国攻齐。然后去吴国说服吴王攻齐救鲁。吴王担心越王趁虚而入,子贡自告奋勇替吴国出使越国。子贡到越国让越王假意示好,等吴军败了再攻吴。子贡回禀吴王之后去晋国,提醒晋君,吴军击败齐军之后必来犯境,须修兵备战。其后果然吴王发兵破齐,然后转攻晋国,晋国以逸待劳击败吴军,吴军败归迎战越军,最后吴王城破身死。子贡出国一趟鲁国得救,齐国削弱,晋国巩固,吴国灭亡,越国称霸。子贡才华横溢,权重官高,所以时人常以为子贡贤于乃师孔子。但子贡辩才无碍,他将孔子的才学比喻成宫墙、日月、天空,不能逾越,无法企及。孔子的影响力如此之大,很大的原因是有子贡这样一位高足在为之弘扬。

尧曰篇第二十 共三章

20.1 尧曰:"咨! 尔舜! 天之历数在尔躬,允执其中。四海困穷,天禄永终①。"舜亦以命禹①。

【注释】

① 天禄永终:天禄,上天的禄位。永终,永久,长久。《诗经·周颂·振鹭》:"庶几夙夜,以永终誉。"汉魏人多用为吉祥之辞:"威行施之以恩,然后树功扬名,永终天禄。"(《汉书·隽不疑传》)"其道应天,故福禄永终。"(《韦贤传》)"福祚流于子孙,天禄其永终矣。"(《叙传上》)
② 此章文字前后不相连贯,疑有脱落,今分作六节,以便观览。

【译文】

尧〔让位给舜的时候,〕说道:"喷! 你这舜哪! 上天的大命已经轮到你身上了,切实秉持中庸之道吧! 当今天下,生民困顿,社稷倾危,〔你要让〕天赐的禄位恒久绵长!"

舜让位给禹的时候,也说了这番话。

【考证】

四海困穷,天禄永终:

何晏《集解》引包咸说:"允,信也。困,极也。永,长也。言为政信执其中,则能穷极四海,天禄所以长终。"皇侃《义疏》说法类似。意谓奄有四海之天赐禄位恒久绵长。朱熹《集注》则大异:"四海之人困穷,则君禄亦永绝矣,戒之也。"张巍《"天禄永终"辨正》采包咸说并进行论证。我们认为释"天禄永终"为天禄长久正确。《尚书·金縢》:"予小子新命于三王,惟永终是图。"《诗经·周颂·振鹭》:"庶几夙夜,以永终誉。"汉魏人多用为祝福语:"悉尔心,允执其中,天禄永终。"(《汉书·武五子传》)"威行施之以恩,然后树功扬名,永终天禄。"(《隽不疑传》)但我们不认为"四海困穷"是穷极四海,而是四海之民饥寒交迫:"民知穷困,而受盟于楚。"(《左传·襄公八年》)"礼兄弟,资穷困,天所福也。"(《国语·晋语四》)"身以困穷,虽后悔之,尚将奚及?"(《吕氏春秋·仲春纪》)"人之困穷,甚如饥寒,故贤主必怜人之困也,必哀人之穷也。"(《仲秋纪》)

张巍之说"天禄永终",有文献支撑,符合语言的社会性原则,我们采纳；他说"四海困穷"，缺乏文献支撑，不符合语言的社会性原则，我们不采纳。[133]

曰："予小子履敢用玄牡①，敢昭告于皇皇后帝②：有罪不敢赦，帝臣不蔽，简在帝心③。朕躬有罪，无以万方；万方有罪，罪在朕躬。"

【注释】

① 予小子履敢用玄牡：予小子，同"予一人"，上古帝王自称之词；履，汤的别名；玄，黑；牡，母牛。
② 皇皇后帝：皇皇，光明伟大的样子；"后"和"帝"同义，都是帝王的意思。注意，转换为繁体字时，这个意义的"后"依然是"后"，不能转换为"後"；前后、先后、后面、然后的"后"的繁体字才是"後"。
③ 帝臣不蔽简在帝心：帝臣，天子之臣。不蔽，不蔽其善。简，检阅，明白。此句谓众臣之善我也不隐瞒掩盖，您心里是清楚明白的。详见本节【考证】。

【译文】

〔汤〕说："我后生晚辈履谨用黑色牡牛作牺牲，斗胆明白无误地禀告光明伟大的天帝：有罪的人〔我〕不敢擅自去赦免他，诸臣工〔的好处〕我也不隐瞒掩盖，您心里应该是清楚明白的。我本人若有罪，就不要牵连天下万方；天下万方若有罪，都归我一人来承担。"

【考证】

帝臣不蔽：

帝臣，天子之臣。不蔽，不蔽其善。简，检阅，明白。此句谓众臣之善我也不隐瞒掩盖，您心里是清楚明白的。好些《论语》注本解"不蔽"为不掩饰罪恶，但经籍中言"不蔽"者，多为不蔽其善、其贤、其能："晏子不夺人之功，以占誉者不蔽人之能。"（《晏子春秋·内篇杂下》）"论功劳，行赏罚，不敢蔽贤有私。"（《管子·地图》）"舜有告善之旌，而主不蔽

也。"(《桓公问》)"势在郎中,不敢蔽善饰非。"(《韩非子·有度》)

类似文献也支持"不蔽其善":《墨子·兼爱下》:"汤曰……有善不敢蔽,有罪不敢赦,简在帝心。万方有罪,即当朕身。朕身有罪,无及万方。"[134]

周有大赉①,善人是富。"虽有周亲,不如仁人。百姓有过,在予一人②。"

【注释】
① 赉:音lài,赐予。
② 此四句为周武王封诸侯之辞。

【译文】
周朝大举封赏天下,要使善人都富起来。"我虽然多有至亲,却不如多有仁人。百姓如果有过错,责任由我来担承。"

谨权量,审法度①,修废官②,四方之政行焉。兴灭国,继绝世,举逸民,天下之民归心焉。

【注释】
① 谨权量,审法度:权,衡轻重者;量,衡体积者;法度,衡长短者。
② 此九字以下是孔子的话。

【译文】
谨慎对待度量衡,详细审定法令制度,修复弃置的职官,全国的政令就畅通了。复兴灭绝的国家,承续断绝的后代,提拔隐逸的人才,天下的百姓就都会心悦诚服了。

所重:民、食、丧、祭。

【译文】
所重视的:人民、粮食、丧礼、祭祀。

宽则得众,信则民任焉①,敏则有功,公则说②。

【注释】

① 此五字为衍文。

②《尧曰篇》第一章到此结束。

【译文】

宽厚就会得到群众的拥护,勤敏就有大的贡献,公平就会使百姓高兴。

20.2 子张问于孔子曰①:"何如斯可以从政矣?"子曰:"尊五美,屏四恶,斯可以从政矣。"

子张曰:"何谓五美?"子曰:"君子惠而不费,劳而不怨,欲而不贪②,泰而不骄,威而不猛。"

【注释】

① 从这句到"出纳之吝谓之有司"为一章,今分为二节。

② 欲:指欲得仁义,从下文"欲仁而得仁,又焉贪"可知。

【译文】

子张问孔子说:"要怎样才可以治理政事呢?"孔子说:"尊尚五美,摒弃四恶,这样就可以治理政事了。"

子张说:"什么叫'五美'?"孔子说:"君子施惠于人,自己却没破费;役使百姓,百姓却不怨恨;希望获得,却又不是贪婪;矜持自负,却不盛气凌人;威仪堂堂,却不凶猛吓人。"

子张曰:"何谓惠而不费?"

子曰:"因民之所利而利之,斯不亦惠而不费乎?择可劳而劳之,又谁怨①?欲仁而得仁,又焉贪?君子无众寡,无小大,无敢慢,斯不亦泰而不骄乎?君子正其衣冠,尊其瞻视,俨然人望而畏之,斯不亦威而不猛乎?"

子张曰:"何谓四恶?"

子曰:"不教而杀谓之虐;不戒视成谓之暴;慢令致期谓之贼;犹之与人也②,出纳之吝谓之有司③。"

【注释】

① 又谁怨:又能怨恨谁。这句"谁"不是主语,而是宾语。详见本节【考证】(一)。

② 犹之与人:犹之,好像,好比。与人,交朋友,和人打交道,与人结交,对待别人。详见本节【考证】(二)。

③ 出纳之吝谓之有司:出纳,这里用作偏义复词,只有"出"的意义;有司,古代管事者,职务卑微。

【译文】

子张说:"您说的'施惠于人,自己却没破费'等等,是什么?"

孔子说:"顺应大众的利益而使他们得利,这不是施惠于人自己却没破费吗?选择可以役使的时机去役使百姓,又能怨恨谁呢?追求仁德又得到了仁德,还贪求什么呢?无论人多人少,无论势力大小,都不怠慢他们,这不就是虽然矜持自负却不盛气凌人吗?君子衣冠整齐,目不斜视,庄严地使人望之顿生敬畏之心,这不是威严却不凶猛吗?"

子张说:"什么是四恶?"

孔子说:"不教育便杀戮叫作'虐';不申诫只看成绩叫作'暴';起先懈怠,突然限期叫作'贼';拿和人打交道打比方,出手吝啬,就等于把自己降格为管账的了。"

【考证】

(一) 又谁怨:

上古汉语疑问代词作宾语时,通常置于谓语动词的前面;副词"又"通常都紧接谓语动词,通常都位于主语后面——即主语通常位于副词"又"的前面。《左传》中"又"位于主语后的有 74 例,无 1 例位于主语之前的:"君老矣,吾又不乐。"(僖公四年)"尤而效之,罪又甚焉。"(僖公二十四年)本例的"谁"位于谓语动词前面,"又"的后面,当然不是主语而是宾语(如为主语,应为"谁又怨")。因此,"又谁怨"意为"又怨恨谁呢"。《述而》:"求仁而得仁,又何怨?"(7.15),句中"何"当然是宾语,疑问代词"何"正处在本章疑问代词"谁"的语法位置上。还有另一规律也可证明此句"谁"是宾语:除"谁"外既无主语也无宾语,谓语动词又是及物的,这种情况下"谁"一般都是宾语:"盍亦求之,以死谁怼?"(《左传·僖公二十四年》,沈玉成《左传译文》译作"何不也去求赏?因为这样而死,又能怨谁?")许多《论语》注本都把这一"谁"理解为主语,将"又谁怨"译作"又有谁来怨恨呢""谁还会怨恨呢",显然不对。

我发现,做《论语》语法研究的许世瑛和何永清都把这一"谁"理解为主语。虽没有论证,语感却是准确的。[135]

(二)犹之与人:

"犹之与人"分为两个问题,一"犹之",一"与人"。(1)犹之。王引之《经传释词》:"犹,犹'均'也。……犹之与人,均之与人也。"《论语译注》译为"同是给人以财物",显然是从朱说。"犹之"应释为"好像""仍然"。前者如:"人见其跂,犹之魁然。"(《庄子·杂篇·庚桑楚》)"以我为天子,犹之可也。"(《让王》)后者如:"旧国旧都,望之畅然;虽使丘陵草木之缗,入之者十九,犹之畅然。"(《则阳》)"曰形势器械未具,犹之不治也。……能治其民矣,而不明于为兵之数,犹之不可。……能强其兵,而不明于胜敌国之理,犹之不胜也。……兵必胜敌国矣,而不明正天下之分,犹之不可。"(《管子·七法》)本章的"犹之"意为"好像""好比"。(2)与人,意为交朋友,和人打交道,与人结交,对待别人:"秦穆公之为君也,举人之周也,与人之壹也。"(《左传·文公三年》)"与人而不固,取恶莫甚焉!"(《襄公十四年》)"持盈者与天,定倾者与人,节事者与地。"(《国语·越语下》)"凡得胜者必与人也,凡得人者必与道也。"(《荀子·强国》)[136]

20.3 孔子曰:"不知命,无以为君子也;不知礼,无以立也;不知言,无以知人也。"

【译文】

孔子说:"不懂命运,不可能成为君子;不懂得礼,不可能立足社会;说话不得体,没办法了解别人。"

导读:"命"或"天命"在孔子的思想中是极重要的,欲了解"命"的真切意涵,需要把握一对矛盾,即有限与超越。有限指的是个体的局限性。人的局限性毋庸多言,人人都有体会。寿命有限,生活空间有限,出生在什么样的环境、什么样的时代是不由自主的。人又可以一定程度上超出自身的有限性。人不是自然物,人有智慧,能丰富自身,能改造环境。我们不能突破命限,但可以丰满生命的维度;我们不能选择出生的环境、时代,但可以择善而居,也可以改变周围的环境甚至开辟一个新的时代。孔子对人的有限与超越有着很深的体认,他发现一个人的品德智虑越高,就往往更能正视自己的有限,进而超越自身的有限。孔子强调"君子不器"("器"意味着有限 2.12)"观过知仁"(人有局限所以会犯错,改过自新就是突破有限 4.7)"不改其乐"(安于贫贱就是正视有限,不事遮掩,同时不妨害自己无限的一面,通过学习丰富自身 6.11),反对"怀土""怀居"(对生存环境的眷念会拖累人超越有限 4.11、14.2),就是希望人能通过完善自己的品德,从而超越有限的束缚,通向更高明的境界。

实现"仁"的方法是"己欲立而立人,己欲达而达人"(6.30),从个体(的欲望)走向他者(的福祉),欲望升华为德行,这就是从有限走向超越,"仁"正是这样一种内在超越的德行。"仁"是就道德实践者自身而言,"命"则是就道德实践者对外部的观察和体认而言。

天、帝、后的观念由来已久,指的是绝对无限的存在,既是存在的依据,又是价值(道德)的来源。天和帝、后又不同,帝、后有人格神的意味。殷商之前多言帝、后,是外在的绝对无限,和人没有直接的关系——如果说有关系,也只是和统治者,即天子有关,是政权合法性的依据。到了周代,有了"皇天无亲,惟德是辅"(《尚书·蔡仲之命》)的观念,天被赋予了道德性,所以要"以德配天"(《诗经·大雅·文王》)。本篇第一章说的

"谨权量、审法度、修废官""兴灭国、继绝世、举逸民"等,就是要通过美好的政治举措回报天命。孔子基本继承了周代的天命观,同时又打破了天命只与统治者挂钩的局限,主张有德者可以"知天命"(2.4),这时的天既是外在的规律性的存在,又与每个人挂钩,提供价值的指引。有道德的人可以从天那里获得指引,比如"唯天为大,唯尧则之"(8.19),但天不可以通过学习把握,而是要在道德实践中不断体认,所以尽管《论语》中时有提及"天"与"天命",但都是孔子经由自身体认而发出的感慨,没有系统的论说。孔子对于天、天命是信而不论、崇而不论的。

"天命"是天的命令,这种命令不是直接的,孔子说"天何言哉"(17.19),人只能通过对天养育万物的观察,对人类历史的发展窥见一斑。具体到人的实践,人需要了解什么样的选择是符合天命这一最高价值的。这是具体的智慧,需要通过道德实践细细领会,不可能一概而论。孔子的信仰是天"未丧斯文"(9.5),人类的历史总是向善的,"郁郁乎文哉"(3.14)的周代礼乐文明不会消灭。这不仅仅是对历史趋势的判断,信仰终归是要落实到自身的,即"天生德于予"(7.23),要通过"为之不厌"(7.34)的实践去打破有限,追求天命所赋予的无限。天是无限的,但人却有有限的一面,人的有限性也是天赐的,在《论语》中以"命"的形式出现,比如"死生有命"(12.5)。孔子也会发出"吾已矣夫"(9.9)的浩叹,感慨在终己一生无法恢复"斯文"了;但如果"斯文"终究不丧的话,这项事业仍然会继续下去,所以要"知其不可而为之"(14.38)。君子之道就是要正视有限,安于有限,并希求超越。最能表现孔子通达于有限与超越的一句话是"发愤忘食,乐以忘忧,不知老之将至"(7.19),这正是孔子一生的写照。

在物质文明高度发达的今天,古人观念中的"有限"很多已被超越,但这仅仅是物质的超越,精神的超越在今天反而变得日益匮乏。很多人会问超越精神到底有何意义,过好日常生活不就好了吗。的确,任何道德实践都离不开日常生活,但如果总是在日常生活中打转,人的生命就会停滞、困顿、失去活力。一个长期两点一线,从事简单重复工作的人会更容易觉得生活烦闷,他会渴望不同,比如一次旅行,去接受不一样的生活体验。但旅行只是治标之策,人如果不能在精神上打破有限,就只能在困顿中循环,不断用外界的刺激补偿自身的无助。超越精神包含着对未知领域的敬畏与向往,人丧失对超越的向往就容易陷于一时一地的得失,变得目光短浅,没有前进的方向。人性当中本有对超越的企望,忽视它同时也就失去了面对有限性的坦然。好比一个有着致富梦想却每月只拿固定工资的人,他希望过好的生活往往就会打肿脸充胖子;而那些真的为了致富而奋斗的人,即便暂时生活还不如那个拿固定工资的人,反而可以活得更加坦然。古今中外,很多崇高的德行往往都有宗教的背景,有一定的信仰作为基础,而在宗教精神日益淡漠的今天,崇高逐渐成为个性的东西,不具备普遍的感召力。这是时代的缺失与遗憾。孔子的"仁"论与天命观正可以补足我们今天信仰的缺位,这是读者学习《论语》应当再三致意的。

《论语》疑难词句考证索引

序号	篇、章、节	疑难词句	页码
001	1.1	人不知	021
002	1.7	贤贤易色	025
003	1.8	主忠信	026
004	1.12	礼之用……亦不可行也	028
005	1.13	言可复也	029
006	1.13	因不失其亲	030
007	2.2	思无邪	037
008	2.3	有耻且格	038
009	2.5	无违	040
010	2.6	父母唯其疾之忧	040
011	2.7	今之孝者……不敬,何以别乎	042
012	2.8	色难	043
013	2.9	吾与回言终日不违	044
014	2.9	退而省其私	044
015	2.10	所以、所由、所安	045
016	2.13	先行其言而后从之	046
017	2.15	殆	048

续 表

序号	篇、章、节	疑难词句	页码
018	2.16	攻乎异端,斯害也已	049
019	3.4	是可忍,孰不可忍也	059
020	3.5	夷狄之有君,不如诸夏之亡也	061
021	3.6	女弗能救与	062
022	3.7	揖让而升下而饮	063
023	3.11	示诸斯	065
024	3.12	吾不与祭如不祭	066
025	3.24	何患于丧	072
026	4.7	知仁	079
027	4.11	怀土	081
028	4.14	患所以立	082
029	4.18	劳而不怨	084
030	5.7	由也好勇过我无所取材	093
031	5.9	吾与女弗如也	095
032	5.12	加	096
033	5.13	夫子之文章	097
034	5.14	唯恐有闻	098
035	5.19	未知焉得仁	101
036	5.19	弃而违之	102
037	5.21	其愚不可及	103
038	5.23	怨是用希	104
039	5.25	足恭	105

续表

序号	篇、章、节	疑难词句	页码
040	5.26	愿车马衣轻裘与朋友共敝之而无憾	107
041	5.26	老者安之,朋友信之,少者怀之	107
042	6.1	南面	113
043	6.3	今也则亡	114
044	6.5	毋以与尔邻里乡党乎	116
045	6.6	子谓仲弓曰:"……"	117
046	6.9	汶上	119
047	6.11	陋巷	120
048	6.12	力不足者	121
049	6.22	务民之义	124
050	7.1	窃比于我老彭	133
051	7.2	学而不厌	134
052	7.2	何有于我哉	134
053	7.14	子在齐闻《韶》三月不知肉味	138
054	7.24	吾无隐乎尔	142
055	7.35	疾病	146
056	8.4	言曰	152
057	8.7	士不可以不弘毅	154
058	8.9	民可使由之不可使知之	155
059	8.11	周公之才之美	156
060	8.13	守死善道	157
061	8.17	学如不及,犹恐失之	159

续 表

序号	篇、章、节	疑 难 词 句	页码
062	8.18	舜禹之有天下也而不与焉	159
063	9.1	子罕言利与命与仁	165
064	9.8	空空如也	168
065	9.11	既竭吾才,如有所立卓尔	169
066	9.13	善贾	171
067	9.14	君子居之,何陋之有	172
068	9.19	平地	173
069	9.21	子谓颜渊曰	174
070	9.27	子路终身诵之	176
071	10.2	狐貉之厚以居	183
072	10.4	不时	185
073	10.5	瓜祭	186
074	10.8	居不容	189
075	11.1	先进于礼乐,后进于礼乐	195
076	11.17	周公	200
077	11.19	回也其庶乎	202
078	11.19	屡空	202
079	11.19	赐不受命	202
080	11.24	具臣	205
081	11.26	浴乎沂	209
082	12.1	天下归仁	213
083	12.2	无怨	214

续 表

序号	篇、章、节	疑难词句	页码
084	12.5	人皆有兄弟,我独亡	216
085	12.5	君子敬而无失	216
086	12.7	民无信不立	218
087	12.13	必也使无讼乎	220
088	13.8	苟合	232
089	13.11	胜残去杀	233
090	13.14	与闻	235
091	13.15	言不可以若是其几也	236
092	13.17	大事	237
093	13.18	直躬	238
094	13.20	行己	240
095	13.22	人而无恒	241
096	13.22	巫医	241
097	13.26	泰、骄	243
098	14.5	奡荡舟	252
099	14.16	如其仁	257
100	14.17	自经于沟渎而莫之知	258
101	14.19	奚而	259
102	14.22	而犯之	261
103	14.25	孔子与之坐	262
104	14.29	方人	264
105	14.36	夫子固有惑志……肆诸市朝	266

续 表

序号	篇、章、节	疑难词句	页码
106	14.44	或问之曰	270
107	15.2	固穷	275
108	15.6	参于前	277
109	15.8	失言	278
110	15.14	知柳下惠之贤而不与立	280
111	15.27	小不忍	284
112	15.35	甚于水火	286
113	15.39	有教无类	288
114	16.1	有事于颛臾	294
115	16.1	社稷之臣	294
116	16.1	不患寡而患不均,不患贫而患不安	296
117	16.14	夫人	301
118	17.1	日月逝矣	305
119	17.5	如有用我者,吾其为东周乎	308
120	17.7	吾岂匏瓜也哉？焉能系而不食	309
121	17.15	可与事君	312
122	17.15	患得之	313
123	17.25	女子	317
124	18.3	曰:"吾老矣,不能用也。"	324
125	18.6	而谁以易之	327
126	18.6	吾非斯人之徒与而谁与	328
127	18.7	孰为夫子	329

续　表

序号	篇、章、节	疑难词句	页码
128	18.8	逸民	330
129	19.6	笃志	336
130	19.12	门人小子	338
131	19.19	民散	340
132	19.24	多见其不知量	343
133	20.1	四海困穷,天禄永终	349
134	20.1	帝臣不蔽	350
135	20.2	又谁怨	353
136	20.2	犹之与人	354

附录　也谈《论语》中的"人"与"民"

一、绪论

赵纪彬先生的《论语新探》（又名《古代儒家哲学批判》），在《论语》研究领域，甚至在中国哲学史、中国思想史研究领域，是一部影响很大的书。例如，李零《丧家狗——我读〈论语〉》，将其列入"今人读《论语》基本参考书"中，并说该书："许多人以政治原因，弃而不读，但其研究水平实远出于时下的流行新作；很多细节考证，至今仍有参考价值。"又例如，杨伯峻先生《论语译注》，批注《学而篇》第五章"节用而爱人，使民以时"时，便说："古代'人'字有广狭两义。广义的'人'指一切人群，狭义的人只指士大夫以上各阶层的人。这里和'民'（使'民'以时）对言，用的是狭义。"注解《宪问篇》第四十二章"修己以安人""修己以安百姓"时又说："这个'人'字显然是狭义的'人'，没有把'百姓'包括在内。"这两个注解，显然是受了赵书的影响；确切地说，是受了赵书的首篇《释"人""民"》一文的影响。说《释"人""民"》一文，实奠定了《论语新探》全书的基调，实不为过。

笔者近年倾全力注释《论语》，已逾七载，志在词语解释上突破前修，做到相比较而言最为精确，初无意于思想的阐发。但于上述两章(1.5、14.42)文字无法回避，只得搜罗材料，核实赵文所云是否搞诂。经研究，我们对赵文的结论是持否定态度的。《释"人""民"》一文之第一部分，以"教""诲"两字的用法以为证据，《论语新探》书中另有《"有教无类"解》一文就此予以展开，此文我们亦不能不涉及。因此，我们这篇文章亦可看成是对《论语新探》中《释"人""民"》《"有教无类"解》两篇文章的驳正。

《释"人""民"》一文开篇即说:"我们归纳全书,发现一件颇为有趣而意义亦相当重大的事实,即孔门所说的'人''民',是指春秋时期相互对立的两个阶级;两者在生产关系中是剥削与被剥削的关系,在政治领域中有统治与被统治的区别,因而其物质生活及精神生活的内容与形式,亦复互不相同。"文末又说:"总结以上各方面的考察,足证《论语》所说的'人'与'民',相当于一般奴隶社会的两大阶级:'民'是奴隶阶级,'人'是奴隶主阶级。……就《论语》语法来看,如此确定,于全书章句,似乎尚无不合。孔门言'诲',系以'人'为对象;孔门的政论,亦系为'人'的阶级服务。因此,我们认为:孔丘所创立的古代前期儒家,是春秋时期'人'的阶级的学派。"杨伯峻先生大约无法认同赵氏的主张(《论语译注》篇首的《试论孔子》一文,可为明证),但亦不能完全否认赵氏的说法(尤其在那一特定时期),只好说"古代'人'有广狭两义",苦心孤诣,以为折中。所谓"奴隶主阶级""奴隶阶级",是在中国盛行过很长一段时期的"唯物史观"中的术语,前者大约相当于朝鲜时期的"两班",后者则大约相当于两班家的"下人"或"奴婢"。虽然唯物史观在韩国学界普遍不被承认,但必须承认,赵氏的主张在中国却有着相当大的信众;如前所举,北大教授李零对赵氏此书的评价可证一斑。因此,对赵氏此说予以厘清,仍十分必要。

本文采用"王氏读书法",即清代以"最博最精"名世的高邮王念孙、王引之父子的读书法,予以研究;在此有必要予以说明。长期以来,受旧式训诂学的消极影响,在古词语研究中上必引殷墟卜辞,下必引《说文解字》,将各时代的语言混在一起,作泛时的研究。殊不知,语言,尤其是语言中的词汇是不断发展变化的。以"相公"一词为例,它产生于汉末,是丞相的尊称,后发展为对高级官员的尊称,又发展为对地位较高男士的尊称,又发展为对一般男子的尊称,到了明代,该词在江南一带开始用于称呼男妓。时至今日,江浙沪一带说到某男子在外面做"相公",已经是充满鄙夷了。所以,将不同时期的语料混在一起,适足以将本来清晰的问题复杂化,而为普通语言学之父费尔迪南·索绪尔所力戒。学者讥之为"刻舟求剑",良有以也。如,甲骨文所记载的是殷商时期的语言,而《说文解字》虽成书晚至东汉,却以通过字形探寻本义为出发点。因此,如果探寻词义的发展,当从甲骨文出发,引证《说文解字》等字书以明古训。而探求某字词某一时代的意义,则应效法王氏,到该时期典籍中加以抽绎。以"民"字为例,《说文》训"众萌也"("萌"通"氓",观"民"下字"氓"训"民也"可知),与本文的结论说"民"表示"人群"不谋而合,但作为证据,却并不是最为重要;因为"众萌也"即便确是"民"的本义,到《论语》时代的语言中也可能已经变化。而王氏读书法的精髓,乃是在同一共时平面语言中加以抽绎,用特定语境锁定多义词众多词义中的某一意义,使其无所遁形,而为其不朽名篇《终风篇》等演绎得淋漓尽致。此法看似笨拙,却是求得某一时期某词在一定语境下所表达的词义的不二法门,所谓"极高明而道中庸"。本文即取此法,而于甲金文、《说文》、《尔雅》等不甚措意。特此予以说明。

必须明白,并不存在所谓"孔子的语言",只存在"孔子那一时代的语言"。所以,是否"'民'是奴隶阶级,'人'是奴隶主阶级",只有到《论语》成书的那一年代的语言中作了调查后,才可以认定。鉴于《论语》只有 16 000 字左右,我们不妨将调查范围扩大到《左传》《国语》《墨子》《孟子》等成书年代较为接近《论语》的典籍。

厘清了《论语》中以至整个春秋前期"人"与"民"的意义,对于春秋时期历史的研究,思想史的研究,以至伦理学的研究,都有着极其重要的意义。例如,如果孔子的"仁政"如果确如赵氏所说,只是施之于上层人物的"人",而占多数之下层人士的"民"不与其列,则孔子思想,无论其历史意义,抑或现实意义,都将大打折扣。而如果赵氏之说不能成立,孔子学说的意义当然将大大有所不同。因此关于这一研究的意义,固无需赘言也。

二、《释"人""民"》的两大证据太过薄弱

《释"人""民"》共三个部分。在第一部分,作者说"'民'是奴隶阶

级,'人'是奴隶主阶级",有两大证据。一为《论语》中动词"爱"与"使"的使用,一为动词"教"与"诲"的差异。

《释"人""民"》开篇即引《学而篇》第五章"道千乘之国,敬事而信,节用而爱人,使民以时"及《八佾篇》之"哀公问社于宰我。宰我对曰:'夏后氏以松,殷人以柏,周人以栗。'曰:'使民战栗。'"并立即得出结论说:"例一(指"道千乘之国"章)表明,对'人'言'爱',对'民'言'使',显示出'人''民'是划然有别的两个阶级。"在引述清人刘逢禄所谓"人谓大臣群臣"、刘宝楠所谓"人非民"、《说文》训"民"为"众氓",《尚书》郑玄注所谓"民,无知之称"等等为证后,又说:"似此,'人'是统治阶级,'民'是被统治阶级,所以孔丘对'人'言'爱',对'民'言'使'。《论语》全书,只有'爱人'语法,绝无'爱民'词句。从'爱''使'的对象不同,足以显示'人''民'的阶级差别。"且不论仅仅依据只言片语便得出结论的做法是否严谨,单单作者论证"爱"与"使"这两个词所得结论就经不起推敲。《论语》中分明有多处"使人"之例,如《阳货》之"惠则足以使人"。刘宝楠注之曰:"《书·皋陶谟》云:'安民则惠,黎民怀之。'民怀其德,故足使之也。"这本来是"人""民"并无所谓"阶级差别"的证据,作者却说:"依此注解推断,颇疑此章所谓'使人'之'人',本来即为'民'字。经典中'民'字,在唐代因避太宗讳,多被改为'人'字,此或即其一例。"但定州汉墓竹简本《论语》此章也分明是"惠则足以使人",可见此章避讳而改之说的无据。相反地,作者所据"在唐代因避太宗讳",似乎也适用于作者开篇即引的本章。"节用而爱人",希伯和2618号敦煌写本即作"节用而爱民"(定州竹简本本章阙如),而作者是说"《论语》全书,只有'爱人'语法,绝无'爱民'词句"的。需要郑重指出的是,定州竹简本《论语》目前所存7572字中,"人""民"二字与今本无二,并未显示出因避唐太宗讳而改的痕迹。

作者也自知动词"使"的证据太薄弱,于是在"民"未出现在"使"的主语位置上做文章:"然而被使者虽未必是'民',而使之者则必定是'人'。此即是说,'使民'者必定是'人','使人'者亦必是'人';'人'中虽有被使者,而'民'中绝无'使人'者。似此,凡'民'皆是被'人'使用的工具,永远处于被役使,被驱使的地位,已属毫无疑义。""民"之不出现在"使"的主语位置上,下文将要详尽证明,乃是因为"人""民"意义的分野,"人"往往指单个的人,"民"则指芸芸众生、众人。动词"使"意为使令、派遣,这就限定了这一动作往往只能由某个个人作出;另外,"民"指被统治者(但并不意味着是被统治阶级),它不包括天子、诸侯,这也使得它不大可能出现在"使"的主语位置上。因此,这种论证,实在是不能"毫无疑义"地得出结论说"凡'民'皆是被'人'使用的工具,永远处于被役使,被驱使的地位"。至于今本《论语》全书没有出现"爱民",以一 16 000字的小册子,没有出现某一词或词组,实在不能说明什么。而《论语》时代其他典籍的今本中,"民"确确实实出现在动词"爱"的宾语位置上:"天之爱民甚矣。岂其使一人肆于民上,以从其淫,而弃天地之性?"(《左传·襄公十四年》)"夫越王好信以爱民,四方归之。"(《国语·吴语》)"凡使民尚同者,爱民不疾,民无可使"(《墨子·尚同下》)"古者明王圣人所以王天下、正诸侯者,彼其爱民谨忠,利民谨厚,忠信相连,又示之以利。"(《节用中》)"吾所以知天之爱民之厚者,有矣。"(《天志中》)"若天不爱民之厚,夫胡说人杀不辜而天予之不祥哉?此吾所以知天之爱民之厚也。"(同上)何以"爱民"多出现于《墨子》,下文将作出解释。我们只想强调,那时的语言中,同"使"既可用于"民",亦可用于"人"一样,"爱"既可用于"人",亦可用于"民"。实在不能根据这两个动词使用的只言片语,就得出"人""民"分属两个阶级的结论。

至于"教"与"诲",《论语新探》书中另有《"有教无类"解》一文,我们一并加以讨论。何晏《集解》引马融说:"言人所在见教,无有种类。"见教,即被教。马说意为所有人都被教育,不分种类。但赵文说:"自东汉至今,解者有马融、程颐、朱熹、王船山、冯登府、刘宝楠、刘恭冕、章太炎、梁启超和今人冯友兰先生等十二人。就中除王船山而外,均以此章为孔丘自述教育宗旨,义即不分尊卑贵贱,不问出身,超阶级地教育一切人。今按:此种训解,纯系望文生义,揆之《论语》全书,毫无根据。"又说:"总而言之,《论语》'有教无类'的'教'字,乃是奴隶主贵族对于所域之民施行的教化,发布的教令,以及军事技能的强制性教练。但是,不论政治经济上的教化、教令,或军事战阵上的技能教练,全为上施下效的强制性措施,目的在于将奴隶主贵族所需要的精神绳索强加于民,迫之必从,而与在'人'的内部进行'诲知'的教育,有严格的阶级界限,不容混同。"赵氏又认为,"无类"不是不分"种类",而是不分"族类"。"教""诲"二词究有何不同,《王力古汉语字典》说:"两个词都有'教导'义,但有细微差别。'教'带强制性,'诲'重在启发、诱导。"我们以为这一解说是比较正确的。教,教育,教导,传授。既是名词,又是动词;作名词或动词,在词义上并没有什么区别。赵氏"教""诲"两词的例证,局限于《论语》一书;而语言是约定俗成的,具有强制性的,用于人类交际的符号系统。也即,使用者必须遵循当时当地时空中的所有使用该语言的人的使用习惯。这就使得我们可以通过考察当时当地其他记录同一语言的典籍来认知该语言。具体到"教""诲"两词,可以通过《左传》《国语》《孟子》等书来考察其词义。通过这一考察可知,它们绝非如赵氏所云"有严格的阶级界限"。如,"教"的宾语经常是国君、贵族。例如:"书曰:'郑伯克段于鄢。'……称'郑伯',讥失教也。"(《左传·隐公元年》,失教,谓失教于共叔段)"石碏谏曰:'臣闻爱子,教之以义方,弗纳于邪。'"(隐公三年)"见大子,大子曰:'吾其废乎?'对曰:'告之以临民,教之以军旅,不共是惧,何故废乎?'"(闵公二年 教之,谓教导太子)"晋侯使郤乞告瑕吕饴甥,且召之。子金教之言曰……"(僖公十五年 之,指郤乞)"(狐突)曰:'子之能仕,父教之忠,古之制也。……今臣之子,名在重耳,有年数矣。若又召之,教之贰也。父教子贰,何以事君?'"(僖公二十三年 子,指狐毛、狐偃,跟随重耳逃亡的贵族)"寡人有弟,弗能教训,使干大命,寡人之过也。"(襄公三年)"以是教王,王能久乎?"(《国语·周语上》)"子教寡人和诸戎,于今八年。"(《晋语七》)"梁惠王曰:'寡人愿安承教。'"(《孟子·梁惠王上》)"王曰:'吾惛,不能进于是矣。愿夫子辅吾志,明以教我。'"(同上)"设为庠、序、学、校以教之。庠者,养也。校者,教也。序者,射也。夏曰校,殷曰序,周曰庠;学则三代共之,皆所以明人伦也。人伦明于上,小民亲于下。"(《滕文公上》)"教人以善谓之忠。"(同上)"君子之不教子,何也?"(《离娄上》)相较于"教","诲"的书证较少,但其宾语也有为"民"或指代"民"的:"昔先王议事以制,不为刑辟,惧民之有争心也。……故诲之以忠。"(《左传·昭公六年》)"是故圣王……诲于民,是以天下之民可得而治。"(《墨子·辞过》)正因为"教""诲"词义相近,当时就常结合成一个同义词组:"文公问于胥臣曰:'吾欲使阳处父傅欢也而教诲之,其能善之乎?'"(《国语·晋语四》)"若是,则文王非专教诲之力也。"(同上)"孟子曰:'教亦多术矣,予不屑之教诲也者,是亦教诲之而已矣。'"(《孟子·告子下》)"今执无鬼者曰:鬼神者,固无有;旦暮以为教诲乎天下。"(《墨子·明鬼下》)"古之圣王……发宪布令以教诲。"(《非命中》)综上,当时语言中的"教""诲"二词是没有什么"严格的阶级界限"的。为了证明"有教无类""乃是奴隶主贵族对于所域之民施行的教化,发布的教令,以及军事技能的强制性教练",作者曲为之说"有"通"域"。实际上,"有~无~"是《论语》时代的语言中的常见句式,我们至今常说的"有备无患"即属这一句式。其中的"有"当然是"有无"的"有"。如:"凡天灾,有币无牲。"(《左传·庄公二十五年》 沈玉成《左传译文》译为:"祭祀时只能用玉帛而不用牺牲")"必报德,有死无二。"(僖公十五年 沈译:"有必死之志而无二心")"受命以出,有死无霣(音 yǔn,废弃),又可赂乎?"(宣公十五年 沈译:"宁可一死而不能废弃命令")"臣闻师众以顺为武,军事有死无犯为敬。"(襄公三年,又见《国语·晋语七》 沈译:"在军队里做事宁死不犯军纪叫作'敬'")"《书》曰:'居安思危。'思则有备,有备无患,敢以此规。"(襄公十一年 沈译:"有了防备就没有祸患")"德,国家之基也。有基无坏,无亦是务乎!"(襄公二十四年 沈译:"有基础才不至于毁坏")"三者,礼之大节也。有礼无败。"(襄公二十六年 沈译:"有礼仪就没有败坏")"有不用命,则有常刑无赦。"(哀公三年 沈译:"有不卖力气的,就按规定处罚,不加赦免")"不夺民时,不蔑民功。有优无匮,有逸无罷(疲)。"(《国语·周语中》)"必事秦,有死无他。"(《晋语三》)因此,"有教无类"当然是如杨伯峻先生所译"人人我都教育,没有〔贫富、地域等等〕区别。"

至此,《释"人""民"》赖以立论的两大证据,已不复存在。

三、《论语》时代语言中"人""民"的搞诂:"人"表个体,"民"表群体

为了论述的方便,我们将评述《释"人""民"》之第三部分放在评述第二部分之前。这一部分开始即说,"《论语》中'人'字凡二百一十三见,随处表明是与'民'不同的另一个阶级。"是否如此呢?

《论语》中"人"共出现219次(比赵氏的统计多出6次)。其中,受形容词、名词修饰的共87次(小人24次、大人2次、远人2次、善人5次、圣人4次、仁人2次、贤人1次、惠人1次、君子人2次、中人2次、夫人——邦君之妻2次、君夫人2次、成人4次、佞人2次、庶人1次、古之人1次、妇人1次、丈人2次、殷人1次、周人1次、齐人1次、鲁人1次、鄹人1次、匡人1次、邦人1次、异邦人1次、南人1次、乡人5次、野人1次、达巷党人1次、仪封人1次、门人8次、行人1次、斗筲之人1次),受代词修饰的14次(若人3次、夫人——那人3次、其人3次、斯人3次、何人1次、他人1次),受数词修饰的9次(一人2次、三人、五人、七人、九人、十人、五六人、六七人各1次),与"民"组成联合词组"民人"1次。以上共111次。剩下的108次中,表示"别人""他人"的,为79次;表示与"神""畜"相对的"人""人类"或"一个人""某个人"的,为29次。

表示"人""人类"或"一个人""某个人"的29例,全部列举于下:"其为人也孝弟,而好犯上者,鲜矣。"(《学而》)"人而无信,不知其可也。"(《为政》)"人而不仁,如礼何?人而不仁,如乐何?"(《八佾》)"富与贵,是人之所欲也;……贫与贱,是人之所恶也。""人之过也,各于其党。"(《里仁》)"女得人焉耳乎?""人之生也直,罔之生也幸而免"(《雍也》)"其为人也,发愤忘食,乐以忘忧。"(《述而》)"人之将死,其言也善。""人而不仁,疾之已甚,乱也。"(《泰伯》)"伤人乎?"(《乡党》)"未能事人,焉能事鬼?""由也兼人。"(《先进》)"人而无恒,不可以作巫医。"(《子路》)"人也。夺伯氏骈邑三百,饭疏食,没齿无怨言。""蘧伯玉使人于孔子。"

（《宪问》）"可与言而不与言,失人；……知者不失人,亦不失言""人无远虑,必有近忧。""君子不以言举人,不以人废言。""人能弘道,非道弘人。"（《卫灵公》）"人而不为《周南》《召南》,其犹正墙面而立也与！"（《阳货》）"且而与其从辟人之士也,岂若从辟世之士哉！"（《微子》）"人未有自致者也,必也亲丧乎！""文武之道,未坠于地,在人。"（《子张》）

表示"别人""他人"的"人",往往和"己"对言,《左传》中不乏其例："己弗能有而以与人,人之不至,不亦宜乎?"（隐公十一年）"禹、汤罪己,其兴也悖焉,桀、纣罪人,其亡也忽焉。"（庄公十一年）"修己而不责人,则免于难。"（闵公二年）"善败由己,而由人乎哉?"（僖公二十年）"己则不明而杀人以逞,不亦难乎?"（僖公二十三年）"礼以顺天,天之道也,己则反天,而又以讨人,难以免矣。"（文公十五年）"利人之几,而安人之乱,以为己荣,何以丰财?"（宣公十二年）"谋人,人亦谋己。"（宣公十四年）"立武由己,非由人也。"（成公六年）"己则无信,而杀人以逞,不亦难乎?"（襄公五年）"牺者,实用人,人牺实难,己牺何害?"（昭公二十二年）《论语》中的,如："不患人之不己知,患不知人也。"（《学而》）"夫仁者,己欲立而立人；己欲达而达人。"（《雍也》）"为仁由己,而由人乎哉?"（《颜渊》）"己所不欲,勿施于人。"（《颜渊》《卫灵公》）"古之学者为己,今之学者为人。"（《宪问》）"修己以安人。"（《宪问》）"君子求诸己,小人求诸人。"（《卫灵公》）《论语》中,"人"有时和"身"对言,"身"表示"己身"："不能正其身,如正人何?"（《子路》）有时和"我"对言："我不欲人之加诸我也,吾亦欲无加诸人。"（《公冶长》）"人皆有兄弟,我独亡！"（《颜渊》）

表示"别人""他人"的79例,除上列与"己""身""我"对言的14例（"己所不欲,勿施于人"出现2次）外,其余65例,也全部列举于下："人不知,而不愠,不亦君子乎?""为人谋而不忠乎?""敬事而信,节用而爱人,使民以时。""夫子之求之也,其诸异乎人之求之与！"（《学而》）"人焉廋哉? 人焉廋哉?"（《为政》）"事君尽礼,人以为谄也"（《八佾》）"唯仁者能好人,能恶人。"（《里仁》）"御人以口给,屡憎于人。""始吾于人也,听其言而信其行；今吾于人也,听其言而观其行。""晏平仲善与人交,久而敬之。"（《公冶长》）"一箪食,一瓢饮,在陋巷,人不堪其忧,回也不改其乐。"(《雍也》)"学而不厌,诲人不倦,何有于我哉。""人洁己以进,与其洁也,不保其往也。""丘也幸,苟有过,人必知之。""子与人歌而善,必使反之,而后和之。""文,莫吾犹人也。""为之不厌,诲人不倦。"(《述而》)"夫子循循然善诱人。"(《子罕》)"问人于他邦,再拜而送之。"(《乡党》)"孝哉,闵子骞!人不间于其父母昆弟之言。"(《先进》)"君子敬而无失,与人恭而有礼。""听讼,吾犹人也。""君子成人之美,不成人之恶。""察言而观色,虑以下人。""攻其恶,勿攻人之恶,非修慝与?""樊迟问仁。子曰:'爱人。'问知。子曰:'知人。'"(《颜渊》)"举尔所知,尔所不知,人其舍诸?""人之言曰:'为君难,为臣不易。'……人之言曰:'予无乐乎为君,唯其言而莫予违也。'""居处恭,执事敬,与人忠。""君子……及其使人也,器之。小人……及其使人也,求备焉。"(《子路》)"夫子时然后言,人不厌其言;乐然后笑,人不厌其笑;义然后取,人不厌其取。""子贡方人。""不患人之不己知,患其不能也。""不怨天,不尤人。"(《宪问》)"躬自厚而薄责于人,则远怨矣。""君子病无能焉,不病人之不己知也。""吾之于人也,谁毁谁誉。""有马者,借人乘之。"(《卫灵公》)"乐节礼乐,乐道人之善,乐多贤友,益矣。"(《季氏》)"君子学道则爱人,小人学道则易使也。""宽则得众,信则人任焉,敏则有功,惠则足以使人。""恶称人之恶者。"(《阳货》)"人曰:'子未可以去乎?'曰:'直道而事人,焉往而不三黜?枉道而事人,何必去父母之邦?'"(《微子》)"我之大贤与,于人何所不容?我之不贤与,人将拒我,如之何其拒人也?""君子之过也,如日月之食焉:过也人皆见之,更也人皆仰之。""人虽欲自绝,其何伤于日月乎?"(《子张》)"君子正其衣冠,尊其瞻视,俨然人望而畏之。""犹之与人也,出纳之吝谓之有司。""不知言,无以知人也。"(《尧曰》)

以上列举《论语》中全部"人"的例证,无非是为了说明,《论语》中的"人",绝非表示奴隶主阶级的——108例未受修饰的"人"的例证的归类(归入"表示'别人''他人'"或"表示'人''人类'或'一个人''某个人'"),容或可商,但这一全面统计表明,并无任何"人"的例证表明《论语》中的该词表示所谓"奴隶主阶级"。"人""人类"是"人"的本义,"别人""他人"是其引申义。"人"与"民"意义的分野,前者表示个体的

"人",后者表示"人"的群体,即芸芸众生;前者或许包括了天子、诸侯,后者乃天子、诸侯所管辖、统治的大众、民众。因为"人"偏向于指个体,所以有小人、大人、远人、善人、圣人、仁人、贤人、惠人、君子人、中人、成人、佞人、庶人、妇人、丈人、门人、行人以至"斗筲之人"等各色人等,修饰它的地名顶多只能及于国名——殷人、周人、齐人、鲁人。而因为"民"偏向于指群体,故除了有"齐民"(《孟子·公孙丑下》)"晋民"(《国语·晋语四》)外,还有"天下之民"。见于《论语》的,有《尧曰》"兴灭国,继绝世,举逸民,天下之民归心焉";"天下之民"见于与《论语》同一时期或稍后的《左传》《孟子》的有《左传·文公十八年》的6例、《孟子》之《梁惠王上》《梁惠王下》《公孙丑上》《公孙丑下》《万章上》《万章下》的10例。"人"受代词修饰的,《论语》中可见若人、夫人、其人、斯人、何人、他人,虽然也有"其民""斯民"(《雍也》:"居敬而行简,以临其民。"《子张》:"君子信而后劳其民。"《卫灵公》:"斯民也,三代之所以直道而行也"),但那一时代的典籍中却绝不见"何民""他民"。道理很简单,"何""他"这种代词通常指代"那个""某个""那几个""某几个",一般不指代"那些""某些""那一大群""某一大群"。以"何"为例,如"伯夷、叔齐何人也?"(《述而》)"周公何人也?"(《孟子·公孙丑下》)"舜,何人也?予,何人也?"(《滕文公上》)"乐正子何人也?"(《尽心下》)都是指代具体的一人或几人。"人"受数词修饰,《论语》中可见一人、三人、五人、五六人、六七人、七人、九人、十人等9例,未见数词修饰"民"者,只有1例"四方之民":"夫如是,则四方之民襁负其子而至矣,焉用稼?"(《子路》)那一时代的典籍中,却有"万民""兆民"。前者见《左传·闵公元年》《襄公十五年》《昭公二十六年》共4例。后者见《左传·闵公元年》《成公二年》《襄公十三年》共3例。以《闵公元年》《成公二年》为例,"天子曰兆民,诸侯曰万民。""大夫为政,犹以众克,况明君而善用其众乎?《大誓》所谓商兆民离,周十人同者,众也。"后一例"民"用"兆"修饰,"人"用"十"修饰,颇能说明问题。而"四方之民"恰恰说明"民"指芸芸众生。

"他人""别人"当然往往指近在咫尺的自己所认识的人,故《学而篇》第五章"节用而爱人"之"爱人"当然指爱别人,爱身边的其他人;而

《宪问》四十二章的"修己以安人"指提高自己来使周围的人安乐,更进一步,"修己以安百姓",提高自己来使大众安乐。

总之,"人"表示个体的人,"民"表示"人"的群体,即芸芸众生。

四、《论语》时代语言中,"民"涵盖了"人"

《释"人""民"》之第二部分前段,劈头即说:"《论语》中'民'凡五十见,皆指被统治阶级,绝无例外。"所引第一个例证为《颜渊》之十九章:"季康子问政于孔子曰:'如杀无道,以就有道,何如?'孔子对曰:'子为政,焉用杀?子欲善而民善矣。'"从中并看不出"民"指"被统治阶级"。我们试将考察范围扩大到篇幅较大而与《论语》同时的《左传》。于下列《左传》引文可见,贵族也包括于"民",如原繁、卜偃、秦之"三良","民"甚至可能包括了鄫国国君;"民"是与"君"相对而言的;相反,"民"却不是和"人"相对而言的,史、瞽、工、大夫、士、庶人、商旅、百工,都是"民","良君"必须善待;"民"可以祭祀,而且有禄位。这都说明"民"是除了天子、诸侯之外所有人的总称。沈玉成《左传译文》译之为"百姓",是恰当的。

贵族也是"民":《左传·隐公元年》记载公子吕说:"国不堪贰,君将若之何?欲与大叔,臣请事之;若弗与,则请除之,无生民心。"——显然,公子吕是将自己置身于"民"的。庄公十四年记原繁说:"苟主社稷,国内之民其谁不为臣?臣无二心,天之制也。……臣闻命矣。乃缢而死。"——大夫原繁也是"民"的一分子。僖公十九年:"夏,宋公使邾文公用鄫子(鄫国国君)于次睢之社,欲以属东夷。司马子鱼曰:'古者六畜不相为用,小事不用大牲,而况敢用人乎?祭祀以为人也。民,神之主也。用人,其谁飨之?'"——宋公要杀鄫国国君祭祀次睢土地神,司马子鱼劝阻。先说祭祀是为了人(而非为了神),然后说,民,是神的主人。那么,用人来祭祀,谁会来享用祭品。这里的"民",甚至可能包括了鄫国国君,至少,不会和"人"是"两个阶级"。僖公二十三年记载,晋献公杀狐突,卜偃称疾不出,说:"己则不明而杀人以逞,不亦难乎?民不见德而唯戮是闻,其何后之有?"——杀人,指杀大臣狐突,民,则泛称之,包括卜偃。僖公二十八年:"杀舟之侨以徇于国,民于是大服。君子谓:'文公其能刑矣,三罪而民服。'"——舟之侨是贵族,杀贵族而令"民"服。文公六年:"秦伯任好卒(死了),以子车氏之三子奄息、仲行、针虎为殉(殉葬),皆秦之良也。国人哀之,为之赋《黄鸟》。君子曰:'秦穆之不为盟主也,宜哉。死而弃民。'"——"子车氏之三子奄息、仲行、针虎"都是贵族,也都是"民"。

"民"与"君"相对而言:《左传·桓公六年》记载随国季梁说:"所谓道,忠于民而信于神也。上思利民,忠也;祝史正辞,信也。……夫民,神之主也。是以圣王先成民而后致力于神。……故务其三时,修其五教,亲其九族,以致其禋祀。于是乎民和而神降之福,故动则有成。今民各有心,而鬼神乏主,君虽独丰,其何福之有!"——"民"与"君"相对而言,如果"民"与"君"离心离德,各怀心思,君即使"独丰"(祭祀丰盛),也不能求得福气。"务其三时,修其五教,亲其九族,以致其禋祀"的"其",都指代"民"。可见,"民"并非什么"奴隶阶级"。文公十三年:"邾文公卜迁于绎。史曰:'利于民而不利于君。'邾子曰:'苟利于民,孤之利也。天生民而树之君,以利之也。民既利矣,孤必与焉。'左右曰:'命可长也,君何弗为?'邾子曰:'命在养民。死之短长,时也。民苟利矣,迁也,吉莫如之!'遂迁于绎。"——"利于民而不利于君","民"与"君"相对而言。邾国国君为了"民",连命都可以不要。可见"民"是国君以外的国人。僖公十年:"晋侯背大主而忌小怨,民弗与(赞同)也,伐之必出(赶出国)。"——"民"指晋侯之外的晋国人。

"民"与"人"却并非相对而言,实际上是"民"涵盖了"人":《左传·桓公五年》:郑子元请为左拒以当蔡人、卫人,为右拒以当陈人,曰:"陈乱,民莫有斗心,若先犯之,必奔。"——前言"陈人",后言"民莫有斗心",陈人,大多是"民"(大约不包括陈的统治者)。可见,"民"与"人"并非如赵纪彬所说是相对而言的。庄公十年记鲁庄公与曹刿对话:"公曰:'衣食所安,弗敢专也,必以分人。'对曰:'小惠未遍,民弗从也。'"——分人,分给他人,曹刿答道,小惠未遍及于民(而只达于民的一小部分),

所以"民"不会跟从您。可见,"民"不是和人相对而言的。庄公三十二年记史嚚说:"国将兴,听于民;将亡,听于神。神,聪明正直而一者也,依人而行。"——人,依沈玉成译,是各种各类不同个体的人;民,沈译为"百姓",是对人群的泛称,但不包括"君"。闵公二年:"卫之遗民男女七百有三十人,益之以共、滕之民为五千人,立戴公以庐于曹。"——"遗民"计数用"人"为单位。襄公八年:"民死亡者,非其父兄,即其子弟,夫人愁痛,不知所庇。民知穷困,而受盟于楚。"——夫人,那些人,指那些单个的人,"民"则是统称,相当于"百姓"。襄公十四年:"师旷侍于晋侯。晋侯曰:'卫人出(赶走)其君,不亦甚乎?'对曰:'或者其君实甚。良君……养民如子,盖之如天,容之如地。民奉其君,爱之如父母,仰之如日月,敬之如神明,畏之如雷霆,其可出乎?夫君,神之主而民之望也。若困民之主,匮神乏祀,百姓绝望,社稷无主,将安用之?弗去何为?……自王以下,各有父兄子弟,以补察其政。史为书,瞽为诗,工诵箴谏,大夫规诲,士传言,庶人谤,商旅于市,百工献艺。……天之爱民甚矣,岂其使一人肆于民上,以从其淫,而弃天地之性?'"——以上史、瞽、工、大夫、士、庶人、商旅、百工,都是"民",而"良君"必须善待,"盖之如天,容之如地"。襄公二十九年:"郑子展卒,子皮即位。于是郑饥,而未及麦,民病。子皮以子展之命饩国人粟,户一钟,是以得郑国之民。"——"国人"即"郑国之民"。昭公十三年:"平子怒,令见费人执之以为囚俘。冶区夫曰:'非也。若见费人,寒者衣之,饥者食之,为之令主,而共其乏困。费来如归,南氏亡矣,民将叛之,谁与居邑?若惮之以威,惧之以怒,民疾而叛,为之聚也。'平子从之,费人叛南氏。"——费人,即"民"。哀公十六年:"叶公亦至,及北门,或遇之曰:'君胡不胄(不戴头盔)?国人望君如望慈父母焉。盗贼之矢若伤君,是绝民望也。若之何不胄?'乃胄而进。又遇一人曰:'君胡(为何)胄?国人望君如望岁(收成)焉,日日以几(盼望)。若见君面,是得艾(安心)也。民知不死,其亦夫有奋心,犹将旌君以徇于国,而反掩面以绝民望,不亦甚乎?'乃免胄而进。"——国人,即"民",可见,"民"不是和人相对而言的。

特别是《左传·成公十三年》和《国语·鲁语上》的两段值得注意:

"吾闻之,民受天地之中以生,所谓命也。是以有动作礼义威仪之则,以定命也。能者养以之福,不能者败以取祸。是故君子勤礼,小人尽力,勤礼莫如致敬,尽力莫如敦笃。敬在养神,笃在守业。"前文说"民受天地之中以生,所谓命也。是以有动作礼义威仪之则,以定命也。能者养以之福,不能者败以取祸",接着又说"是故君子勤礼,小人尽力"云云,可知君子、小人都是"民"的一部分。"曹刿问所以战于庄公。公曰:'余不爱衣食于民,不爱牺牲玉于神。'对曰:'夫惠本而后民归之志,民和而后神降之福。若布德于民而平均其政事,君子务治而小人务力;动不违时,财不过用;财用不匮,莫不能使共祀。'"(《国语·鲁语上》)这一段也是前文说"民"如何如何,后文说"君子""小人"如何如何,可见,君子、小人是"民"中的两个阶层,而非与"民"对立的两个阶层。《论语新探》说君子、小人是奴隶主贵族——"人"中的两大派别,而与作为奴隶的"民"对立,由上述语料,足证其说不确。

此外,"民"可祭祀,而且为"民"制定禄位:《左传·僖公十年》:"臣闻之,神不歆非类,民不祀非族。"——"民"可祭祀,可与上文所引桓公六年随国季梁说的话互参。昭公六年:"昔先王……惧民之有争心也。犹不可禁御,是故闲之以义,纠之以政,行之以礼,守之以信,奉之以仁,制为禄位以劝其从,严断刑罚以威其淫。惧其未也,故诲之以忠。"——制为禄位以劝其从(制定禄位,以劝勉服从的人),可见"民"并非奴隶阶级。

另外,在成书较《论语》晚不到百年的《孟子》一书中,伊尹是"民":"(伊尹)既而幡然改曰:'与我处畎亩之中,由是以乐尧、舜之道,吾岂若使是君为尧、舜之君哉?吾岂若使是民为尧、舜之民哉?吾岂若于吾身亲见之哉?天之生此民也,使先知觉后知,使先觉觉后觉也。予,天民之先觉者也,予将以斯道觉斯民也,非予觉之而谁也?'"(《万章上》,又见《万章下》)"天民",即"天生此民"的缩写,而伊尹以此自居。又《公孙丑下》:"尊贤使能,俊杰在位,则天下之士皆悦,而愿立于其朝矣;市,廛而不征,法而不廛,则天下之商皆悦,而愿藏于其市矣;关,讥而不征,则天下之旅皆悦,而愿出于其路矣;耕者,助而不税,则天下之农皆悦,而愿耕于其野矣；廛，无夫里之布，则天下之民皆悦，而愿为之氓矣。信能行此五者，则邻国之民仰之若父母矣。率其子弟，攻其父母，自有生民以来未有能济者也。如此，则无敌于天下。""氓"，指外来之"民"，囊括上面列举的士、商、旅、农，后文"信能行此五者，则邻国之民仰之若父母矣"之"邻国之民"，当然也包括邻国的士、商、旅、农。可见，通常翻译这里的"民"为"百姓"，是恰切的。《孟子》虽较《论语》为晚，但以上两个例证却足证《左传》对"民"的种种描述并非虚妄。

以上与《论语》同一时期的语料，在本文第三部分的基础之上，又进一步证明了当时的"民"一词，并非是与"人"对立的，而是涵盖"人"的。

五、厘清了"人""民"的确切含义，许多问题便涣然冰释

《释"人""民"》之第二部分后段，是着重论述"逸民"并非"民"。《论语》中两见"逸民"："逸民：伯夷、叔齐、虞仲、夷逸、朱张、柳下惠、少连。……柳下惠、少连，降志辱身矣。言中伦，行中虑，其斯而已矣。"（《微子》）"兴灭国，继绝世，举逸民，天下之民归心焉。"（《尧曰》）伯夷、叔齐、虞仲、夷逸、朱张、柳下惠、少连等人都是贵族，赵纪彬不能回避，在这一部分，便着重论述"逸民"并非"民"。根据上举两章，赵氏举出三点理由："第一，《论语》只在言'人'的场合，才提出姓名。"如《雍也》："子曰：'女得人焉耳乎？'曰：'有澹台灭明者……'""第二，在《论语》中，只有'人'才有资格发'言'。"如《公冶长》："始吾于人也，听其言而信其行；今吾于人也，听其言而观其行。"《泰伯》："曾子言曰：'鸟之将死，其鸣也哀；人之将死，其言也善。'"《卫灵公》："君子不以言举人，不以人废言。""第三，《论语》言'举'，皆指'人'而言；凡所'举'者皆是'人'，凡'举人'者亦是'人'，而民不得参与其事。"如《颜渊》："樊迟问仁。子曰：'爱人。'问知。子曰：'知人。'樊迟未达。子曰：'举直错诸枉，能使枉者直。'樊迟退，见子夏曰：'乡也吾见于夫子而问知，子曰："举直错诸枉，能使枉者直"。何谓也？'子夏曰：'富哉，言乎！舜有天下，选于众，举皋陶，不仁者远矣。汤有天下，选于众，举伊尹，不仁者远矣。'"《子路》：

"仲弓为季氏宰。问政。子曰:'先有司,赦小过,举贤才。'曰:'焉知贤才而举之?'曰:'举尔所知,尔所不知,人其舍诸?'"明白了"人"与"民"意义的分野,乃是分指个人和群体,便知以上三点理由,实不能成立。列举姓名,当然不能一下列出千百人。发言也如此,某一时刻,总是某"人"发言,不可能千百人同时发言。举人,不管是举人还是被举,一般都不可能是千百人同时进行,否则便不成其为"举"。"逸民"是"民"中的一群。孔子列举伯夷、叔齐等七人,只是举例性的。

《释"人""民"》说"民"为"奴隶阶级"的根据之一,是所谓"'民'中绝无'使人'者"。我们已知"人""民"二字的区别,由此可知,出现于上下文中的"使人者"都只能是个别的"人",不可能是群体的"民";由此亦可知,何以"使"的主语只能是"人",宾语却既能是"民",又能是"人"了。因为,"使"的对象既能是个别的人,也能是群体的人。综上,根据上引"贵族也是'民'""'民'与'君'相对而言""'民'与'人'并非相对而言"的多个例证,"凡'民'皆是被'人'使用的工具,永远处于被役使,被驱使的地位",当然绝非"已属毫无疑义",而是毫无成立的可能。

本文第二部分曾经提到,"爱民"多出现于《墨子》。何以今本《论语》未见一例"爱民"而今本《墨子》多见之?撇开避李世民讳而可能使得原本的"爱民"变为"爱人"(希伯和 2618 号敦煌写本即作"节用而爱民")不论,我们试从孔墨思想的差异入手予以解释。孔门主张"爱有等差"而墨家主张"爱无等差"。具体地说,孔门主张,一个人,首先要爱自己的亲人,然后将对亲人的爱由己及人由近及远地推广于周围的其他人,进而推广到天下万民。所谓"己所不欲,勿施于人",所谓"己欲立而立人,己欲达而达人",所谓"老吾老而及人之老,幼吾幼而及人之幼"(《孟子·梁惠王上》);进而"博施于民而能济众"。果能如此,孔子便称许"何事于仁,必也圣乎!"(《论语·雍也》)墨家则主张"兼爱",所谓"墨子兼爱,摩顶放踵利天下,为之。"(《孟子·尽心上》)爱他人,是谓"爱人",爱天下之人,是谓"爱民"。此即《墨子》书中"爱民"出现较多的缘由,而与所谓"奴隶主""奴隶"无涉。

正由于"人""民"的意义都表示"人",其词义并不表示所谓阶级的对立,这一最大公约数促使它们在当时即组成了同义词组"民人"和"人民",而以前者较为多见:"有民人焉,有社稷焉,何必读书,然后为学。"(《论语·先进》)"礼,经国家,定社稷,序民人,利后嗣者也。"(《左传·隐公十一年》)"大国不加德音而乱以要之,使其鬼神不获歆其禋祀,其民人不获享其土利,夫妇辛苦垫隘,无所底告。"(襄公九年)"宋之盟,君命将利小国,而亦使安定其社稷,镇抚其民人,以礼承天之休,此君之宪令,而小国之望也。"(襄公二十八年)"国之诸市,屦贱踊贵。民人痛疾,而或燠休之。"(昭公三年)"侯主社稷,临祭祀,奉民人,事鬼神,从会朝,又焉得居?"(昭公七年)"我在伯父,犹衣服之有冠冕,木水之有本原,民人之有谋主也。"(昭公九年)"吾未抚民人,未事鬼神,未修守备,未定国家,而用民力,败不可悔。"(十三年)"今宫室无量,民人日骇,劳罢死转,忘寝与食,非抚之也。"(昭公十九年)"民人苦病,夫妇皆诅。"(昭公二十年)"夫正其疆场,修其土田,险其走集,亲其民人,明其伍候,信其邻国,慎其官守,守其交礼,不僭不贪,不懦不耆,完其守备,以待不虞,又何畏矣?"(昭公二十三年)"苟先君无废祀,民人无废主,社稷有奉,国家无倾,乃吾君也。"(昭公二十七年)"寡君闻楚为不道,荐伐吴国,灭厥民人。"(哀公十五年)"国之将兴,其君齐明、衷正、精洁、惠和,其德足以昭其馨香,其惠足以同其民人。"(《国语·周语上》)"今将大泯其宗祊,而蔑杀其民人,宜吾不敢服也!"(《周语中》)"祚四岳国,命以侯伯,赐姓曰'姜'、氏曰'有吕',谓其能为禹股肱心膂,以养物丰民人也。"(《周语下》)"君若惠顾社稷,不忘先君之好,辱收其逋迁裔胄而建立之,以主其祭祀,且镇抚其国家及其民人,虽四邻诸侯之闻之也,其谁不儆惧于君之威,而欣喜于君之德?"(《晋语二》)"商契能和合五教,以保于百姓者也。周弃能播殖百谷蔬,以衣食民人者也。"(《郑语》)"使吾甲兵钝弊,民人离落,而日以憔悴,然后安受吾烬。"(《吴语》)"后稷教民稼穑,树艺五谷。五谷熟而民人育。人之有道也,饱食、暖衣、逸居而无教,则近于禽兽。圣人有忧之,使契为司徒,教以人伦:父子有亲,君臣有义,夫妇有别,长幼有叙,朋友有信。放勋曰:'劳之来之,匡之直之,辅之翼之,使自得之,又从而振德之。'圣人之忧民如此,而暇耕乎?"(《孟子·滕文

公上》)

以上为"民人"之见于《论语》《左传》《国语》《孟子》者。最后一例，先是说"五谷熟而民人育"，接着又说"人之有道也，饱食、暖衣、逸居而无教，则近于禽兽"，第一句意谓一个人之作为人有一定的道理。最后说"圣人之忧民如此，而暇耕乎"，其中"民"指人民全体。《左传·昭公二十七年》之"民人无废主"也值得注意。沈玉成译之为"百姓没有废弃主子"，得之。可见，"民人"是有"废主"资格的。以下为"人民"的例句："于是乎气无滞阴，亦无散阳，阴阳序次，风雨时至，嘉生繁祉，人民和利，物备而乐成，上下不罢，故曰乐正。"(《国语·周语下》)"凡吴土地人民，越既有之矣，孤何以视于天下！"(《吴语》)"诸侯之宝三：土地、人民、政事。"(《孟子·尽心下》)

由此可见，在厘清了《论语》时代"人""民"二词的确切含义之后，许多问题便涣然冰释，迎刃而解了。所谓"瓜熟蒂落""水到渠成"，此之谓也。

顺便说一句，《释"人""民"》一文可谓广征博引，所引以清人之说居多。我们以为，古书的解读中，清人对汉晋人注解的驳正，除高邮王氏父子外，鲜有可以成立者。这段话的意思是，清人的注解，虽然不乏精湛者，但在正与误的对比上，实在不成比例；即驳正汉晋人而已实误的远多于比较正确的纠正。限于篇幅，此处不赘，读者可参考王力先生《训诂学上的一些问题·重视故训》(载《王力语言学论文集》，商务印书馆2000年)以及著者论文《试证注古书不可轻易否定汉儒成说——以〈论语〉为例》(《长江学术》2014年2期)。这里想说的是，赵文引证虽繁，实不可据。有的情况是，古人本不误，而赵文引以为证据时却用错了地方。如古人阐发"有""域"义，赵氏用以解释"有教无类"，即其一例。记得蒋绍愚先生在《中国语言学》第4辑《读论语札记》一文中曾指出，对古书中某句中的某一词语，不对该词语在特定上下文中的用法作全面考察，而只是从其诸多义项中挑出一个，然后说，只有理解为该意义，便符合某古人的思想，这种做法，是"读古书的大忌"。赵氏所说"有教无类"的"有"通"域"，即属此类。

六、结语及一点随想

综上,《释"人""民"》赖以立论的两大证据——《论语》中动词"爱"与"使"的使用,动词"教"与"诲"的差异,都经不起推敲。如《论语新探》说"有"通"域"。实际上,"有~无~"是《论语》时代的语言中的常见句式,我们至今常说的"有备无患"即属这一句式。其中的"有"当然是"有无"的"有"。而《论语》时代的语料无可辩驳地表明,"人"与"民"意义的分野,"人"表示个体的"人","民"表示"人"的群体,即芸芸众生;前者或许包括了天子、诸侯,后者乃天子、诸侯所管辖、统治的大众、民众。同时,大量语料还证明,当时的"民"一词,并非是与"人"对立的,而是涵盖了"人"的。在厘清了《论语》时代"人""民"二词的确切含义之后,许多问题便涣然冰释,迎刃而解了。如何以《论语》只在言"人"的场合,才提出姓名;何以只有"人"才有资格发"言"。何以言"举",皆指"人"而言,凡所"举"者皆是"人",凡"举人"者亦是"人",而"民"不得参与其事?都源于"人"表个体而"民"表群体。

我们对《论语》"人""民"二词的辨析之与赵纪彬《论语新探》不同者,看似某一具体问题看法的仁智互见,实则解读古书的方法有歧义焉;或毋宁说是解读古书两种方法的高下优劣使然。杨树达先生说:"凡读书者有二事焉,一曰明训诂,二曰通文法。训诂治其实,文法求其虚。清儒善说经者,首推高邮王氏。其所著书,如《广雅疏证》,征实之事也;《经传释词》,捣虚之事也。其《读书杂志》《经义述闻》,则交会虚实而成者也。呜乎!虚实交会,此王氏之所以卓绝一时,而独开百年来治学之风气也。"杨先生又说:"治国学者必明训诂,通文法。近则益觉此二事相须之重要焉。盖明训诂而不通文法,其训诂之学必不精;通文法而不明训诂,则其文法之学亦必不至也。"而王氏父子之远高于其他清儒者,在其已有初步之文法观念。因此,在文法学(即语法学)词汇学大明的今日,利用之以索解古文中之疑难词句,以补传统训诂之不足,正所谓如虎添翼。特举其荦荦大者:现代词汇学的常识告诉我们,多义词的多义,体现在词典内,在特定上下文,即一定语境中,词的意义是单一的。王氏读书法的不二法门,是先用特定语境锁定多义词的某一词义,如《诗经》"终风且暴"中的"终";再广搜博引同一时期典籍中同一句型结构的类似句子,如同见于《诗经》的"终温且惠""终窭且贫""终和且平""终善且有"等"终~且~"结构句子,使"终"的类似于"既"的词义原形毕露无所遁形。王氏父子之所以"卓绝一时,而独开百年来治学之风气",端赖此也。我们这篇文章,即提炼此一方法而作。任何学问,都是"前修未密,后出转精"的。如果我们对王氏的方法总结提炼,加以提高,辅之以电脑技术,则今人之解读古书,必能超迈汉唐,逾越胜清。笔者不敏,此文及七年所为即将出版之《论语》新注,其日出前之爝火乎?

原载韩国外国语大学《中国研究》2012年3期,本次发表有小修改